U0685003

掌故家的心事

宋希於 著

中华书局

图书在版编目(CIP)数据

掌故家的心事/宋希於著. —北京:中华书局,2024.10.
(2025.3 重印) — ISBN 978-7-101-16679-8

Ⅰ. K207

中国国家版本馆 CIP 数据核字第 2024H1A593 号

书　　名	掌故家的心事	
著　　者	宋希於	
封面题签	陆　灏	
责任编辑	李世文	
装帧设计	刘　丽	
责任印制	管　斌	
出版发行	中华书局	
	(北京市丰台区太平桥西里 38 号　100073)	
	http://www.zhbc.com.cn	
	E-mail:zhbc@zhbc.com.cn	
印　　刷	天津裕同印刷有限公司	
版　　次	2024 年 10 月第 1 版	
	2025 年 3 月第 2 次印刷	
规　　格	开本/880×1230 毫米　1/32	
	印张 10⅞　插页 6　字数 200 千字	
印　　数	5001-8000 册	
国际书号	ISBN 978-7-101-16679-8	
定　　价	78.00 元	

馬儻思先生自歐洲來遊中土停申蕭浙南行

与予共教中央大學初縆誼宴至契頗以

歐洲閱奇之多與夫文物衆擇七俟詩書之

同馮傳西園舊面洽然博名教必吾州稱

棄養亍附有德國人士友柳德此集亍掌与相期之後思川詩

諸悳圈人之吳德此集亍掌与相期之後思川將

贈君至予心肺心仪曰堂儻云 龍沐勛題碑

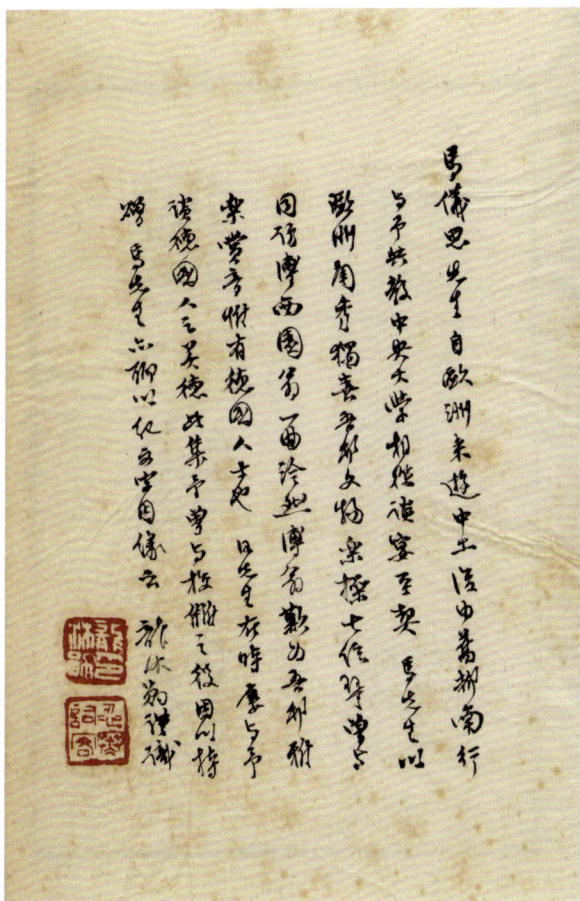

龙榆生签赠马仪思《双照楼诗词稿》的题识

山·風信向晚忍冷煙悽怳雪芹晚居京西老屋村边斜陽遠遶綉紅樓休恨夢短算付与雁聲嘶斷唱徹旗亭多情應

題潘慧素夫人繪雪芹黄葉村著書圖

東莞張次溪

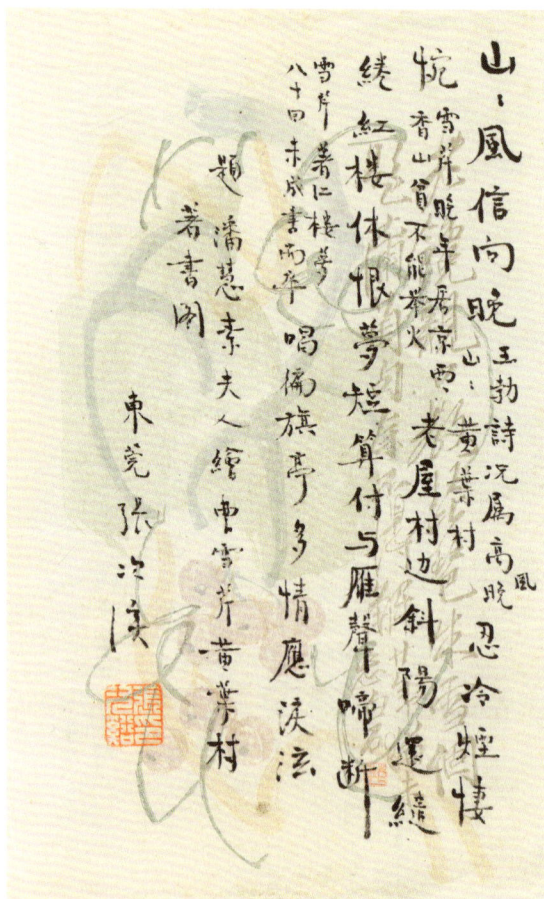

张次溪为潘素所绘《黄叶村著书图》题《清商怨》词手迹

钱锺书 1964 年 12 月 9 日致龙榆生函

02232

《文史》琐忆　　　金性尧

　　沦陷时期的出版物中，《古今》是较有特色的一份期刊。不料出了二十余期后，忽然宣告休刊了，我觉得很可惜。但休刊的原因，到现在还不明白，连解散费都是苏青给我出主意的。《古今》的社址离我家较近，只要走过两条马路。我于每天下午到社中审稿或校样，所以也可算是《古今》的半个编辑，不过版权页上没有我的姓名。

　　休刊后，就要我编《文史》。但出了一期，《文史》却又要休刊了，原因我仍然不明白，所以《文史》第一期是有文载道名字的。撰稿人和内容大致和《古今》大同小异，有的还是《古今》存稿，只是另辟了"文史随感"一栏，其中有个"撞庵的，便是我的化名，意思取自谚语的"做一日和尚撞一日钟"，这可能也来自民间，也反映了旧时有些市

金性尧《〈文史〉琐忆》手稿

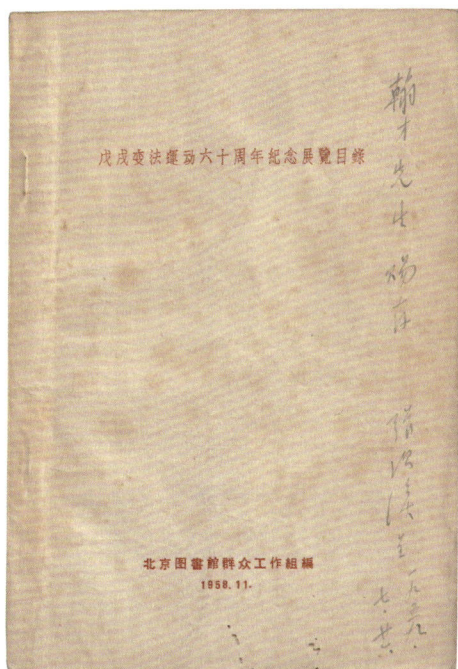

戊戌变法运动六十周年纪念展览目录

北京图书馆群众工作组编
1958.11.

张次溪题赠友人的《戊戌变法运动六十周年纪念展览目录》

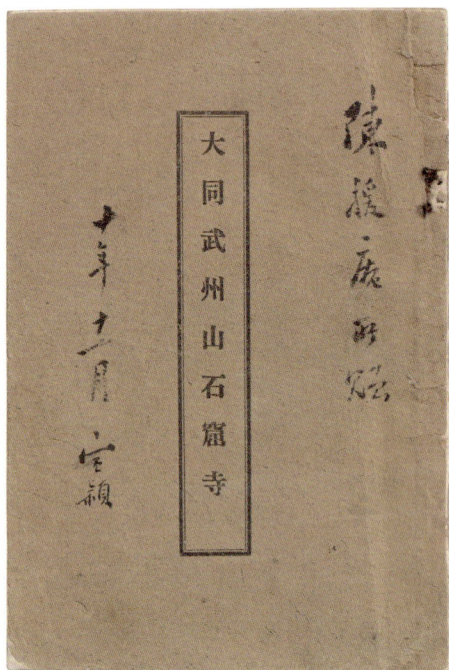

陈垣赠瞿兑之的《大同武州山石窟寺》

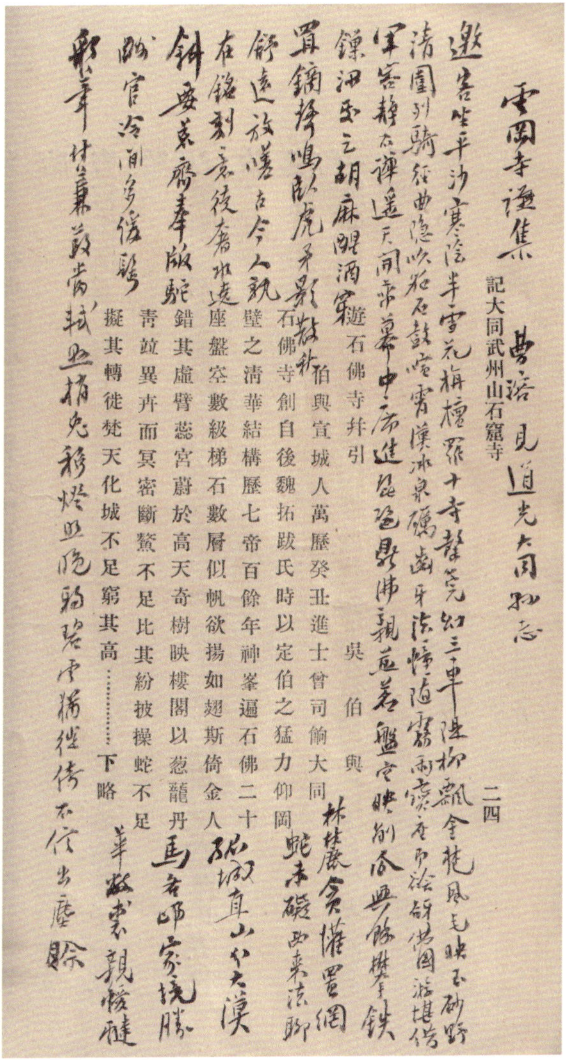

雲岡寺讌集　曹溶　見道光大同縣志

記大同武州山石窟寺

二四

邀客坐平沙寒氣半雪花栖楢檀羅十寺聲笼幻三甲陸柳飄金花風毛映玉砌野
清圍列騎絡曲隱以飛石鼓喧霄漢冰泉礪齒平洸憮隨霧雨�在地法研韻圖游堪徬
軍容靜亦譁這天同承幕中二席進陸逃影佛親座若盤室映别念典餘樊拿鉄
鏢洩玉三胡麻醒酒窟避石佛寺并引　　吳伯與　　林菜巖貪攤曡網
貫鏞琤嗚歇虎牙影巚秕伯與宣城人萬歷癸亞進士曾司偸大同　　蛇來礎西東流邨
修遠放漾古今人凱石壁之清華結構歷七帝百餘年神峯逼石佛二十　孤城有山外大漠
在銘刻意後奢水遠座盤空數級梯石數屬似帆欲揚如翅籠斯倚金人　馬者師家挽勝
城委衆齊奉版跎壽竝異卉而冥密鬱不足比其紛披操蛇不足　　　　華嶽親悵鏈
賊官谷削多候聽擬其轉徙焚天化城不足窮其高……下略
郭主……萩嶽減丠桷夬移烽丠隗靮碧雲梅徑傳不信出塵瞇

瞿兑之抄录的曹溶《云冈寺宴集》

1934年8月4日，日本文艺界人士在东京日比谷山水楼设宴欢迎周作人与徐祖正

献给绒绒

目　录

第二分

胡文辉序

在我的朋辈里，应该要数宋希於最专注于掌故，而我也算写过一些掌故文字，故日常互动甚多。不过，照我的印象，我们对掌故的看法不无距离，甚至是有分歧的。

我以为，掌故有两种：一种是掌故，另一种是对掌故的讨论，不如说是掌故学。第一种掌故，大体得之亲历亲见亲闻，不避主观，体裁皆属随笔乃至札记，而文字多明快可读；第二种掌故，则是对亲历亲见亲闻之轶事的排比和考订，取旁观即客观的视角，虽不采学院式论文的格式，但本质上属于考据文章。以近代以降的名宿为例，前者的代表是郑逸梅，后者的代表是徐一士、高伯雨，各有各的取径，各有各的价值。

但希於对郑逸梅却是不太看得起的。他说郑的文本太多抄撮，太多剿袭，曾有意写《〈艺林散叶〉史源考》或《郑逸梅的洗稿法》。我当然很鼓动他做《〈艺林散叶〉史源考》这样的工作。不过我觉得，在相当程度上，抄撮和剿袭本是掌故学的"传统"，而我读《艺林散叶》甚早，对其书实有偏爱，不免多了些"了解之同情"。希於说郑是以"蹈袭"为"创作"，而我以为"创作"固不妨"蹈袭"，极而言之，抄得不好是"抄袭"，抄得好就是"创作"了。

我以为《艺林散叶》这本书，实为一代名士言行风貌之所寄，跟《世说新语》最是相似：论其内容的简短生动、丰富多彩，是相似的，论其内容的道听途说、东拼西凑，也是相似的。写出了《世说》的刘义庆，就是他那个时代的郑逸梅，所以他需要一个刘孝标来替他作"注"，做补证和纠谬的工夫。而希於也正可以为《散叶》做刘孝标的工作，考其出处，辨其真伪，加其邃密。

当然，从另一个角度，我并非不理解希於的看法。

晚清民国之际，已成弱国，而人材辈出，虽当乱世，而文采风流，可是我们早就远离了那个多姿多彩的年代，还能上哪里去亲历亲见亲闻呢？虽欲做郑逸梅，已不可得，我们就只能做徐一士了。事实上，在实践上，在具体写作上，我跟希於的旨趣是相近的；我们终究受了现代学术的洗礼，都愿意做"实证主义"的刘孝标、徐一士，而耻于做"拿来主义"的刘义庆、郑逸梅。易言之，我们都不是谈掌故，而是做掌故的考证。

尽管如此，一千个作者就有一千个哈姆雷特，一样是做掌故考证，希於跟我又是多有不同的。首先，是他更为小心审慎，更注意搜集冷僻的文献，也更重视挖掘"小人物"的事迹。可举一个跟我自己有关的例子。

我以前讨论过苏青小说《续结婚十年》里所影射的人物，其中认为里面的"范其时"应是胡兰成；而黄恽君反驳我，指"范其时"是中共特工袁殊的下属鲁风。过了十年有馀，希於终于找到有说服力的材料，断定"范其时"是早年与鲁迅有交往的梁式，我和黄君都错了——按希於少年老成的话，就是"双方说法仍有瑕疵"。这一考证，就见于希於此书里的《"范其时"不是胡兰成》

一文。现在想来，梁式这样的"小人物"，我根本闻所未闻，以我的知识背景来说，也就只能"大胆假设"，根本无从"小心求证"的。由此一例，就足见希於对于沦陷区文坛的谙熟了。

而希於与我更大的不同，在于对电子搜索技术的全面掌握。

民国报刊不必说是掌故的渊薮，只是体量太大，按阅读缩微胶卷的传统方式很难充分利用，如今随着民国报刊不断电子化，擅长电子搜索的学术新世代正可一展长技。希於正是这些学术新晋里的佼佼者，因而平日在材料上惠我亦多。我有关掌故的文章，每每写成初稿或发表之后，他即能搜出未见的文献以供印证，小叩大鸣，匡我未逮。

比如我读近人余绍宋日记，见其引岁寒老人"士大夫风棱不可有，风节不可无"之语，查到清代称"岁寒老人"者有孙奇逢、王严士两人，怀疑是孙奇逢，但查检《夏峰先生集》《孙奇逢集》皆未得，无法坐实。后承希於找来电子版《孙奇逢集》，一索即得，始知原文见于孙氏《日谱》。又如我对谭家菜主人谭祖任向有兴趣，历年陆续搜集材料，而周运在阅读旧报的缩微胶卷时、希於在查检旧报的资料库时，一见有关记录，皆转图给我，其例指不胜屈——只是积累至今，材料杂而多，倒让我畏难而不敢动笔了。

总之，在材料上，我仍是通过纸上阅读而随机积累的，可谓土鳖做派，"小农经济"；而希於既用力于搜购稀见的纸本文献，又勤于利用电子数据库作定点搜访，两种方式相得益彰，在境界上自然是更上层楼了。因此，我做的掌故学，跟徐一士、高伯雨时代大同小异，而希於做的却是网搜时代的掌故学了。套用萧伯纳比较贝多芬与海顿、莫扎特的话：在我和宋希於之间隔着一场互联网革命，划分开了二十世纪和二十一世纪。

　　在我相熟的一班北京朋友里，艾俊川、宋希於两位都以所谓"e考据"见长。艾君将"e考据"运用于文史方面，其成绩已见于《中国印刷史新论》与《且居且读》《E考据故事集》诸作；而希於则将"e考据"运用于掌故方面，可谓之"e掌故"，其成果的部分就体现在这本《掌故家的心事》里。

　　显然的，希於的"e掌故"，本书只是一个开始。以后的掌故学，必然要基于民国报刊的深入考掘，在我看来，这也是一种"预流"的学问，而且无疑是希於君及其同辈学人的主场，我辈无此能力，就不能不退避三舍了。"送君者皆自崖而返，君自此远矣"，为希於作序，我油然想到了《庄子》里的话。

严晓星序

这一篇序，于情于理都无从推诿。推其缘由，要从与宋希於的相识相交说起。

十二年前，微博畅所欲言的氛围尚浓，我固然已非少年，却还难免气盛，一次谈及某位前辈名家，流露出几分微词来。宋希於就是这时候出现的，他大概表示不能苟同，却给我留下亲切而顽皮的印象。与宋希於相识后，发现我们有许多共同的兴趣点，如近现代的政治、文艺、学术史，时常联系交流，很快成为无话不谈的好友。十二年来，奇书共赏，疑义相析，不一而足。我们各自写了文章，对方必定是第一读者，坦诚地交换意见；后来创办《掌故》，又时时一起推敲编辑思路与取舍标准。如果要概括我与他的交谊，大概便是孔夫子所说的"直谅多闻"。不过平心而论，虽然我痴长他十四岁，但我之于他所得，远多于他之于我所得。遇到这样一位同道，不能不说是我的幸运。

宋希於对因各种缘由被打入另册的历史人物，如周肇祥、白坚、汪精卫、周作人、钱稻孙、黄秋岳、瞿兑之、曾仲鸣、龙榆生、陶亢德、张次溪、纪果庵、柳存仁乃至康生、林彪等，尤其

怀有探究的兴趣。我猜测，这和他出生于9月13日这一天多少有
些关联。由生日而关注"历史上的今天"，进而关注历史旋涡中
的人物，进而发现真相并非黑白分明，隐显之间别有天地，是一
条自然而然的追溯路线。只是这些人物的生平无不极尽复杂幽深，
叙述与论断的得失往往就在毫厘之间。而他连贯起这些人物的心
迹与事迹来，颇能探得其实际和其情理，这就体现了他的知识结
构与深度、广度，以及他对历史、人性、社会的认知。看似平常，
实则举重若轻，岂易为哉。

　　写掌故是需要阅历的。见闻既广，心事底定，下笔自然矜慎，
去取剪裁，描摹浓淡，无不相宜。近四十年算不得掌故之学的兴
盛之期，但已故前辈如金性尧、刘衍文、邓云乡，仍然留下了可
观的遗产；今世赵珩、陆灏、唐吟方、黄恽、胡文辉，出手也各
有风神。与他们相比，宋希於在世代上晚了一两辈，阅历不可及，
却骎骎乎不落其后，大约与他的切入点便是复杂人物有关。

　　师友们提及宋希於的治学基础，几乎无一例外，都会提到他
强大的电子文献检索能力。这自然是当前从事学术研究的必备技
能之一，唯其能得人所不能得，难怪令人印象深刻。不过，他还
勤于实地考察，佐以各种验证手段，往往能达到古今交融的效果，
却知者甚少。自从在北京求学开始，他就已经开始踏访历史遗迹、
名人故居，每到一处，便在手机上定位标注，如今积累下来，已
蔚为大观。文献之外，他还参照不同时期的地图、照片和最新的
电脑软件，无不信手拈来。他与我在北京街头漫步，常常手指眼
前的建筑、街巷，对它们的历史、沿革、往事详细道来，如数家
珍。我去颐和园，他有事未能同游，但设计了优胜的路线，还能
估摸着我到了哪里，就发一张那里的老照片来，供与实景对照。

我飞临日本上空时，拍了一张下面的城市照片，他一看到，片刻之间就推断出这是何处，并列举证据。他久欲来游南通，来之前意外得知南通不仅有一号桥、二号桥，还有一点五号桥、一点七五号桥，好奇心大发，忍不住先研究了一番；来之后又找来新旧地图，既复盘自己的行走路线，也琢磨近百年来的城区变迁，最让我惊讶的是，他讲述我家所在地的历史，竟是我闻所未闻的。这也可以看出，他的掌故之学，方法固然是以考据为主，却不止于纸面。

出道较早而起点较高的读书人，很容易心浮气躁，一大特征便是一心求名，急于出书：不是出书时不顾质量，出书后耽于浮华，就是第一本书尚能用心，盛誉既得，放松了自我要求，每况愈下，至于荒废。但宋希於并非如此。他的作品无不用心而精彩，虽说结集出版早已足够，偏偏不疾不徐，优游为之，如今快到我认识他的年纪，才准备出版这第一本书，文章还经过他的反复斟酌与修订。这种为人为学的态度一以贯之，本书的分量便可以想见。

分量之外，更有早定的因缘。本书的出版社与编辑，正是曾影响少年宋希於做出人生抉择的中华书局和李世文；胡文辉与我，是宋希於最早相识的一批同道；胡文辉与宋希於又是在《掌故》发表文章最多的作者，一集不落。如此一来，写这篇序即是分内之事了。

本书取名为"掌故家的心事"，措辞颇妙。无心事则无寄托，无寄托则掌故减色，甚至不成其为掌故了。去年夏天与宋希於在上海见面，怂恿他南迁，他只是笑而不语。想来他哪里舍得"北斗京华"？北京这座城与这里的人，堪称掌故渊薮，是他"心事"

的源头。当然，这本书展示了人物、风雅、社会、历史的更为广阔的世界，新一代掌故家的心事，总会有后人来打捞的。

甲辰惊蛰，写于南通后照雨庐

第一分

高罗佩的迷宫图，丁月湖的印香炉

一

我曾读过一篇关于荷兰汉学家高罗佩的介绍文章，文章的作者是赵毅衡先生，他对高罗佩的公案小说谈得详尽而有趣。比如有这么一段说道：

> 这些小说生动有趣，但其中说到中国的典狱、刑律、习俗却是于史有据，并非信口开河。高罗佩对明代情有独钟，他的书斋易名多次，曾称"尊明阁"；书中社会习俗与明朝基本相符，而不是唐朝，但不少司法问题，却符合《唐律疏》等法典。《铜钟案》中的和尚不轨，勾结京官干预朝政，是唐朝政治特色。高罗佩译注过元代刑典案例集《棠阴比事》，但他还从大量中国文献（包括俗文学）中汲取材料，《迷宫案》一书中就用了严世蕃用笔杀人故事，《龙图公案》中的拆画轴故事，《今古奇观》中的滕大尹故事，迷宫设计来自《香印图考》，女同性恋情节则借自李渔写贤妻选妾的剧本《连香伴》。

光这一本小说，就有那么多讲究垫底，让人不敢小觑貌似通俗小说的《狄公案》。（《高罗佩的一个世纪，狄仁杰的一个甲子》，《对岸的诱惑：中西文化交流记》，四川文艺出版社2013年3月版）

粗看之下是很佩服的：赵先生一一拈出了高罗佩所借鉴的"原典"。对高罗佩写小说的手法这么熟悉，令我"不明觉厉"了良久。

但后来无意间看到高罗佩狄公案《迷宫案》（*The Chinese Maze Murders*）一册的英文原著（The University of Chicago Press 1997年再版），才发现原著书后还缀有一篇跋文（"Postscript"）。高罗佩在跋文中，其实已以汉学家的严谨，向读者不厌其烦地交代了自己创作时对于中国元素的借鉴情况。他坦诚相告，自己翻译过*T'ang-yin-pi-shih*，运用了*Lung-t'u-kung-an*里*Ch'e-hua-chou*以及*Chin-ku-ch'i-kuan*里*T'eng-ta-yin-kuei-tuan-chia-szu*的情节，还曾借鉴过*Hsiang-yin-t'u-k'ao*和*Lien-hsiang-pan*。（《迷宫案》的原稿是以英文写成的，而它甚至有高罗佩自译的中文版本，题为《狄仁杰奇案》，于1953年在新加坡出版，比英文版的面世还早；但从《狄仁杰奇案》的自序来看，关于内容的借鉴情况仅仅点到为止，不若英文本跋文交代得那么详细。大陆最经典的陈来元等人高罗佩公案小说的译本，也直到近年再版时才将与这个跋文性质相近的后记译出附后。）

原来赵毅衡先生是如此一一对应出《棠阴比事》《今古奇观》中的滕大尹故事（其实高罗佩的原话说得更详细，指明是《滕大尹鬼断家私》）等出处的。我也明白了他为什么会把《龙图公案》里的"扯画轴"故事错写成"拆画轴"，把"怜香伴"错写成"连香伴"，原来只是英文对音没能准确地还原为汉字而已。

高罗佩这夫子自道般的解说中，有一处令我稍感疑惑，就是 *Hsiang-yin-t'u-k'ao* 一书。它是《迷宫案》中迷宫设计的缘起，赵毅衡先生译之为《香印图考》，陈来元先生译之为《香艳图考》。但在网上稍做检索，发现除了一些转贩来的文章之外，实在找不到这样一本书的有效信息。看来这里肯定出了差误。

只好再去看看高罗佩本人是怎么交代的。关于 *Hsiang-yin-t'u-k'ao*，高罗佩在那篇跋文中写道：

I also added the new plot of the maze mystery which—as far as I know—does not occur in ancient Chinese detective stories although mazes are occasionally mentioned in the description of Chinese palaces. The design of the maze reproduced in the present story is in reality that of the cover of a Chinese incense burner. It is an old Chinese custom to place a thin plate of copper with a cut-out and continuous design, on top of a vessel filled to the brim with incense powder. When the powder is lighted at one end of the design, it slowly burns on like a fuse following the design. During past centuries, there were published in China a number of books reproducing various designs of this kind, usually representing some auspicious phrase, and often of great ingenuity. The design utilized in the present story was borrowed from the *Hsiang-yin-t'u-k'ao*, a book on this subject published in 1878.

（试译：我也加入了关于迷宫之谜的新剧情，据我所知，虽然迷宫在中国宫殿的描述中偶被提及，但却没有出现在中国古代的公案小说中。本故事中迷宫的形制实际上是出自一个中国香炉的盖子。古代中国有这么一种做法，就是在填满香末的容器上放置镂空而有连续图案的薄铜片。当粉末在图案的一端被点燃，它就会像导火线一样慢慢地循着图案燃烧。数百年来，中国出版了大量记录这类图案的书籍，这些图案多由吉祥话构成，也常常体现了巧思。本故事中所使用的图案，即借用自1878年出版的一本以此为主题的书籍*Hsiang-yin-t'u-k'ao*。）

虽然一时没有找到1878年出版的*Hsiang-yin-t'u-k'ao*，但通过这段文字，倒可以确定这是一本关于香炉的著作。检阅相关的书籍，我发现有一种丁月湖所著的《印香图谱》恰成书于1878年左右。究竟会不会是同一种书呢？看来要找这本《印香图谱》来一探究竟。

二

编纂《印香图谱》的丁月湖是江苏南通人，南通博物苑即藏有该书。通过南通博物苑赵鹏先生的帮助，我终于得以一窥这部《印香图谱》的全貌。

略与小说内文对比，结果立显：《迷宫案》中的迷宫图（"Plan of the Governor's maze"），很显然正取材于《印香图谱》中的"虚空楼阁"一式！只不过小说插图中已加上了楼阁，将实心的线条变成了空心的道路，又稍做改动而已。并且，小说中另一幅插图上的"虚空楼阁"四个汉字，也很显然是移用了《印香图谱》"虚

高罗佩《迷宫案》中的迷宫图

《印香图谱》中的"虚空楼阁"一式

高罗佩《迷宫案》中的另一幅插图，显见其上
"虚空楼阁"四字即撷自《印香图谱》

空楼阁"一式上的隶书题识，益证这本 *Hsiang-yin-t'u-k'ao* 正是《印香图谱》。

《印香图谱》究竟是怎么样的一本书呢？名物研究学者扬之水女史对于该书和作者丁月湖有过简明而准确的介绍，值得引录在这里：

> 月湖名澋，生在1829年，一生不求仕进，而"博涉经史，善诗古文辞，多能艺事，尤以书画擅名"（《印香图谱》潘逢泰序），晚年隐于南通州石港卖鱼湾。印香炉的设计，却是完成在他一生中的最后几年，而且是一个很偶然的机会。《印香图谱》施允升序，说他少月湖二十岁，而与月湖朝夕过从，成忘年交，"丙子春，偶与谯谈，以时有印香炉粗陋不可供幽赏，思欲别开生面。先生闻言，即默然凝想，若有所得。次日出一图见示，花样崭新，已大喜其精辟，先生弥复心摹手画，愈出愈奇。次第授攻金之徒，陶之冶之，椎之凿之，遂成雅制"。丙子为光绪二年，即1876年。后来月湖把他设计的香炉与香模编定为图谱一册，其中收有光绪五年之作，而月湖之殁，即在五年冬。
>
> 月湖印香炉把炉分作方便打开与合拢的数层，最下一层置放小工具如香铲之类，中有一层存放香料，制作和焚燃篆香则又在其上，这一层里总是备好香灰的。篆香的制作一如高濂所述，当然此际最不可少的是一枚造型别致的印香模，它的式样与炉一致，秋叶，海棠，菱花，如意，其形多至百徐种。印香炉里填好香灰，再用一枚与炉形状一样的小板把香灰压实，——小板本来是印香炉的一层，其上有一个小小的提系。拿开小板，在香灰上面轻轻放下两端也有细巧提系

的印香模，填实香末，提起模子，点燃香篆，把透雕成各式
图案的炉盖盖好，香烟便从炉盖的镂空处徐徐散出。(《印香与
印香炉》,《香识》,人民美术出版社2014年2月版)

　　南通博物苑所藏的这本《印香图谱》,封面题为"印香炉图
谱",牌记署作"光绪四年仲冬月开雕板存爱吾庐",而光绪四年
正是1878年。

　　关于此书的缘起，丁月湖在自序中其实已有很生动的描绘：
"施君兰宾，为吾三益。嘱汇斯图，付之剞劂。予曰不可，稍缓毋
急。彼尚雕龙，覆瓿谁惜？吾侪画虎，灾梨何必？施曰不然，请
伸其说。人生几何，如鸿踏雪。金石寿世，周敦汉碣。今君所为，
奚异乎昔？其臼虽殊，其志可匹。予听斯言，于焉心折。不耻鸠
盘，遂将鹄刻。"可惜书印成时丁月湖已逝世。《印香图谱》卷首
的十来篇序文中，最早有朱域丙子(光绪二年，1876年)仲夏序，
至迟则有沈有壬辛巳(光绪七年，1881年)春日、朱恩锡辛巳
(1881)正月等序，而大部分序文都对丁月湖的去世表达了哀挽之
情，可见书成已在"光绪四年仲冬月开雕"之后好几年了。

　　扬之水女史指出"月湖之殁，即在五年冬",所据当为《印香
图谱》卷首蔡廷本庚辰(光绪六年，1880年)题诗中"君于光绪
己卯冬下世"的小注。不过卷首徐以同题诗，则云"我来迟两月，
君已证仙游",小注更说："君于秋间鹤化，余于仲冬来此，仅隔两
月。一面缘悭，可胜怆惘。"而丁月湖的眷弟保召棠为此书所写的
第二序，也说："己卯七月望后，月湖到舍出印香图见示，并索序
言。返棹后，予即将序言(指其写在"光绪五年七月下浣"的第
一序——引者)寄去，逾两月而遽归道山。"可见丁月湖当逝于光

绪五年己卯（1879）晚秋九月间。

丁月湖身故之后，其子丁蕚楼为刊刻其父遗著费心颇多。从卷首诸序来看，他曾盛情邀请位高权重的地方官员为书作序，以揄扬先人。卷首作序的贵池刘瑞芬（也即藏书家刘世珩之父），时任布政使衔分巡江南苏松太道，他即明言其序是为蕚楼寄来父亲的遗著而撰写的。七十八岁的齐学裘作序时也谈到："哲嗣蕚楼能刻父书，无忝为肖子。尊人诗文合集刻成，望惠我一分。仆虽老，犹能读蝇头细字书也。"看来丁蕚楼亦有刻亡父诗文集的计划，可惜似未能实现。此外，施允升（兰宾）等人也为校订付刻多方出力，卒有这《印香图谱》的面世和流传。

三

现在从内容上，我们大致确知了*Hsiang-yin-t'u-k'ao*就是《印香图谱》。不过，高罗佩的原文所写的是威妥玛拼音，转写为汉语拼音却是"xiang yin tu kao"，明显与汉字还不能完全对应上，所以仍有必要对书名进行一番辨析。

前面已经谈到，南通博物苑所藏《印香图谱》封面题为"印香炉图谱"。不过细看之下，可见题签是直接写在封皮上的，更有涂抹，似为后人所加。

更奇怪的是，《印香图谱》卷首诸序在提及该书的名称时，所用称谓也很不相同。如刘瑞芬、蔡廷本等人称之为"印香图谱"，沈有壬称之为"香印遗册"，朱恩锡称之为"香印篆册"，齐学裘称之为"印香图稿"，徐以同称之为"印香谱"，马文熙称之为"印香图遗稿"，保召棠则称之为"印香图"。我在国家图书馆网站检

高罗佩藏本《印香图稿》书影

索馆藏《印香图谱》，所得结果有二，一本注明"书名据跋题"，一本注明"书名据《中国美术家大辞典》题"，看来均无原题签。又承赵鹏先生告知，他所看到的该书三个本子都缺封面，但一般称为"印香炉谱"，也有称为"印香炉式谱"的。

高罗佩手里的那一本《印香图谱》究竟署作何名呢？高罗佩的大部分藏书于1977年为荷兰莱顿大学汉学院图书馆所收购，今置于"高罗佩藏书室"中。我们现在可以看到他的藏书目录。在这个目录里，正有编号为B128的《印香图稿》一本，注明作者为丁澐，陈焕文作序，爱吾庐光绪四年仲冬月开雕（见《荷兰高罗佩在古代中国雅文化方面的藏书与论著》，载台湾《中国文哲研究通讯》第十八卷第三期，2008年9月出版），显然指的正是《印香图谱》。

不过"印香图稿"并不像一个正式的书名，而且所闻见的《印香图谱》各本大多缺少封面或佚失原签，亦启人疑窦。幸运的是，通过高罗佩研究者上海师范大学施晔教授的帮助，我见到了高罗佩所藏该书的书影。细审之下，能够看出高藏此书的书衣仍为旧式，而签条则题作"印香图稿"，其上并有"爱吾庐"的印章。该书牌记已指明了此书是由"爱吾庐"刊印的，那么签条上的印章就确凿地证明了这是原签，也就是说，丁月湖此书的原名确实正是"印香图稿"。更据南通博物苑赵鹏先生鉴别，"印香图稿"四字原题也是丁月湖所写。大概图谱未完成之时尚称"图稿"，刻成时丁虽然已经去世，但还是保留了原题，而爱吾庐甚至应该是丁氏的书斋名了。于今我们所称的"印香图谱"之名，应该只是根据卷首诸序的俗称。

不过，根据《印香图稿》原书来看，高罗佩在撰写英文版《迷宫案》的跋文时至少犯了两个小错误。第一，他把"印香"颠倒成了"香印"，虽然这在文意上并不算错。第二，他把威妥玛拼音中应当写作"kao"（合汉语拼音中的gao）的"稿"字，写成了带送气符号的"k'ao"（合汉语拼音中的kao），因此才会有后人把"印香图稿"转写成"香印图考"甚至"香艳图考"的错误。

四

话说回来，印香图是着眼于以曲为通的，而迷宫既要掩人耳目，以通为不通，自要故作障碍。高罗佩既将印香图翻作迷宫图来处理，自是取其形制上相似的一面，但他更将各部分连通，愈增勾连之复杂。在小说中，高罗佩曾借当事人之口对这迷宫做过一番评论。在他自译的《迷宫案》中文版本《狄仁杰奇案》第二十三回"破迷宫亭中获真迹,见血印榻下露残尸"中,狄仁杰等人经由"虚空楼阁"山水画中的暗示而破解迷宫,行至其中圆亭时,竟发现桌面上刻有迷宫全图。于是:

> 狄公俯首细看,看了半天,才说道:"真是妙极了!这就是迷宫全图绕路的模样,就成虚空楼阁四个篆字,与画上所题,分毫不爽。足见倪公引退之后,寄心玄冥,感到尘世纷纷,都不过是一些虚幻而已。"……狄公又端详了一遍,叹了一口气道:"极妙,极妙!假若有人不知捷道,贸然而入,由进口走入,每个岔口向右拐,走来走去,绕到出口那边出去。若由出口进去,每个岔口向左拐,走来走去,还是绕到进口那边出去。假若你不知捷道,你永远找不到那座亭子!如此的布置,非别有慧心,是绝对构造不出来的!"

高罗佩借狄公之口感叹"如此的布置,非别有慧心,是绝对构造不出来的",实则何尝不是感叹丁月湖构造印香炉形制的苦心孤诣呢?再从读者的角度来看,高罗佩能巧妙借鉴印香图来构造迷宫图,"如此的布置",亦"非别有慧心,是绝对构造不出来的"。感叹迷宫图与印香图的这层奇妙因缘之馀,我们理当更加佩服高罗佩先生的这种再现(reproduce),因为它实在是充满了巧思(great ingenuity)。

(原载《掌故》第一集,中华书局2016年6月版)

【补记】

艾俊川先生的文章《与版倾谈：〈印香图稿〉成书考》（《艺术工作》2023年第5期）集中了《印香图稿》的十一个印本进行比勘，对其复杂的版本和特殊的制版工艺进行了深入剖析，进一步解释了传世各本书名何以多不相同、版面何以几乎没有完全一致的。丁月湖雕版印刷设计图样用于印香炉制作，其版属于生产工具的一部分，《印香图稿》这一别具特色的版画集也就成了印香炉生产中的别样产品。此文精彩纷呈，敬请读者参阅。

（2024年2月17日）

双照楼诗欧游地名补考

　　汪精卫的诗词作品中，纪游之作占了一定的篇幅。而他又有多次的海外之行，域外纪游的诗作不仅成了《双照楼诗词稿》中特别的一部分，更有保存足迹的意义在。只是双照楼诗中域外地名的译法与今日通行译法不甚一致，且未标注原文，给后来者的查考带来了一些不便。

　　幸而近年来《双照楼诗词稿》已有汪梦川注释本（天地图书有限公司2012年4月版）面世，这个注释本已考证出双照楼诗中大多数域外地名的今之所在，比如已指明"阆乡"为法国拉昂（Laon），"都鲁司"为法国图卢兹（Toulouse），"比那莲山"为比利牛斯山（Pyrenees），等等，颇解读者疑惑。可惜仍有少数欧洲地名在注释本中未能注出，这里稍做考察和补充，间或旁及一些其他记载汪氏游踪的文字，俾便研究者参照。

"西班牙桥"二三事

　　《双照楼诗词稿》的诗题中，曾两见"西班牙桥"这个地名。

按时序，一是民国八年（1919）的《比那莲山杂诗》中，《西班牙桥上观瀑》一诗点到这个地名。二是民国十七年（1928）所作的《比那莲山水之胜，前游曾有诗纪之。自西班牙桥溯瀑流而上，攀跻崎岖山径间可六七里，得一湖，其上更悬瀑布二，更上则雪峰际天矣》一诗，是事后重游到此所作。注释本均未指明"西班牙桥"的所在。

据我考察，"西班牙桥"实有其地而并非泛指，但不在西班牙境内。它即是今天法国南部—比利牛斯大区（Midi-Pyrénées）上比利牛斯省（Hautes-Pyrénées）境内的石桥 Pont d'Espagne（按即法文的"西班牙桥"）。这座石桥在小城科特雷（Cauterets）附近，是比利牛斯山国家公园的门户，附近瀑布颇多，西班牙桥畔即是两瀑布的交汇处，景致很壮观。

汪精卫 1928 年所作的这后一首诗很有意思。在诗题中，他说自己"自西班牙桥溯瀑流而上，攀跻崎岖山径间可六七里，得一湖"，诗末更有小注，记述该湖泊的具体情况甚详："湖滨危石突出，上植一碑，昔有英人夫妇新婚旅行，泛舟于此，溺焉。湖境既清，对此碑益增游人感喟。"而这个湖泊也很容易考出实地，它就是西班牙桥以南相去不远的戈布湖（Lac de Gaube）。在网上稍检西文资料，可知 1832 年 9 月 20 日曾有英国人威廉·亨利·埃比尼泽·帕蒂森（William Henry Ebenezer Pattison）与新婚妻子莎拉（Sarah）在戈布湖泛舟溺亡，事情与汪诗所述全合，足证为同一地点。汪氏所看到的这碑今已不存，据资料说是毁于 1940 年德军入侵之时。

汪精卫 1936 年欧游的大致行踪

《双照楼诗词稿》注释本中的其他几个未能考出的欧洲地名，都集中在1936年的那次欧游之上。这次欧游因汪精卫1935年11月1日在中央党部的被刺而起。当时汪氏左臂、左颊及背部三处遭枪击，就医手术后，因背部子弹伤及脊骨而未敢取出，又引起肝肿病、胆囊炎及心脏病等并发，休养多时，不得已终于决定去德国疗养。

1936年2月19日，汪精卫偕曾仲鸣、陈耀祖和他的主治医生诺尔等人由上海登上格奈森瑙号（SS Gneisenau，又译"那爱斯奴号""格兰新年号"）邮轮赴欧洲疗养。汪精卫的妻子陈璧君与曾仲鸣的妻子方君璧等人并未随行。之后一直到1936年12月22日归国，曾仲鸣、陈耀祖等人都一直陪伴汪氏左右。而曾仲鸣亦能诗，所以关于这次欧游他也留下了不少纪游之作。

曾仲鸣所撰的《颉颃楼诗词稿》后由其妻方君璧于1960年代在香港自印。这本小书存量极稀，颇为罕见，承胡文辉先生惠赐复印件，得以用这珍贵的资料对这段汪氏欧游做一番补说。

双照楼、颉颃楼两本诗词稿中所收均已编年，按所作顺序排列。为醒目计，我将二书中这次欧游时所作诗的诗题对照列在后面。需要说明的是，因为每首诗的所作日期并不精确，所以这个对照只不过是一个大概而已：

汪精卫《双照楼诗词稿》	曾仲鸣《颉颃楼诗词稿》
印度洋舟中（二十五年三月）	印度洋中寄君璧（以下民国二十五年）
代家书	
感事	
山中	
罗痕（时新得家书）	四月十日至罗痕郊外看樱花翌日天忽寒大雪
	傍罗痕小溪涉冈至朱亚里斯白咖啡馆饮茶
	雨后至罗痕公园
	罗痕森林中散步
	寄君璧
	雨霁经森林往朱亚里斯白冈上
春夜罗痕小湖边微月下	晚坐湖边茶社
	随四兄德昭兄至朱亚里斯白冈上待月
	郊行
	五月二十六日晨乘火车循来因河岸往高仑城
	独坐蒲朗森林湖边望巴黎感赋兼寄君璧
	重过 Vincennes 森林
	登巴黎铁塔
	将离罗痕
	夜醒起坐至旦
	夜半有感
	病起独过朱亚里斯白冈茶楼
	夜过罗痕公园寄君璧
	夜半大雨既而又晴
	湖上泛舟
	薄暮驱车上朱亚里斯白冈

续表

汪精卫《双照楼诗词稿》	曾仲鸣《颉颃楼诗词稿》
	雨后与四兄德昭兄强婴两侄由俾德斯加丁至歌里湖边
瑞士道中	
旅仙湖上	薄暮泛舟绿霞湖上
	重至绿霞湖寄君璧
	至亚桑斯达村谒威廉登林庙
	八月二日为旧历六月十七日夜无月随四兄三姊德昭兄散步绿霞湖畔
郁兹诺湖上望对岸山	
几司柏山上	
廊罗蒙柏道中	
孚加巴斯山中书所见	
圣莫利兹山上	
重过丽蒙湖	重至丽蒙湖滨波斯别墅
	重到洛桑岸畔散步
	九月三日为旧历七月十六日园坐
	重过安纳西湖畔旧宅
自题诗集后	
译诗	
晓起	
舟夜（二十五年十二月）	东归舟次倚阑夜眺
海上望月作歌	印度洋舟中除夕船客欢集歌舞
	高阳台·印度洋舟中除夕船客举行化装跳舞会并循欧俗至午夜男女并立栏前痛饮祝福毕举杯碎之相拥接吻而散

汪精卫在"罗痕"

时任中国驻德大使的程天放对于汪氏一行1936年到达欧洲的时间和经过有过相关的回忆。他说：

> 三月中旬汪精卫到达巴黎，过了几天，就转到德国的劳海温泉（Bad Nauheim）去养病，由诺尔医生为他治疗。我奉外交部的命去慰问他，所以在四月六日坐飞机到佛兰克府（於按：即法兰克福），转坐飞机到劳海，在汪所寓的卡尔登疗养旅馆（Kurhaus Carlton）住了两晚。汪被刺后我和他第一次见面，他身体已复原，只是枪弹没有取出，心脏有衰弱现象，因为劳海温泉能够医心脏病，所以到此地来洗温泉浴，同时接受诺尔的电疗。陪伴他的是曾仲鸣和陈耀祖，陈璧君留在国内没有同来。（程天放《柏林初期生活〔使德回忆之二〕》，台湾《传记文学》第三卷第二期，总第15期，1963年8月1日出版）

"罗痕"这个地方，《双照楼诗词稿》汪梦川注释本中已指出该地即今巴特瑙海姆（Bad Nauheim），而程天放译这个地名作劳海温泉，是因为"Bad"在德文中有"浴疗地"的意思，以地名论就仅音译"Nauheim"了。巴特瑙海姆这座温泉城市，是德国西部久负盛名的休养胜地。

在巴特瑙海姆的日子，汪氏只作了两三首诗。但曾仲鸣所作的数量就相当可观了，颇涉及当地的公园、森林、湖泊和周边其

1936年4月初，程天放、汪精卫、曾仲鸣在巴特瑙海姆，见《东方杂志》第三十三卷第十三号（1936年7月1日出版）

他景致。《颉颃楼诗词稿》里最集中提到的一个"罗痕"周边的地名是"朱亚里斯白"，从曾仲鸣的描述来看，此地似是个景致甚好的山冈，离城市颇近，又可通车辆。而据我查考，"朱亚里斯白冈"当即巴特瑙海姆市西部的约翰尼斯山（Johannisberg），"berg"即德语中"山冈"之意。此外，巴特瑙海姆的北部有一两个湖泊，与约翰尼斯山、巴特瑙海姆公园也是比较近的，周边森林植被丰富，结合当年的地图来看，俱不出市区的范围，游玩甚是便捷，当是曾诗中湖边、森林诸景所在。

曾仲鸣在诗集里常用的称呼，这里也当补说一句。既然程天放已说陪伴汪精卫的只有曾仲鸣和陈耀祖，那么根据曾仲鸣《随四兄德昭兄至朱亚里斯白冈上待月》的诗，便不难对号入座，指

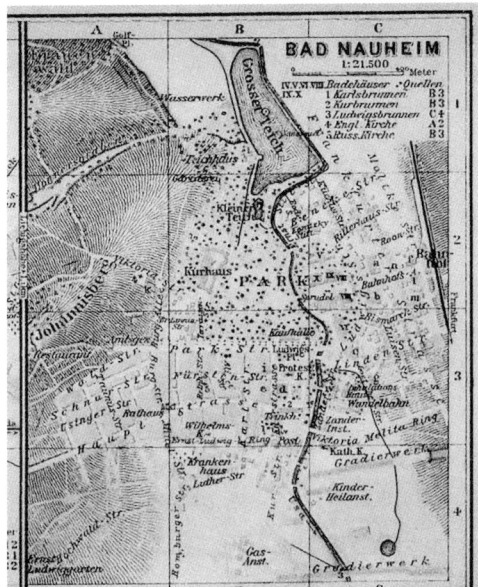

巴特瑙海姆地图，由图可见城西的约翰尼斯山、城中的公园和城北的湖泊俱不出市区的范围，见 Karl Baedeker: *Northern Germany: Handbook for Travellers* [15th revised edition], Karl Baedeker, Leipzig, 1910.

明这里的"四兄"即是汪精卫，而"德昭兄"即是陈耀祖（字德昭）。

从颉颃楼诗来看，在巴特瑙海姆疗养期间，汪氏一行常有外游。曾仲鸣写有《五月二十六日晨乘火车循来因河岸往高仑城》，还有在巴黎的"蒲朗森林""Vincennes森林"和巴黎铁塔所写的诗。两座森林的地点不难查考，就是巴黎西郊的布洛涅森林（Bois de Boulogne）和东南郊的万塞讷森林（Bois de Vincennes），"巴黎铁塔"也一望而知即埃菲尔铁塔（Tour Eiffel），而"高仑城"在对音上接近德国西部的城市科布伦茨（Koblenz）或稍北一些的科隆（Cologne），而当以科隆的可能性为大，因为汪精卫的长子汪文婴（名孟晋）此时正在科隆大学就读。我还查到当时《时兆月报》上的一条新闻报道《汪精卫在德体况大佳》说：

> 六月十五日柏林哈瓦斯电：中国行政院前院长汪精卫，现在巴德诺汗城（於按：即巴特瑙海姆）养病，闻将遣返本国，各报记者顷以此事，询诸主治各医师，据答称"汪氏病况虽已大见起色，但余等以为返国日期尚难确定，汪氏前日曾往科伦城（於按：即科隆），昨日则来莱茵河沿岸游览，无论如何，尚难在数日之内，离开德国"云。（《时兆月报》第三十一卷第七期）

所云"前日""昨日"当是实指，而这却是六月中的新闻，与"五月二十六日"不合，大概汪氏曾不止一次去过科隆。双照楼诗注释本的《补遗》部分尚收有汪精卫《由巴黎返罗痕郊行》的佚诗，当知曾仲鸣的科隆、巴黎之行是与汪精卫同行的。

汪精卫虽然在德国养病，却还兼有中国国民党中央政治委员会主席的职务，所以他在德国曾与许多中国驻外使节有过来往。前面已说到驻德大使程天放在4月初曾去拜会汪氏，5月28日驻法大使顾维钧也偕驻意大利大使刘文岛一块来到巴特瑙海姆，与汪精卫进行了一次会商，事见《顾维钧回忆录》。从蔡德金先生所辑录的《西安事变前后汪精卫与陈璧君等来往电函》（原载《近代史资料》总60号，中国社会科学出版社1986年1月版）里的发电地记录看，汪氏在巴特瑙海姆当逗留到这年6月。

6月9日汪精卫曾电告陈璧君：他11日将去德国柏林复诊。从前引的那则《时兆月报》上的报道我们知道，他月中又去了科隆。具有年谱性质的蔡德金、王升编著《汪精卫生平纪事》（中国文史出版社1993年6月版）则引《大公报》记载，指出汪氏于6月28日抵达捷克西部的温泉城市克尔斯巴继续疗养。从我掌握的另一则新闻报道上看，汪氏7月19日又曾到捷克首都布拉格复诊肝病（7月22日《时事公报》）。这样一来，汪氏在6、7月间的行程大致就有了眉目。按捷克西部的著名温泉城市卡罗维发利（Karlovy Vary）旧称卡尔斯巴德（Karlsbad），汪精卫在捷克的疗养地"克尔斯巴"应该就是这里。

汪氏在德国南部、瑞士、法国的游踪

这年7月之后《汪精卫生平纪事》一书所记的汪氏行踪甚为不明，不过《双照楼诗词稿》中这时期有纪瑞士之游所作，而《颉颃楼诗词稿》中更透露了明确的时间、地点线索，可见曾仲鸣在这年秋天尝随侍汪氏在德国南部、瑞士、法国东部游览名胜。下面按照时间顺序，细考两诗词稿中纪游之作的地名。

从路线和顺序上看，《颉颃楼诗词稿》中《雨后与四兄德昭兄强婴两侄由俾德斯加丁至歌里湖边》一诗，或是此行中最早的一首纪游诗。据我考察，"俾德斯加丁"当即巴伐利亚州的旅游胜地贝希特斯加登（Berchtesgaden），"歌里湖"当是该城附近国王湖（Königssee）的对音。本文前已指出"四兄"即汪精卫，"德昭兄"即陈耀祖；这里的"强婴两侄"，"婴"显然是指时在德国留学的汪文婴，"强"或为汪精卫的妻侄陈国强。

接下来就是《双照楼诗词稿》中瑞士部分的诗词了。这一部分的地名注释本多未考出，这里一一补说。

双照楼诗《旅仙湖上》中的"旅仙湖"当即瑞士中部旅游胜地卢塞恩湖（Lake Lucerne），也即曾仲鸣笔下的"绿霭湖"。而从颉颃楼诗来看，汪氏一行在卢塞恩湖东岸还多有逗留。曾仲鸣写有

《至亚桑斯达村谒威廉登林庙》，这里的"威廉登林"当即卢塞恩湖周边最著名的历史传说人物威廉·退尔（Wilhelm Tell），而"威廉登林庙"当即退尔教堂（Tellskapelle），它位于卢塞恩湖东岸一处名为Axen的峭壁下（似可译作"斧劈崖"），而"亚桑斯达村"当即教堂以北的小镇亚桑施泰因（Axenstein）。曾仲鸣尚有《八月二日为旧历六月十七日夜无月随四兄三姊德昭兄散步绿霭湖畔》的诗作，可见一行人抵达卢塞恩湖是7月末8月初的事。"三姊"疑是曾仲鸣的三姐曾醒。

《郁兹诺湖上望对岸山》中的"郁兹诺"不是湖名，当为卢塞恩湖东北的瑞士湖滨小镇维茨瑙（Vitznau）。

《廓罗蒙柏道中》中的"廓罗蒙柏"，我猜测是Trümmelbach的对音，即特吕默尔河瀑布（Trümmelbach Falls）。特吕默尔河瀑布位于劳特布伦嫩峡谷（Lauterbrunnen）之中，该峡谷周边有七十二条瀑布从悬崖上倾泻而下，正与汪诗中"青山相对出，悬瀑以百数"的句意吻合。汪精卫曾将"Giessbach"（吉斯河瀑布）译写作"几司柏"，可见他是把"bach"（德文中的"溪流、瀑布"）译写成"柏"的，或可证"廓罗蒙柏"中的"柏"也是"bach"。

《孚加巴斯山中书所见》，"孚加巴斯"当即富尔卡山口（Furka Pass），为瑞士阿尔卑斯山脉要冲之一。

《双照楼诗词稿》注释本中，注释者汪梦川先生也已考出了汪精卫此行所经的几个地方具体所在，除已指出"几司柏瀑布"即吉斯河瀑布（Giessbach）外，还指出"圣莫利兹"即瑞士东南部城市圣莫里茨（St. Moritz），"丽蒙湖"即莱蒙湖（Lac Léman，一名日内瓦湖）。而"丽蒙湖"对于曾仲鸣来说还有着特殊的含义——此地曾是他旧居之处。他在《重至丽蒙湖滨波斯别墅》里所咏的，正是他曾在《三湖游记》里花很多篇幅描写的那座"丽蒙湖"畔"爱维昂城"的"波斯别墅"。"爱维昂城"今日被译作埃维昂莱班(Évian-les-Bains)，这座莱蒙湖南岸美丽的法国小城，是"依云"(Evian) 矿泉水的原产地，亦是著名的疗养城市。莱蒙湖畔的洛桑(Lausanne) 与"安纳西湖"(Lac d'Annecy，今译阿讷西湖)，皆是曾仲鸣的旧游之地。

不过有趣的是，在曾仲鸣与孙家兄弟合写的《三湖游记》中，孙伏园所写的"丽芒湖"、孙福熙所写的"安纳西湖"，曾仲鸣这次欧游时都留下了诗作。唯独曾氏自己写过的"蒲尔志湖"(Lac du Bourget，今译布尔歇湖) 这次却没有诗。从地图上看，三湖仅相距数十公里，不算太远，难道是未及重游吗？

汪精卫回国

汪精卫的这次欧游，虽说是疗养性质，但何时能够回国总归是个问题。不特国内舆论及国民党内部人士集中关注，汪精卫自己也一直思忖不已。

从蔡德金先生辑录的电文来看，汪精卫想早日动身回国的愿望一直很强烈。在他给陈璧君的电文中，屡见"必在海外急死""置身国内，较可尽力""旅人如坐针毡"之类的话，陈璧君等亲友则以身体要紧为由屡屡劝阻。后来汪氏终于回国的契机，看似拜西安事变所赐，实则来往电函中倒也是早就商量过的。

汪精卫在瑞士、法国的游玩之后行踪如何，两本诗稿记述不详。《汪精卫生平记事》据《大公报》报道，指出汪氏于11月11日抵达伦敦。逗留了一个月后，12月4日他又转去法国，于7日到达尼斯。12月8日之后汪氏所发电文标注的地点都是Can或C，此地即今法国戛纳（Cannes，《汪精卫生平纪事》认为此地是德国科隆，大误）。

1936年12月12日，张学良、杨虎城在西安扣押了蒋介石，西安事变发生。留在国内的陈璧君迅即发电将此消息告知汪精卫。14日汪精卫回电陈璧君，即下定决心回国，行前他还邀请时任驻英大使郭泰祺、驻德大使程天放、驻法大使顾维钧到意大利热那亚来闭门磋商，探讨国内局势。12月22日，汪精卫一行乘波茨坦号（SS Potsdam，一译"朴资丹号""波士丹号"）邮轮离开热那亚回国。

但就在汪精卫刚刚离开欧洲之时，西安事变得到了和平的解决。12月25日，顾维钧得到蒋介石被释的消息，旋即电告汪精卫，这时波茨坦号即将抵达苏伊士运河。汪离开欧洲时是怀着什么样的心情，收到这个消息之后又是什么样的心情呢？都很耐人寻味。

在回程的邮轮上，汪精卫的情绪不高。他的《舟夜》诗说："到枕涛声疾复徐，关河寸寸正愁予。霜毛搔罢无长策，起剔残灯读旧书。"曾仲鸣的《东归舟次倚阑夜眺》诗，也说："灯火樯梢闪欲微，柁楼钟响觉人稀。波涛静向天涯阔，星月轻从袖畔飞。情绪向来愁近国，炎风此际尚侵衣。神州莽莽空翘首，正酿江南雨霏霏。"虽然曾仲鸣《印度洋舟中除夕船客欢集歌舞》《高阳台·印度洋舟中除夕船客举行化装跳舞会并循欧俗至午夜男女并立栏前痛饮祝福毕举杯碎之相拥接吻而散》的题目起得欢乐，但内容掩不住惆怅，颇写照了一行人回国时的心情。

（原载《中国文化》杂志2014年春季号，总第39期）

【补记】

上文指出汪精卫两次观瀑的"西班牙桥"在小城科特雷(Cauterets)附近，又由汪氏诗中所记关于夫妇泛舟溺亡之碑，考出自西班牙桥溯瀑流而上所见之一湖为戈布湖（Lac de Gaube）。今读《苏雪林作品集·日记卷》（台湾成功大学1999年4月版），又发现一条材料可资佐证。苏雪林1952年6月2日日记记道：

> 今日上午与君璧乘公共汽车作Canterlets之游，君璧卅馀年前与汪氏夫妇及曾仲鸣先生来此小住半月，每日远足各地游览，今日余与君璧步行上山，共行两小时，直抵Lac Gaulbe遇雨，托庇某屋檐下。半小时后雨势略止，乃步行下山，行一小时回到Canterlets看大瀑布，四时半回露德城，晚餐后看火炬游行，场面亦极伟大。（第二册，第79页）

君璧即曾仲鸣遗孀方君璧。日记编者对法国地名辨识失察，两处都给认错了——Canterlets应作Cauterets，Lac Gaulbe应作Lac de Gaube。然所述之种种，已足证拙文考证不误。

（2018年2月14日）

《多馀的话》馀话
——"雪华"的故事

一

1935年6月18日，瞿秋白遇害于福建长汀，他在狱中曾写有《多馀的话》的消息旋由报章杂志披露出来。瞿临刑前对来访者述及此稿，说是"甚想有机会能使之出版，但不知可否得邀准许"（李克长《瞿秋白访问记》，原载《国闻周报》第十二卷第二十六期，1935年7月8日出版），可惜如何出版已不能以他的意志为转移了。

是年8月起，上海的《社会新闻》杂志最先分三期（第十二卷第六、七、八期，1935年8月21日、9月1日、9月11日出版）"特载"出《共魁瞿秋白的〈多馀的话〉》。文前按语说，因有不少内容"尚不宜完全披露"，故只摘录了《历史的误会》《"文人"》《告别》三节。过去有人说《社会新闻》是"中统主办"的什么"机关刊物"，仿佛特殊衙门里的秘密读物，但中统这时候还没成立呢。这个杂志实由新光书局公开出版，销量不低，确有CC派的背景，反共味道浓厚。茅盾曾回忆，当时伙伴们看了它摘登的《多馀的话》，就都不相信其真实性：“因为《社会新闻》是专门造谣诬蔑左翼人士的刊物，他造的谣言可以车载斗量。有一次我无意中提到这件事，鲁迅冷笑一声道：‘他们不在秋白身上造点谣，就当不成走狗了，实在卑鄙！’”（《一九三五年记事》，收入《茅盾全集》第三十六卷“回忆录二集”，黄山书社2014年3月版）

1937年春，《多馀的话》的全文突然在简又文、陆丹林主办的《逸经》文史半月刊上分三期连载出来（第二十五、二十六、二十七期，1937年3月5日、3月20日、4月5日出版），署“瞿秋白遗著　雪华录寄”。首次刊登时，还冠有“雪华”写于“廿六年元月十日”的长达三页的引言。除了介绍瞿秋白生平和临刑前情况，“雪华”还有不少感慨，说是读了《多馀的话》，“无论何人，特别是我们这辈‘身经沧桑’的小资产阶级型的所谓‘文人’，当不能不催下同情之泪”，还接着瞿秋白的话说：“这岂只是‘历史的误会’？实在要算是时代的悲剧。”

《逸经》此次全文刊发《多馀的话》影响极大。茅盾就说这回刊载才真正引起了左翼人士的注意，因为《逸经》既不是左翼刊物也不是国民党的刊物，“这就引来了一阵喊喳声”（《一九三五年记事》）。由此引起文章被多次重刊，再启有关真伪的疑云，为“文革”初期“讨瞿”的轩然大波埋下伏笔，再到瞿秋白最终艰难平反……引起的论争之久、风波之大，不必我尽述了。

二

“雪华”能获取这么重要的文献，真是神通广大。他是什么人？这很值得注意。这个笔名在《逸经》上仅用于录寄《多馀的

话》,《逸经》第二十五期上主办者陆丹林所写的卷首语《逸话》也
只说:"我们承雪华先生设法把瞿氏在狱中最后所著的《多馀的话》
寄来发表,并加引言……"当时未再多言。

直到抗战胜利后的1946年1月2日,《申报》的"春秋"副刊
发表陆丹林的回忆文章《故人》,才提到:

> 在寒风萧瑟、冷风凄其的马路上,突然有人骑了一匹白
> 马驰骋着。因着这匹马的毛色是白的,不禁想起故友杨幸之
> 在川鄂途中的白马地方覆车丧命的惨剧。
>
> 杨幸之,是一个忠于职事、待人热诚、前途有为的青年。
> 十年前,他在《申报》服务,抗战军兴,他便奋然从戎了。
>
> 记得我主编《逸经》文史半月刊的时候,他在军中写了
> 许多战事的珍闻逸事,尤其是瞿秋白绝笔的《多馀的话》,也
> 是由他将原稿寄给我发表的。这篇稿子,许多刊物都多方设
> 法的找寻无着,他竟把全稿且加了一段很详细的叙述,写在
> 文前,给读者一个明确的参考。

至此方揭破谜底:原来"雪华"叫杨幸之,此时已逝世。

又过了二十多年,另一位主办者简又文回忆《逸经》时又
谈及:

> 关于共党人物、事迹与文章,我们尚有其他的多篇。来稿
> 最多的是杨幸之,多署笔名"柳云"(也〔也有?〕与共党无关
> 的)。他原是在福建某军任政治工作员,身预剿共之役,所以
> 资料是直接源头,可信可宝。他最大的收获是共党首领瞿秋

白在闽被捕受死刑前，于狱中自写一长篇《多余的话》——实是"忏悔录"。杨君钞得一份，改用"雪华"笔名最初录寄《宇宙风》。讵料该刊主办人陶亢德不敢刊出。我一闻其事，即尽力争取，卒落在我们手中，即分期发表（十七期以下）一字不易。这又是一篇大有文献价值的文章，耸动文艺界、史学界多年。（《宦海飘流二十年》〔五〕，原载台湾《传记文学》第二十三卷第二期，总第135期，1973年8月1日出版；后收入《西北从军记》，台湾传记文学出版社1982年5月版）

陆丹林的文章过去我未见有人征引。大陆上谈及"雪华录寄"这一关节的文章，多转贩自简又文的话。

关于简又文所言"雪华"曾将《多余的话》录寄《宇宙风》而陶亢德不敢刊发的说法，我曾向陶亢德之女陶洁老师求证。陶老师说："那时候红卫兵的小报曾发过一条消息，说当年有人把《多余的话》拿给我父亲，希望能在《宇宙风》上发表，但他拒绝了。我问他是否有这件事，他说有的。我问他为什么拒绝，他说他不想卷入政治，不想跟党派发生关系。"附记于此，以备参考。

三

以我所见，提到杨幸之的文章里有两篇较有信息量：一是何济翔的《陈彬龢与〈申报〉社论》（原载《文坛杂忆》卷八，1992年自印本；又收入《文坛杂忆全编》第二册，上海书店出版社2015年5月版），谈了1932年左右杨幸之为陈彬龢代笔作《申报》社论的事；二是散木的《国民党"笔杆子"杨幸之二三事》（原载

《南方都市报》2013年10月9日），从杨幸之30年代的论政文字、对中共人物的研究及录寄《多馀的话》三个方面对他做了介绍。

此外，我还可以做一些补充。

杨幸之是湖南人。《岳阳籍原国民党军政人物录》（《岳阳文史》第十辑，湖南省岳阳市政协文史资料委员会编，刘美炎主编，1999年8月版）载有他的小传：

杨幸之
（1906-1940）

杨幸之，今临湘市聂市镇荆竹山人。中山大学毕业后参加北伐，不久赴上海任《申报》编辑，显露才华，受到国民党中一些人士赏识。1933年经人介绍，调任国民党十八军罗卓英部任秘书，1937年"八一三"事变后升任秘书处长，旋入武昌南湖高级政训团受训，结业后任十九集团军（总司令罗卓英）总部少将政治特派员。1940年10月调任第六战区政治部少将副主任，赴任湖北恩施途中，经南川响水洞，车覆殒命，年34岁。

简又文说杨幸之"在福建某军任政治工作员，身预剿共之役"，与小传对看，此军显指罗卓英任军长的第十八军。检台湾出版的《罗卓英先生年谱》（罗镝楼编撰，罗伟郎1995年3月自印），果有这样的记述："昔在赣围剿赤匪，颇礼聘文人入幕，以佐文牍。如褚问鹃、杨幸之等，雄文健笔，才思清捷，一时之隽秀。"红军主力长征之后，罗卓英率部对中央苏区留守红军进行了"清剿"。杨幸之此时得以传抄《多馀的话》文本，是顺理成章的。

不仅如此，1937年率上海劳动妇女战地服务团赴第十八军从事战地服务的女共产党员胡兰畦晚年也回忆过杨幸之。《胡兰畦回忆录（1901－1994）》（四川人民出版社1995年5月版）如是说：

> 十八军军部的杨幸之，大革命时期是共产党员。一九二七年国共分裂后，他流落到江西，在我们组织的革命行动委员会（中国农工民主党前身）中负责宣传工作。和我们一道办《平民日报》时，仍热烈拥护孙中山先生的"联俄、联共、扶助农工"的三大政策。在上海，他也曾与左联有工作关系。邓演达回国时，陈诚曾表示赞成邓的主张，因此，革命行动委员会中的一些人就被安插进了陈诚的军队之中。十八军是陈诚的基本队伍，杨幸之在十八军军部当秘书，就是这个原因。我这次敢于带一班女孩子到这个国民党军队中来工作，原因之一也是因为有杨幸之在那里，比较放心。但不久才知道，我原先的估计完全错了。

趁胡兰畦不在的时候，杨幸之召集服务团开了一次漫谈会，摸清了所有团员的政治底细，这使她大为生气。后来在随军西撤的路途中，杨幸之更是多次以"心怀鬼胎"的反面形象出现在胡兰畦笔下。但胡兰畦的回忆中最引起我注意的，还是关于杨幸之身份的揭秘——原来他是大革命时期的中共党员！

杨幸之自己曾经写过一篇《换上灰衣》，副标题叫作"不算自传之一"（原载《黄钟》第八卷第一期，1936年2月15日出版）。这篇不算自传的自传甚至被杂志编者列在"小说"一栏，但揆诸细节，所述应该都是实情。文中不谈自己的思想变迁，却袒露了这样的心路历程：

> 我第一次投入军中，地点是在武汉，时间是在所谓"大革命"后的一年，那时我只有二十岁，还不懂得人间世的辛酸苦辣，可是环境却逼得我走头〔投〕无路，四顾茫茫，好像被投入了渺无人烟的大荒。

大革命后"四顾茫茫"的心态，与"中共党员说"这个孤证很吻合。《岳阳籍原国民党军政人物录》还载有杨幸之夫人周静芷(1911-1988)的小传，恰恰提及她"大革命时期曾参加中共地下党组织，并在岳阳妇女协会工作近一年。大革命失败后，因白色恐怖而外出，不久即叛党"，并与杨幸之结婚。这正是同一时期的事。论者早已指出，杨幸之后来在30年代初做了时为左派的《申报》陈彬龢的秘书，此后除了曾给胡风介绍工作，又大力批判军阀和帝国主义，还比较过资本主义和社会主义模型，呼吁过"彻底改革社会制度"。把材料结合起来看，杨幸之20年代末到30年代初正式从军时的思想脉络就清晰多了。

别忘了杨幸之1937年还给《多馀的话》写过引言。回看引言里的重要部分：

> 我之所以说这是时代的悲剧，并不只是有感于瞿秋白个人的遭遇，想想罢，从一九二六年起到现在（就说到现在为止罢），在"时代"的巨掌里，真不知攫入了多少青年冤魂。一九二六年的伟大的浪潮平地卷来，成千成万的青年便立刻被卷进了漩涡，其中当然有不少的人是具有确实的认识坚定

的信仰和生死以之的精神，并不是盲从附和，但，——青年朋友们，请原谅我，并不是故意污蔑你们，——最大多数的人还只是一知半解，或不知不解，甚至只是趋时髦，赶热闹，凭着一股纯洁的、冲动的青年热情，和深恐为时代抛弃的虚荣心理，不自主地朝着时代浪潮的漩涡里跳。天知道，在我们之中，至少还有多数的人连自己的日常生活还不知道怎样处置，却仍要霸蛮来充领导社会的火车头；事情可并没有这样顺利，忽然又是几阵暴风雨，昨夜的"前进的战士"，在今天便变为"人类的蟊贼"，有的被送进监狱，有的被送上断头台，有的被迫而亡命四方，他们自始至终，都不知是为了什么，更谈不到什么"意识"与"怎样克服自己"，然而他们残酷的遭遇却是千真万确的事实，这才真是"一场噩梦"，真是"历史的误会"！瞿秋白的遭遇，也就正是那些被时代牺牲了的成千上万的青年们的遭遇，所不同的是瞿在临死之前，还能最后自觉的说明这是"历史的误会"，而那些被牺牲了的青年们却终始是混混噩噩，是自己误会了历史？是历史误会了自己？至死是莫名其妙。呵，伟大的时代！伟大的悲剧！

有人说，瞿秋白这篇《多馀的话》，实在不是"多馀"的，他在字里行间，充分地流露了求生之意；这对于共产党，要算是一桩坍台的事。我觉得像瞿秋白这样历尽沧桑的人，到了如此地步，对死生还不能参透，是不会有的事，我们不应从这方面去误解他。他何尝不可以慷慨就死？沽得一个倔强到底的"烈士""芳名"，然而他仍要在生命的最后一刹那供出自己的虚伪，揭破自己的假面具，这便是"文人"之所以为"文人"。……一言以蔽之，他本是一个十足的小布尔乔亚，

> 十年来，他戴着石白做戏，有苦无处诉说，在绝灭的前夜，怎肯放弃最后诉说的机会呢？

　　既已明白了历史过往，就会发现杨幸之在引言中所写绝非无根之谈，而是"过来人"的有感而发。"从戎而不投笔"（《换上灰衣》中语）几年后，这时他的自我定位已变为"'身经沧桑'的小资产阶级型的所谓'文人'"，他"并不只是有感于瞿秋白个人的遭遇"，恐怕恰恰也有感于自己的遭遇。他能指出"像瞿秋白这样历尽沧桑的人，到了如此地步，对死生还不能参透，是不会有的事，我们不应从这方面去误解他"，更不是偶然的。

　　有论者曾惊异于杨幸之的思想，觉得"一个参与'剿共'的国民党军官居然在话语上与'赤区'的'共匪'有了相同性，这是多么的奇妙"（散木语），此谜至此也就解开了——他哪里只是单纯的国民党文职干部，分明是个值得研究的"转向者"标本！

四

　　这位"转向者"没来得及留下属于自己的"多馀的话"，1940年10月，他即因车祸殉职。据当时负责率领第六战区长官部人员辎重车队的邱行湘晚年回忆，在重庆去恩施的路上，为了行车安全，每辆车都安排了车长，专载政治部直属音干班毕业生二十馀人的大车"由刚发表的六战区政治部少将副主任杨幸之率领"。没想到车队出四川南川（今重庆南川）东行，越白马岭下白马坡时，杨幸之率领的车辆就翻进了山沟，车上人员无一幸存。（见邱行湘《漫忆鄂西》，原载《湖北文史资料》总第十四辑，政协湖北省委

员会文史资料委员会编，1986年4月出版）

　　消息传来，除了零星的悼文和诔辞（吴涵真《敬悼蒋鉴杨幸之》，原载《国讯》旬刊第二五一期，1940年10月25日出版；罗卓英《诔杨幸之同志》，收入《呼江吸海楼诗》，不署出版时间，卷末附记写于1948年7月），杨幸之的名字很快就在抗战的洪流中被遗忘。

　　杨幸之留下的文字不多。除了为《申报》捉刀作社论，1933年左右他为《申报·自由谈》所写的也多是涉及现实的杂文。后来他给陆丹林主办的《逸经》和《大风》撰稿，则是写些红区见闻或红军歌谣之类的题材。在陆丹林的回忆中，抗日战争全面爆发后的杨幸之是这样的形象：

　　　　他说他本人原是弄笔杆的人，平日都是舞文弄墨，今次参加民族对外的伟大战争，所见所闻所亲历的事很多。将来辑述成书，也是非常的有意义的。他每见我一次，必说，抗战材料又得了许多。我极力的鼓舞他去完成这部富有历史真实性的杰作。（《故人》）

可见杨幸之颇有记录时代的远大抱负。惜乎天不假其年，我们无缘进一步了解他的见闻了。然而略窥他人生历程的侧面，对于我们了解那个时代还不无裨益，因写在这里，作为《多馀的话》的馀话。

　　　　　　　　　（原载《掌故》第八集，中华书局2021年7月版）

《沁园春·雪》在延安的流传

　　毛泽东的《沁园春·雪》一词，最早是因为在1945年重庆和谈期间写赠给柳亚子而流传开来的，这是今天大家较为熟悉的史实。柳亚子自己曾写过一篇《关于毛主席咏雪词的考证》（原载《文汇报》1951年1月31日）略述经过。他说当时见到《沁园春·雪》便和了一首，将两首词一并抄送《新华日报》，请他们发表。可是此时毛泽东已飞回延安，《新华日报》要发表毛的作品却非得征得毛本人的同意不可，结果最后只把柳亚子的和作给发表了，外人却由此知道了毛一定有原词。后来这首词终于被人披露了出来，"赞成者和反对者都大和而特和，成为一个轰动全国的高潮"。

　　不过柳亚子感慨各报当时辗转传抄，不免有误。他说毛当时写给他的手迹（他称之为"真真的古本"）原有两份：

　　　　一份是毛主席写在信笺上给我的；另一份是替我写在纪念册上的，字句完全相同。后来，写在信笺上的一份，被友人画家尹瘦石同志拿去了……写在纪念册的一份，当然在我那儿保存着。我从重庆还到上海，这纪念册便带了过来。蒋共和谈破裂以后，我由上海再度亡命香江，听说我家中的人，留在上海的，还把这本纪念册和其他在蒋匪政权下认为反动的东西都藏到四层楼上的复壁中间呢。解放以后，才取了出来。我去年十月南归后再北上，便把那些东西都带到北京来了。

经过大致就如柳亚子所述。而关于此事的其他细节，如毛泽东是如何将其写赠给柳亚子，又如何由人辗转发表，怎样受到"赞成者"的追捧和"反对者"的攻讦，都早有了各路学者的详细阐释，本文也就不再赘述。这里倒是想谈谈前人不大注意的一个问题：《沁园春·雪》在延安又是怎样流传的呢？

《沁园春·雪》是毛泽东"初到陕北看见大雪时"（毛泽东1945年10月7日致柳亚子信中语）所填，旋置之行箧，久未公开。关于这首词在延安流传的最早线索，恐怕要数朱德在多年后的一首和词。此词原载《朱德元帅丰碑永存：中国人民革命军事博物馆陈列文献资料选》（中国人民革命军事博物馆编，上海人民出版社1986年7月版），今已收入《朱德诗词集》新编本（中央文献出版社2007年2月版），全词如下：

沁园春　受降

我依毛泽东韵写。

红军入满，日寇溃逃，降旗尽飘。我八路健儿，收城屡屡；四军将士，平复滔滔。全为人民，解放自己，从不向人言功高。笑他人，向帝国主义，出卖妖娆。　　人民面前撒娇，依靠日寇伪军撑腰。骗进入名城，行同强盗；招摇过市，

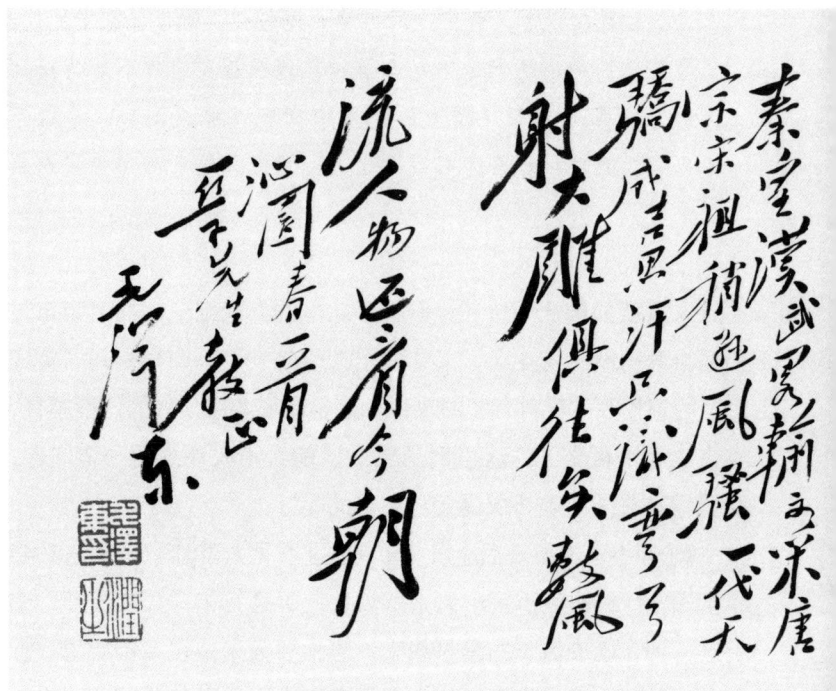

毛泽东为柳亚子写在纪念册上的《沁园春·雪》手迹

北国风光，千里冰封，万里雪飘。望长城内外，惟余莽莽；大河上下，顿失滔滔。山舞银蛇，原驰蜡象，欲与天公试比高。须晴日，看红装素裹，分外妖娆。

江山如此多娇，引无数英雄竞折腰。

臭甚狐骚。坚持独裁，伪装民主，竟把人民当虫雕。事急矣，
须鸣鼓而攻，难待终朝。

《朱德诗词集》的编者将此词系在1945年8月，甚是。由词题
及词意，确能看出这是当年8月15日日寇投降后不久所作。此时
八路军方面夺取了不少小城市和广大农村，扩大了控制区域，国
民政府方面也调兵遣将，接受各地日军的投降，彼此都有指责对
方"抢夺胜利果实"的意思在。朱德当时作为第十八集团军总司
令，曾与蒋介石为受降之事提出交涉，此词正咏出了这其中的博
弈，朱德坚定于自己的立场，愤慨之情溢于言表。

不过，《沁园春·受降》既然写于这年8月，比起毛泽东在10
月抄录《沁园春·雪》给柳亚子的时间就早了两个月。这便衍生了
不少可能性。考虑到与此同时，毛泽东已萌生动身去渝之意，这
是否意味着他已有了要在重庆向人披露此词的想法呢？耐人寻味。

除了朱德，在延安的其他中共领导人要看到《沁园春·雪》
一词，还得等到毛泽东给柳亚子抄示此词以后。而此中缘由，颇
与柳亚子其人的"好事"有关。柳亚子已谈到毛泽东在重庆给他
题写了两份"字句完全相同"的《沁园春·雪》词，可毛为什么
要这么做，柳就语焉不详了。关于其中内情，萧永义先生有个有
趣的分析，他认为柳亚子比较看重这种具有特殊价值的墨宝，柳
大概注意到毛写在信笺上的第一份咏雪词没有题上下款，也没有
署名和用印，所以才带上自己的纪念册，抓紧毛即将离开重庆的
宝贵时间，请毛再行题写一遍。果然，这次毛就加上了"亚子先
生教正"的上款和"毛泽东"的落款。毛没有印章，柳亚子还特
请青年篆刻家曹立庵给毛刻了一方朱文印"润之"，一方白文印

"毛泽东印"。萧永义特别指出，柳亚子在毛的第二份手迹上加盖印章，甚至是毛离开重庆之后的事情，以至于两方印章竟然没能请毛带走（略见《毛赠柳词何以有两幅》，收入萧永义著《毛泽东诗词史话》，东方出版社1996年12月版）。柳亚子其人"好事"如此，也算是旧文人习气，不难理解。

毛泽东离渝返延后的10月23日，柳亚子在纪念册上的毛词之后写上了自己的和作：

> 廿载重逢，一阕新词，意共云飘。叹青梅酒滞，余怀渺渺；黄河流浊，举世滔滔。邻笛山阳，伯仁由我，拔剑难平块垒高。伤心甚，哭无双国士，绝代妖娆。　　才华信美多娇，看千古词人共折腰。算黄州太守，犹输气概；稼轩居士，只解牢骚。更笑胡儿，纳兰容若，艳想秾情着意雕。君与我，要上天下地，把握今朝。

和词后并有一跋。关于这篇跋文，历来的录文皆有误字，今据清晰影印件重录于下：

> 余识润之在一九二六年五月广州中国国民党第二届二中全会会议席上，时润之方任国民党中央宣传部部长也。及一九四五年重晤渝州，握手惘然，不胜陵谷沧桑之感。余索润之写长征诗，见函乃得其初到陕北看大雪《沁园春》一阕，展读之余，叹为中国有词以来第一作手，虽苏、辛犹未能抗耳，况馀子乎？效颦技痒，辄复成此，并写入纪念册中，附润之骥尾，润之倘不嫌唐突钦？一九四五年十月二十三日，

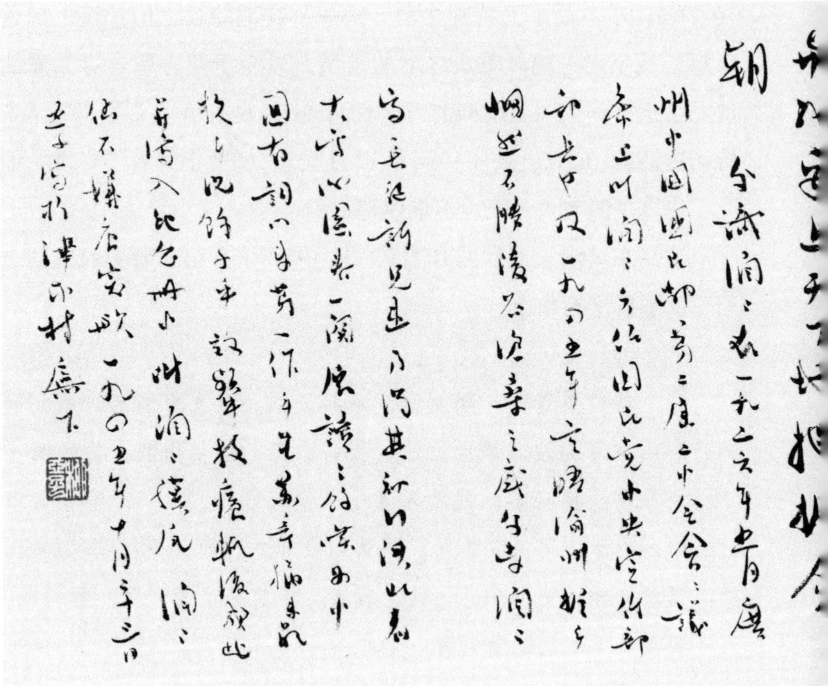

纪念册上的柳亚子和词并跋文

廿载长途一阕新词气苍凝

飒飒秋声埋而喋笔慎洲

黄河流涌岂无同：都道心

满纸仁心战按剑魂手地

莫高娇人甚哭无奴困士起

仙妃娇刀笔仗义多娇者

千古词人共拓腰年贵州太

守犹栖卓批稀禄士纵

所守坚受尽期兄地宫室

若蚁超徐情者云谢去

亚子写于津南村庑下。(钤"柳亚子"白文印)

关于这本纪念册，柳亚子的那篇"考证"文章只说："写在纪念册的一份，当然在我那儿保存着。我从重庆还到上海，这纪念册便带了过来。"他隐去了一个重要关节未提，那就是他曾将这本纪念册托人带去延安，请中共各方面的负责人题字留念。这本纪念册今藏中央档案馆，中央档案馆的工作人员曾有专文披露（见陈小梅、刘扬《柳亚子〈沁园春·雪〉纪念册背后》，刊于《中国档案》2011年第2期），册中内容也已辑入张明观《柳亚子史料札记二集》(上海人民出版社2014年10月版)。据张明观言，册页背面还粘贴一纸，内容如下：

> 柳亚子先生从重庆带来纪念册一本，托毛主席代请延安党政军民文各界诸负责同志提[题]字，并托周副主席在最近带出给他，因时间迫促，希接到纪念册后，即在册上提[题]字签名，交来人带下。(据柳亚子先生意见，提[题]字用毛笔、钢笔都行，字体不拘，如能写篆、隶则更好，写些什么，听便。)此致敬礼。昆仑办公室，十二月六日。

据中央档案馆工作人员披露，当时延安的有关工作人员还准备了一份各方面负责人的名单及住址，由工作人员逐一请他们在这本纪念册上题词。"昆仑办公室"应该是毛泽东办公室的别称。曾在陕甘宁边区保卫部门担任文化教员的刘坚夫晚年忆及1938年前后的情况时说，毛泽东在延安时的办事机构曾称为"昆仑办公室"，"昆仑办公室"的秘书长是李六如（见刘坚夫《暮色黄昏志更坚》，收入孙明山主编《历史瞬间》〔四〕，群众出版社2006年5月版）。按李六如当时正任毛泽东办公室秘书长，两相对照，当可释疑。后来毛泽东1947年转战陕北时，随同转战的中共中央相关机构还曾称为"昆仑纵队"，也可证明"昆仑"这个代号一直沿用。

《沁园春·雪》写在这本纪念册的卷首，自为延安的诸位"负责同志"所注意。这样一来，这首词在延安就大范围地流传开来了。《沁园春·雪》此时在延安的流传，便在时人的日记中留下了痕迹。《谢觉哉日记》（人民出版社1984年4月版）1945年12月14日记载：

　　　　题柳亚子纪念册（录中秋诗）。柳册上有毛主席初到陕北看大雪词，沁园春，似未见过，录下（原词略——原编者注）。

翌日，谢觉哉步毛词之韵和了一首《沁园春》，他把和词也抄在了日记中：

沁园春　用毛主席韵为诸孩作

　　三男一女：飞飞列列，定定飘飘。记汤饼三朝，瞳光灼灼；束脩周载，口辩滔滔。饥则倾饼，倦则索抱，攀上肩头学比高。扭秧歌，又持竿打伏，也算娇娆。　　一群骄而又娇，不盼他年紫束腰。只父是愚公，坚持真理；子非措大，不事文骚。居新社会学新本事，纵是庸材亦可雕。吾衰矣，作长久打算，记取今朝。

谢觉哉彼时虽然年高体弱，但工作依然忙甚，这天晚上尚"参加枣园中央会议","回已十二时"。平常抚育孩子大概也耗去了这位慈父不少宝贵精力,填词相和算是娱乐。谢觉哉曾将这首和词出示给词友钱来苏(名拯,字太微)欣赏。钱来苏的诗词集《孤愤草初喜集合稿》(自印本,不署出版时间,《卷头语》之"续记"写于1951年8月)中收有一首诗,当是读了谢觉哉的和作后所写。这首诗是:

谢老以词见示戏答数语

毛主席词如苏髯,公之词亦近幼安。大风气象倍磅礴,游戏文章妙自然。我于斯道未入室,西施在座何敢前。怀抱琵琶起敛衽,请问善才怎拨弦。

为何可判断此诗就是读了谢觉哉的和作后所写的呢?因为在《孤愤草初喜集合稿》中,紧接着此诗的正是两首步毛词原韵的《沁园春》:

沁园春 哀蜀,用毛主席咏雪韵

蜀国堪哀,金紫横拖,衮带轻飘。踞中枢大帅,居然石桂;列牙诸将,尽是沘滔。橐满金珠,腰缠宝玉,暗算山头那个高。其流品,只褒谗姐媚,燕妒环娆。   虎冠噬肉偏娇,翻泼骂饥民效细腰。尽据穴分肥,俨同狗盗;凭城肆虐,恰比狐骚。狡狯乔装斑斓怪石,没羽非同小技雕。时迫也,挽强弓劲弩,莫待来朝。

又　咏史，秦、楚

统一兵兴，千里田芜，万户灰飘。看长城北转，空留壁立；大江东去，尽管沙淘。点点飞磷，丛丛战骨，仅伴霜天小月高。六王毕，却阿房一炬，燎尽娇娆。　　当年郑袖含娇，无朝暮君前竞舞腰。况外纳张仪，明施间谍；内疏正则，枉赋离骚。最是上官子兰群竖，偷献连城更巧雕。谁复楚，要江东子弟，策马星朝。（杜牧之诗："江东子弟多英俊，卷土重来未可知。"）

钱来苏的这两首词对国民政府的举动大加攻讦，词意之辛辣可与朱德所作颉颃，而所翻花样过之。回过头看，《谢老以词见示戏答数语》一诗中，正是将毛、谢两首《沁园春》词做比较。"大风气象倍磅礴"喻毛词，而特以"游戏文章妙自然"追谢意，还算评价得当。不过钱来苏虽说"我于斯道未入室"，却仍有和词，且和了两首，看来他真是谦虚。

这之后的12月18日是黄齐生先生的六十七岁生日（他生于清光绪五年阴历十一月初六日，合阳历1879年12月18日）。这一日，黄齐生也步《沁园春·雪》之韵，填了一首《六十晋七感咏》。此词今已收入谢孝思编《黄齐生诗文选》（贵州人民出版社1981年6月版）：

沁园春　六十晋七感咏

盖读毛、柳、钱、谢诸公之作而学步也。

竟夜思惟，半世生涯，转类蓬飘。念圣似尼山，原称混混；隐如桀溺，乱避滔滔。教棠津门（天津严范孙师），师承

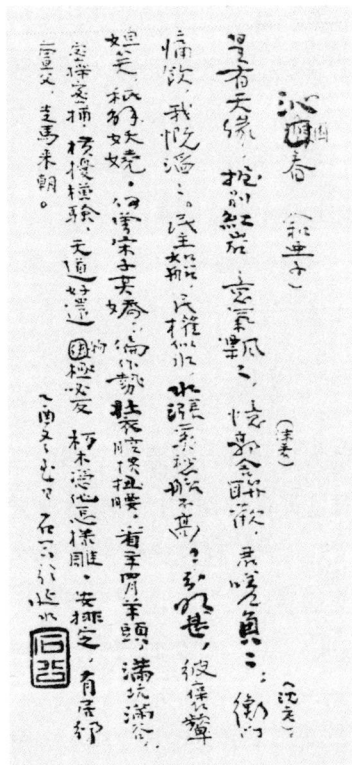

黄齐生《沁园春·和亚子》手迹

南海；许与梁谭比下高。羞怯甚，笑无盐嫫母，怎解妖娆。　　不识作态装娇，更不惯轻盈舞秀腰。只趣近南华，乐观秋水，才非湘累，却喜风骚。秋菊春兰，佳色各有，雕龙未是小虫雕。休言老，看月何其朗，气何其朝。

从词前小序，可知彼时黄齐生不仅见到了《沁园春·雪》原词和柳亚子的和词，也读到了钱来苏、谢觉哉等人所续之作。而几天之后，黄齐生又填了一首《沁园春》，以和柳亚子的和作。此词亦收入谢孝思编《黄齐生诗文选》，今据原件影本录出：

沁园春　和亚子

是有天缘，握别红岩，意气飘飘。忆郭（沫若）舍联欢，君嗟负负；衡（沈老）门痛饮，我慨滔滔。民主如船，民权似水，水涨奚愁船不高？分明甚，彼褒嫠妲笑，只解妖娆。　　何曾宋子真娇，偏作势装腔惯扭腰。看羊胃羊头，满坑满谷；密探密捕，横扰横骚。天道好还，物极必反，朽木凭他怎样雕。安排定，有居邠亶父，走马来朝。

此影本见于周永林编《〈沁园春·雪〉考证》（重庆地方史资料丛刊，重庆地方史资料组1983年4月版），系尹凌《〈沁园春〉咏雪词在重庆传诵期间若干史实材料补遗》一文附图。词作末署"乙酉冬至日，石公于延水"，可知是写于1945年12月22日（阴历乙酉年十一月十八日冬至）的。此后黄齐生更将他与钱来苏的和词寄给了与毛泽东关系密切的康生。其中内情，又可以从几年前出现在拍卖会上的一封康生信札中看出端倪。这封信说：

石公黄老丈尊鉴：

尊函敬悉。天严寒，丈与灵璧勿枉驾枣园，待元旦后，晚当趋前贺节，敬聆教言。

捧读丈与钱老《沁春园》和词二阕，觉琳琅满目，知二老乃词林圣手也。原稿已呈毛主席，复抄二份，分寄总司令与续范老矣。

前言为丈涂画一帧，至今未能奉上，愧甚！盖以手中宣纸已尽，更因少年学画未成，迄今荒芜已三十年，恐为长者笑耳。明春自渝购得纸后，定当献丑，以求斧正。即颂近安！

康生

十二月二十八日

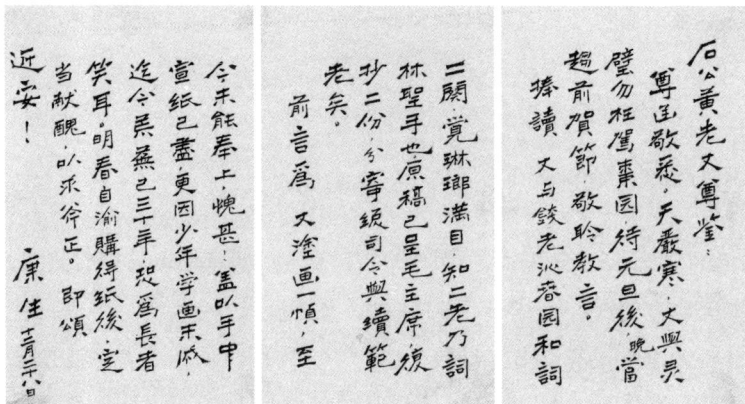

康生1945年12月28日致黄齐生信（北京诚轩拍卖有限公司2007秋季拍卖会拍品）

黄齐生晚号石公，"灵璧"当指时在延安第一保育院工作的隋灵璧（她也是康生的诸城老乡），"沁春园"自是"沁园春"之误。这里提到的"总司令与续范老"，当然是指朱德与续范亭了。如前文所述，朱德早已读过毛词并有和作，而今本《续范亭诗文集》中未见和词，大概自叹不懂此道的续范亭"又嫌平仄太费力气"了吧。

信里提到的呈上的和词，仅有黄齐生、钱来苏两家，未提及谢觉哉的前作，看来谢老常去枣园开会，和作大概早已给毛过目。而从康生"原稿已呈毛主席"的话倒推，则可能黄齐生的去信中，有请他向毛泽东代致之命。

康生复黄齐生的这封信，更当与毛泽东一天之后复黄齐生的信对读：

黄老先生道席：

　　新词拜读，甚感盛意！钱老先生处乞代致候。敬祝六七

荣寿，并颂新年健康！若飞寄来报载诸件附上一阅，阅后乞
予退还。其中国民党骂人之作，鸦鸣蝉噪，可以喷饭，并付
一观。

毛泽东

十二月二十九日

　　这样，我们就能看懂康生和毛泽东分别复黄齐生的两封信的
内容了。毛既然"敬祝"黄齐生的"六七荣寿"，足证康生已把黄
齐生所填的和词（"新词"）送到他处，钱来苏处亦"乞代致候"，
自然是钱来苏的和词也一并收到了的缘故。"若飞"即黄齐生的外
甥王若飞，时在重庆。揆诸上下文义，王若飞所寄来的"报载诸
件"，恐怕就是重庆那些亲国府文人所和的《沁园春》词了。意识
形态的相骂，在毛泽东看来，自有"鸦鸣蝉噪，可以喷饭"之处，
想必黄齐生对看之时，也当付之一笑。

　　　　（原载《掌故》第二集，中华书局2017年4月版）

"范其时"不是胡兰成
——重提《续结婚十年》里的一桩公案

当年笔仗

《掌故》的两位作者，也是我熟识而敬重的两位前辈——黄恽先生和胡文辉先生，多年前打过一场小笔仗。

笔仗围绕着苏青的自传体小说《续结婚十年》（四海出版社1947年2月初版）展开。黄恽先生先写了《凶终隙末的苏青与张爱玲》一文，发表于新刊《万象》第十卷第十二期（2008年12月号）。文章从《续结婚十年》中没有写到张爱玲谈起，探析苏青、张爱玲和胡兰成的关系，指出小说中影射胡兰成的"谈维明"和影射苏青自己的"苏怀青"最后"竟上了床"，推测"这一段是专门写给张爱玲看的，甚至有故意'恶心'张爱玲的成分"，进而猜测苏青和张爱玲最终断绝了来往。

胡文辉先生读后有不同意见，乃撰《也说〈续结婚十年〉中的影射》，发表于《万象》第十一卷第一期（2009年1月号）。此文认为小说中确有影射胡兰成，"但并非谈维明，而是那个范其时"。并举证："范是'《中国报》的总主笔','他是一个国学极有根底的人，北伐时曾入某将军幕，因而与当代的几个要人相识。这次到上海是给人家掇哄过来的，他为人优柔寡断，做事又迟缓，人家见他没有用，便把他安放在报馆里，做个挂名总主笔……'胡兰成时任汪伪《中华日报》总主笔，在旧学方面也有一定基础，正契合范其时的身份；不过胡并无'北伐时曾入某将军幕'一事，这可能是他30年代应桂系第七军军长廖磊之聘的讹传吧。此外，小说中的范其时很赞美主人公的文章，这也是与写过《谈谈苏青》的胡兰成相呼应的。"据此断定："黄先生关于苏青与张爱玲交恶的推测，也就完全落空了。"

　　2009年2月，张爱玲的《小团圆》在台湾出版，大陆版随后面世。这也是一本大可索隐的小说，其中恰有可与《续结婚十年》印证的段落。胡文辉先生由此发现前说未安，又作《也说〈续结婚十年〉中的影射补正》，发表于《万象》第十一卷第六期（2009年6月号）。《补正》比较了两本小说相似的片段，说："两相对照，都是写苏青的床事，男女都互问对方有没有性病，实在很难说是巧合。……在苏青笔下，那个谈维明相当猥琐，而且是他先问她有没有性病；张爱玲笔下则相反，是文姬（苏青）先问邵之雍（胡兰成）有没有性病，而邵则显得相当从容。这就意味着：张爱玲文本明显站在胡兰成的立场。——从这个角度看，张爱玲的这个有利于胡的细节，更可能来自胡的转述。"进而承认："这样的话，确实就可以证明，谈维明就是胡兰成。黄先生虽然缺乏论据，但确实猜对了。"然而话锋一转，仍要折中前说："我想，范其时仍是影射胡兰成的，只不过范的身份比较显露，苏青不便直接写自己跟他上床；于是故弄狡狯，又另外虚拟出一个谈维明，将她与胡的一夜风流放到谈维明身上。……简单地说，《续结婚十年》的范其时乃甄宝玉，而谈维明则是贾宝玉，两个都可以说是胡兰成的影子!"

这期《万象》同时刊出黄恽先生的《我读〈续结婚十年〉》，他说直到撰文时，才同时看到胡文辉已发表的文章和将发表的补正："开始没有看到，而如今一并看到，有一个好处，就是不必为胡文多说什么，而他自己先有了补正，省却我很多事情。"又说："不过仔细拜读胡文，颇使我惊诧，他开始居然认为范其时是胡兰成，而不是谈维明，可见他对汪伪时期的文坛是如何的隔膜了。我上面已经说过，范其时是鲁风，胡文张冠李戴如斯之甚，那么，我还需要答复什么呢?"

胡文辉先生后来还有未单独发表的《补正二》，批评黄恽认定"范其时"是鲁风，就跟过去认定"谈维明"是胡兰成一样，"依然是只有结论，依然是没有任何论证"。于是补充论据，重复前见："范其时是直露地影射胡兰成的，而谈维明则是半虚半实地影射胡兰成，苏青是通过身份不明的谈维明，来写她与胡兰成的床事。"

黄、胡两位最终都认定"谈维明"确实影射胡兰成，但仍有分歧：胡文辉认为"范其时"是胡兰成的分身，黄恽则认为"范其时"影射鲁风。笔仗到此告一段落。

上述诸文今皆收入胡文辉著《人物百一录》(浙江大学出版社2014年1月版)和黄恽著《缘来如此：胡兰成张爱玲苏青及其他》(福建教育出版社2014年8月版)，《续结婚十年》也出版过多个版本，读者可以复按。

"范其时"实影射梁式

这场笔仗发生在十馀年前，那时我还小，对苏青和《续结婚十年》完全不了解，不能置一词。近几年来，我渐对沦陷时期上海文坛产生兴趣，又与黄、胡两位前辈熟识，以今天的认知水平重阅当年文章，发觉双方说法仍有瑕疵，有重提的必要。写作本文时，我也与两位前辈做过多次交流。

关于《续结婚十年》，黄恽先生评价："这本书的情节写得相当接近事实真相。"胡文辉先生则说："单纯从文学角度看，这部小说的价值未必太高；但从历史角度看，其价值就相当稀罕了。"历史价值既富，自传性又强，就有对号入座的馀地。以下考证涉及小说与现实的对应，为了醒目，小说中的人物和报刊名一律加引号注明。

小说中，"苏怀青"想要寻找写作的园地，先去找了老朋友"鲁思纯"。这时"鲁思纯已经无可奈何地进中国报馆了，他当的是《中国周刊》编辑，与报纸不大相关"。听了来意，"鲁思纯"热心地说："你现在既然生活安定了，还是替我们的《周刊》多写些稿吧。《中国报》的总主笔范其时先生，他很赞美你的文章，要请你写稿，这话已经同我说过好几次了。"

第二天傍晚，"鲁思纯"来看"苏怀青"了，同来的尚有"潘子美"和"一个头发花白的中装男子，鼻架玳瑁边的眼镜"，"经鲁思纯介绍以后，才知道他便是《中国报》的主笔范其时先生"。"苏怀青"请小仆欧办了菜，买了酒，四人边吃边谈，气氛非常融洽。"鲁思纯"酒酣耳热，"潘子美"插科打诨，此时——

范其时则始终只静静的倾听。他是一个国学极有根底的人，北伐时曾入某将军幕，因而与当代的几个要人相识。这次到上海是给人家掇哄过来的，他为人优柔寡断，做事又迟缓，人家见他没有用，便把他安放在报馆里，做个挂名总主笔，其实中国报馆里共有七八个主笔，又有许多分类编辑，大家各自为政，谁也不听他的调度。他自己又没有中心思想，没有主张，又胆小怕事，更怕得罪人，除了开编辑会议时不得不充主席外，平日什么话也不说。由他主持开会时，每一次至少须费四五小时，人家争论得面红耳赤，他只呆呆坐在上面不语，最后还是别人看不过去了，喊停止辩论，请主席付表决吧，他这才畏缩地问争执的两造说："可以表决了吗?"若两造各无异辞，他才敢正式表决。他的为人态度据他自己说是"明哲保身"，别人虽然口里也称他为好好先生，背后无不笑他脓包，连走一步路也踮着脚跟生怕一不小心会踏死只把蚂蚁似的。这晚他听鲁思纯愈谈愈起劲了，潘子美又点头道是，他便忍不住打岔说声："两公多饮几杯酒吧，我要请求主人赐饭了。"

饭后"鲁思纯"沉默下来，"潘子美"觉得无聊，"范其时打了一个呵欠，又瞑目端坐在椅上，像老僧入定"。"苏怀青"请他到沙发上坐，"范其时"睁开眼睛笑道："像我们这般穷书生坐在小姐房里已经觉得够舒服的了，椅子也很好。——只是我今夜还要到报馆里去写一篇星期论文，酒醉饭饱了，就此告辞吧。"

"苏怀青"和"范其时"就这么初识了。另外两位出场人物，也须稍做介绍:

关于"鲁思纯"，小说中描述："他的学识是从刻苦自修来的，出身是一个学徒，后来考取某书店的助编，终于得到某中外闻名的学者赏识，请他主编了《清风》杂志，以后又陆续自办了好几种大型刊物，都曾予当时文坛以不少影响。"这显然影射出身学徒自学成才、受邹韬奋提携到生活书店担任编辑，旋得林语堂赏识主编《论语》，又办《人间世》《宇宙风》的陶亢德。关于"潘子美"，小说中提到他是一位青年作家，"聪明而有能力"，"给老父留住了"，"只好留在上海，做《中国报》的编辑"，"起先心里本不愿意，但后来见上司都倚重他……故而大胆活跃起来"，则完全是现实中柳雨生（名存仁）的事迹。"鲁思纯"和"潘子美"后来出席"亚洲文艺协会"，抗战胜利后被捕，这也与现实中陶亢德和柳雨生出席"大东亚文学者大会"，后来被捕的情况一致。故这两个影射早已为学者所公认。

这时"鲁思纯""潘子美"都进了《中国报》做编辑，而"范其时"正是这家报纸的总主笔。当事人陶亢德留下了珍贵的回忆录（《陶庵回想录》，中华书局2022年6月版），其中恰有一节可与小说比勘：

> 日本对英美宣战之后，不久攻占香港，在香港的朋友，有的往内地去了，有的来上海。来上海的人里面，有一位柳存仁，是个极熟的朋友，……香港沦陷之后，他很吃了一些苦，后来与同为广东人的林柏生手下人搭上关系，因而能举家离港返沪。
>
> 他到上海我并不知道，后来有一天他忽来我家，这才知道。他到上海后已在中华日报馆挂了一个主笔名义，改名雨

生。当时凡是附逆什么的人，十九改名。我却"坐不改名"，这是老伴后来责我笨的证据之一。老实说来，我之不改名，也有我的打算：入污泥而不染在客观上是空话，但我总想不要如无缰之马，能够尽量不作恶为非，不改名似乎也是控制的一法，就是说我怕一旦化了名，极可能更不知检点随便胡作妄为了。这也许是非非之想，但我当时是确作此想的。

　　柳雨生的来看我，是《中华日报》想叫我编辑该报出版的《中华周报》。如我答应，他去约《中华日报》的实在主笔梁式和我谈谈。我说可以考虑。

　　在雨生家里和梁式见面。他代表《中华日报》请我编辑《中华周报》。我说可以，不过有一条件，就是内容要完全由我作主。他说这个没有问题。事情就此决定。

看得出：小说里的"《中国报》"，影射现实里的《中华日报》；小说里"中国报馆"旗下的"《中国周刊》"，影射现实里中华日报社旗下的《中华周报》。那么"《中国报》的总主笔范其时"，显然就是影射"《中华日报》的实在主笔"梁式了。有关资料记载，梁式此时正担任《中华日报》总主笔。

　　"鲁思纯"是为"《周刊》"约稿的，那么现实中陶亢德应是为《中华周报》约稿。小说中"鲁思纯"这么向"苏怀青"解释他接办"《中国周刊》"的原因：

　　　　因为……因为我不得不进《中国报》了，我实在无法生活下去。我已同他们约法三章，第一不写对不住国家的文章，第二……总之，我预备替他们编一本着重社会人生的刊物。

1946年5月14日的《申报》曾节录陶亢德在法庭上的陈述，关于接办《中华周刊》的经历，他说：

> 国军西撤后，上海情形恶化，乃至香港，筹划《宇宙风》等之复刊，往来广州香港之间，继续文化抗战。至三十年十月，因家事回沪一次，本拟即行返港，转赴内地，奈太平洋形势恶化，交通断绝，未得成行。逗留在沪，生活大成问题，曾函请老舍、徐许[讦]等友人在内地觅事，未获佳音，适有友人介绍入《中华周刊》，充任编辑。自度可做之事，仅报贩、印刷工人、编辑三者，而前二职，可能助长敌伪宣传，仅后者可破坏彼等之宣传工作。为谨慎计，并向三民主义青年团宣传处代理主任朱雯等商酌，获得赞同，乃向伪方提出条件三项：（一）不登南京伪府要人演辞，（二）不刊时事报道消息，（三）自己不写政治言论。均经伪方允诺，始毅然就职，即将伪《中华周刊》改变性质，特别注重教育与社会问题。故我之充任该职，乃利用伪方将本人作为装饰品之心理，消极方面为破坏敌伪宣传工作，积极方面更收集敌方情报。

陶亢德晚年又回忆：

> 我不编《古今》于前，不编《杂志》于后，何以竟肯编辑《中华周报》了呢？莫非《中华日报》给我厚酬？不，报酬可以说少。那么难道《中华周报》享有盛名，做它编辑使我身价十倍？决不！《中华日报》是汪的直属机关报，只有臭名。然则我之答应编辑，究竟所为何来？这又是我的一厢情

愿。《中华周报》不见于报摊，销售一定少得可怜，我没有看过，它的内容却不难猜想得十分准确：不外乎共存共荣同生共死的一套。我的一厢情愿是把它的臭内容改变得略有人气，将它编成一个谈人生或谈生活的刊物。我是按我的想法组稿的，虽然谈人生讲生活的文章并不容易写得好，也没有什么人肯用心写；而且也不免偶尔登一两篇译自日文的战争纪事，以免太不涉及时事，引起日本方面的注意，虽然译稿竭力避免为"皇军"扬威。

调阅当时的《中华周报》，1942年9月19日出版的第十二期刊出署名"编者"的《今后的本刊》，指出"此后我们拟内容逐渐改革一点"，果然风格自此大变。看来陶亢德接编该刊正在此时。把苏青的小说、陶亢德的法庭陈述和晚年回忆相对照，"不写对不住国家的文章""自己不写政治言论""竭力避免为'皇军'扬威"立意接近；"我预备替他们编一本着重社会人生的刊物""特别注重教育与社会问题""我的一厢情愿是把它的臭内容改变得略有人气，将它编成一个谈人生或谈生活的刊物"若合符契。《今后的本刊》中，编者也正征求着"着重社会问题人生修养"的随笔，一切都吻合。

梁式可以代表《中华日报》邀请陶亢德接编《中华周报》，自然也可以应陶亢德之约代表《中华日报》邀请苏青为《中华周报》写稿。苏青很快就在《中华周报》发表了文章，首篇是1942年9月26日第十三期发表的《真情善意和美容》。那么现实中梁式和苏青首次见面的时间也就锁定了，大致就在1942年的9月，陶亢德决定接编该刊到苏青在该刊首次发文之前。

符合程度如何

再拿小说中"范其时"的特征和梁式做比较。这里先据权威的《鲁迅大辞典》（人民文学出版社2009年12月版）抄下梁式的词条：

梁式（1894-1972）　又名君度、匡平，笔名何若、尸一，广东台山人。新闻记者。1925年广东高师毕业。翌年在广东省立女子师范学校任教，与许广平同事。1927年任黄埔军校教官，兼任广州《国民新报》副刊《国花》和《新时代》编辑。1927年初鲁迅到广州，梁于1月22日来中山大学大钟楼访问。次日陪同鲁迅参加广州市欢迎法国世界语学者赛耳大会。以后曾多次来访，并向鲁迅约稿。鲁迅在同年2月间到香港作了两次讲演，其中题为《老调子已经唱完》的讲稿在香港被英国当局视为"邪说"而禁止发表，便将记录稿交梁式在《新时代》发表。鲁迅还应梁式之约，于4月10日作《庆祝沪宁克复的那一边》（《集外集拾遗补编》）。后因"四一五"广州事变，一直延至5月5日见报，其时梁式已离开报社，《新时代》已改名《新出路》。9月12日，鲁迅即将离开广州时，梁式曾来拜访。10月3日鲁迅抵上海后，于6日访梁式。11月11日鲁迅收到梁式来信，于17日复。1928年4月13日鲁迅又收到他的来信，于5月5日复。5月25日鲁迅又收到他的来信，未复。1929年4月24日，鲁迅又收到他的来信，也未见复信的记载。后联系中断。抗日战争期间，梁式任汪伪报刊《中华副刊》撰稿人。

陶亢德的晚年回忆可作补充：

> 何若是梁式的笔名。其实"若"是"苦"的伸脚字。他还有一个笔名更为特别，叫作"尸一"。据说鲁迅曾经问过他为什么取这样一个怪名，他的回答是：并不怪，尸丨拼起不是读式吗？

再看小说对"范其时"的描述：

"头发花白"。梁式生于1894年，1942年时快五十岁了。

"他是一个国学极有根底的人"。1945年4月，陶亢德主持的太平书局出版了梁式的文集《杂文》（作者署名"何若"），书中颇有《明末的山寨义兵》《读〈齐民要术〉》《谈〈红〉小记》这样的文章。陶亢德晚年还说："梁式我看他是个哲人，他在《何若杂文》中的那篇谈《红楼梦》的文章，在我看来是胜过后来许多新新红学家的文章多多。"看来梁式确有些国学素养。

"北伐时曾入某将军幕，因而与当代的几个要人相识。"词条说梁式曾任黄埔军校教官，他自己这么回忆："民国十五六年顷，我不能做个'革命军马前卒'，却在后方广州做个摇旗呐喊者，也算是参加革命。在那时那地，要日夜工作才算做努力，日间从市西跑到市东，工作在党部，夜间跑回市西，工作在党报，我就这样混了一个不长的时期。"（《可记的旧事》，收入《杂文》）也算参与了北伐。此时他在《国民新闻》做编辑，据他说该社社长"正是共同玩过文艺的旧同学"，查此职当时由甘乃光担任。陶亢德晚年还曾回忆，梁式"曾坚决回答过一个向他了解的人说，我只有一个社会关系，而这个关系你们是不想知道的，因为他是廖仲恺。当对方问他为什么他说廖先生是了解者所不想知道的一点时，他说，我知道你们要知道的是对方同什么什么坏人有关系"。廖仲恺虽在北伐前已经逝世，但甘乃光确实曾与廖关系亲密。

另外，何国涛在《汪伪巨奸派系之争》（收入全国《文史资料选辑》第三十九辑，中华书局 1963 年 11 月版）里写到 1928 年林柏生只身亡命法国拜见汪精卫从而获得汪的信任时，加了个注脚："此事我听梁式谈起。梁在敌伪时期，担任伪《中华日报》总主笔，与林柏生在广州岭南大学同学。"根据词条，梁式并非岭南大学毕业，但他显然与该校出身的甘乃光、林柏生相熟。这两人在政治上都被视作汪派要人，虽然甘乃光后来并未参加汪伪政权。

"这次到上海是给人家掇哄过来的"。梁式回上海的经过暂不知其详，但林柏生此时已担任中华日报社社长，梁式得以担任该报总主笔，可能有一点旧谊的作用。

"范其时也是一个爱玩山水的老儿"。梁式写过一篇《忆旧游》（收入《杂文》），写了在各地的游踪。

胡文辉先生特别点出"小说中的范其时很赞美主人公的文章"，小说里还说到"范其时他们都热心替我设计帮忙"。关于苏青的作品，梁式也写过一篇书评《十年太短》（原载《杂志》第十三卷第五期〔1944 年 8 月号〕，为编者改题为《读〈结婚十年〉》，后收入《杂文》并恢复原题）。文中他自谦不会作文学批评，却愿意为小说的男主人公写几段"徐崇贤论"，末了还有个"平凡的献议"——"献议他们，贤与青，再来结婚"。这篇书评还有回音：1945 年 6 月 4 日的《力报》上，越然（周越然）撰《"何若"与"苏青"》

越然《"何若"与"苏青"》,《力报》1945年6月4日

一文,开头就评价:"知苏青者,莫如何若。"周越然说自己想用几个字来总括全书,"苦思半日,竟然不能",但梁式所评却使他大为折节:"'十年太短',却合吾意……是我所力求而得不到的简评。"梁式虽未对苏青的文学技巧做直白的赞美,对苏青的爱护却为读者看重,这也是成功之处。

小说中当然有虚构

"自传体的小说"是苏青的挡箭牌,而小说中当然有虚构。"范

其时"的具体身份虽与梁式吻合，但他身上有个别虚构环节，这里予以点明。

虚构主要出现在"郑烈"邀约的苏州之行中。小说这么写：

> 这次同到苏州去玩的共有十几个人，年纪最老的木然先生，《中国报》总主笔范其时，《妇友》编辑秋韵声小姐，另有一个女记者张明健，她本是江北的左倾女性，给郑烈手下的特工捉过来，备受酷刑，不肯投降。后来郑烈本人由惊奇而发生兴趣起来，不知采用何种手段，居然使得那位女英雄帖然就范了——至少在表面上。

这些人都有原型："木然"影射周越然（见黄恽《苏青〈续结婚十年〉的"木然"》，收入《缘来如此》），"范其时"影射梁式，"秋韵声"影射关露，"郑烈"影射袁殊，"张明健"影射吴婴之（她可能就是丁言昭《关露传》中采访过的吴中，不过这是另一个问题，本文不赘）。

现实中的这次苏游发生在1944年，确系袁殊邀约。《杂志》第十二卷第六期（1944年3月号）辟有"春游苏州特辑"，报道说：

> 二月十二日，本社社长袁殊先生招待上海作家游苏，被邀参加者有潘予且、谭惟翰、实斋、苏青、谭正璧、班公、钱公侠、卢施福、关露、江栋良、文载道诸先生，因事不克参加者有周化人、周越然、柳雨生、周黎庵、张爱玲诸先生，由本社鲁风、吴江枫、彭正光、吴婴之四君陪同诸作家前往苏城。

可见梁式其实未受邀请，未去苏州（周越然曾受邀，但也未去）。

"范其时"一直陪"苏怀青"在苏州待到最后一天。现实中参与这次苏游的上海作家都为"春游苏州特辑"写了文章，看得出众人并非一齐行动，而是自动分组游玩。苏青写的《苏游日记》里，只提到与实斋（何永康）和文载道（金性尧）一同出发。实斋虽陪同前往，却提前返沪；小说中写到"裘尚文"和"苏怀青"边谈边走出车站，影射了和苏青在车上聊天的文载道；陪同苏青参观的年长者，只剩苏州本地的汪正禾（汪馥泉）——他们都与"范其时"的形象不合。

"特辑"中霜叶（吴江枫）的《苏州点滴》说，大多数上海作家都陆续离苏，最后一天还准备到沧浪亭等地游玩的只"剩下了我们五人"，除了他自己，还有汪正禾和苏青（文载道仍在苏州却已不见影踪，并不包括在五人中）。而小说中，"秋韵声"（关露）和"张明健"（吴婴之）等人和"苏怀青"最后一起上了火车。回到上海之后——

　　　　我与他们道声再会，就由范其时送我回家。房间里面有一股冷的灰尘气，我把窗子都打开了，又捻亮电灯，家具什物依旧，树影依旧，凉月儿依旧，我又回来了，什么什么都没有变更，一样的孤独，一样的寂寞，范其时去后，我不禁伏在枕上落几滴伤心之泪。

"范其时"显然也同车回沪，才能送"苏怀青"回家。互相印证，可见现实中最后一天剩下的五人应是吴江枫、汪正禾、苏青、关露和吴婴之，送苏青回家的人只可能是吴江枫。

"范其时"在苏州曾"惋惜潘子美事冗未能偕来"。现实中梁式没有去苏州。而吴江枫是柳雨生、苏青的熟朋友，又是张罗此次苏游的《杂志》编辑，倒是有可能感慨柳雨生"事冗未能偕来"的。

小说后面，"戚太太"（周佛海之妻杨淑慧）又八卦"苏怀青"是不是要和"范其时"结婚了，"苏怀青"为此大感讶异，"连做梦也想不到"："一个胆小的读书人，又老又穷，家里有太太有孩子，怎么能够同我结婚呢？是的，我曾与他同到沧浪亭，访曲园旧址，瞻仰章太炎墓，然而我可从来没有想到同他发生爱情或结婚之类呀！"梁式和吴江枫这时都已结婚生子，但小说中强调同去苏州，那么这些话在现实中可能是针对吴江枫而言。不过，现实中吴江枫没有和《中华日报》（"中国报"）发生瓜葛，小说里也没有单独影射吴江枫，看来苏青把他的一些事迹糅在了"范其时"身上。

小说中"范其时"的最后一次出现，在抗战胜利后"中国报馆"被接收时：

报馆门口戒备森严，我走进去了，鲁潘两人都不在，只有范其时愁眉苦脸地在与一个三角形脸孔的男子密谈着。我在沙发上坐定，范其时便凑近身来对我说道："这位宓先生是郑烈先生派来的人，他要接收这个报馆，他们是地下工作者，他们可以保证我们的安全。"我莫名其妙地点点头，心想郑烈不是也一样吗？为什么他倒可以来接收别人的报馆呢？什么叫做地下工作？当时我听起来简直是莫名其妙，想起来总是件大事情吧，便点头对他说道："鲁思纯今天来过吗？我想你还是同他们商量一下吧。"正说间，那位叫做宓先生的也过来了，手里拿着一张油印的表格，他对我说："这位就是鼎鼎大名的苏小姐吗？政府以后借重你的机会正多着呢。不过你的大作是在沦陷区内出版的，现在最好填一下表格，那完全是手续问题，没有什么关系的。"我且不答话，只好奇地把表格拿过来细瞧，天哪，名称便是"敌逆分子调查表"，各项所应填的除姓名籍贯年龄等等外，还有"附敌或附逆经过"一项，我不禁冷笑把表格递还给他道："我既未附敌也没有作过什么逆不逆的事，为什么要填这种表格呢？"他连连解释着说："不是的，不是的……"范其时恐怕我说话会得罪他，也就慌忙劝着我说："苏小姐，你又何必斤斤从字面上计较呢？总之你若肯填一张，郑烈先生一定帮你忙的。"我说："郑先生自己不更应该填一填吗？他又有什么资格来叫我们填？"范其时几乎要哭出来了，仿佛大祸就在眼前似的，我拂衣径去，走到门口又回头对他说道："范先生你再仔细考虑一下吧，万里江山一点墨，别临表涕泣得不知所云才好。"

"郑烈"影射的袁殊在抗战胜利后去往苏北解放区，"《中国报》"所影射的《中华日报》实由吴绍澍的三青团系统所接收。小说的情节或有所本，但关于接收者身份的描述则出于虚构。

现实中梁式被捕了。陶亢德回忆："报社社长以下人员之被捕者，只有《中华日报》的梁式，而他之倒霉，据说是由于林柏生系统的冯节的检举……"据《申报》报道，1946年7月11日，梁式被判处有期徒刑二年六个月，褫夺公权二年。

为什么"范其时"不是影射胡兰成

再谈谈为什么"范其时"不是影射胡兰成。

胡兰成是什么时候认识苏青的?《今生今世》(以下据小北校订本,香港槐风书社2019年7月第2版)里有蛛丝马迹可循:

> 前时我在南京无事,书报杂志亦不大看,却有个冯和仪寄了《天地》月刊来,我觉和仪的名字好,就在院子里草地上搬过一把藤椅,躺着晒太阳看书。先看发刊辞,原来冯和仪又叫苏青,女娘笔下这样大方俐落,倒是难为她。翻到一篇《封锁》,笔者张爱玲……
>
> 我去信问苏青,这张爱玲果是何人?她回信只答是女子。……及《天地》第二期寄到,又有张爱玲的一篇文章……
> ……
>
> 及我获释后去上海,一下火车即去寻苏青。

苏青主编的《天地》创刊号出版于1943年10月10日,第二期出版于1943年11月10日,书里胡兰成自己又交代短暂被捕获释后到上海是在1944年2月。所以在胡的认知中,是在两期《天地》出刊之间的这个月里知道苏青并与她通信的,在1944年2月才与她见面。

再看苏青小说中的记述:有一次"潘子美"和刚回国的"鲁思纯"来访,"苏怀青"喜出望外。"谈维明"不久也来,却与另两位没什么话,马上离开。"苏怀青"不仅与"潘子美""鲁思纯"谈到深夜，第二天还一起到南京去找"鲁思纯"的挚友"周礼堂"："周是北方人，高个子，举止厚重，是个笃实的君子。他现任某省立学校的校长，我们前去参观他的学校……"晚上住校，第二天相偕游后湖。在南京的几天，颇有关于"朋友之乐"的"倾心吐胆"的谈话，结论是："人生也许是烦恼的，然而我们的心地却灵空，忘却了所谓事业，忘却了上海的家，在千变万化的世界中，似乎只有我们的友情才垂永久而不变。"

"周礼堂"显然影射祖籍河北蓟县（今天津蓟州区），大高个、厚道笃实、正掌管伪中央大学附属实验学校教务的纪果庵。他曾为《天地》第七、八期合刊（1944年5月1日出版）写过一篇《谈朋友》，文中附合影一帧，图注云："卅三年三月三日，微阴，小雨。陶、冯、柳三公自沪上来游，翌时下午至玄武湖，观城头落

苏青、柳雨生、纪果庵、陶亢德于南京玄武湖合影

日，荡舟而回。此景即撮于湖上，虽不佳，而大有烟雨凄迷之意，岂亦助人离思耶？果庵。"（原无标点）可见陶、冯（苏青原名冯和仪）、柳三人确实一起到南京找过纪果庵，时在1944年3月初。陶亢德是2月底刚从日本回国的。小说中，"苏怀青"和"谈维明"这时已见过面了，这与胡兰成的回忆对得上，看来苏青和胡兰成的初次见面就在1944年2月。

虚构性又制造了一点小麻烦：小说中，"苏怀青"所写的小说"《残月》"出版之后，"谈维明"才出现。《残月》是"潘子美"办的纯文艺刊物"《文光》"拿去发表的，后出单行本。这显然影射苏青的小说《结婚十年》，它于1943年4月至1944年4月先在柳雨生办的刊物《风雨谈》连载了若干，后由苏青的天地出版社于1944年7月出版单行本。时间上与前论略有不合，但考虑到小说中并未影射《天地》杂志，可见小说家又把自己出的书和办的杂志糅在一起了。

前文我已考明"范其时"1942年就已结识"苏怀青"，那么1944年才与苏青初次见面的胡兰成就不可能穿越回去向苏青约稿。何况胡兰成只在1940年前担任过《中华日报》的主笔（未必是"总主笔"，可参看秦贤次《谎言与真相——胡兰成生平考释》，原载《新文学史料》2011年第1期），此后未再回归，也未参与苏游，更不曾在抗战胜利时参与"被接收"。具体情节既然都不合，可以说"范其时"不是胡兰成了。

另外，黄恽先生认为"范其时"是鲁风，其说之不确已由胡文辉先生在《补正二》中辨正。此说可能源于望文生义，即认为"《中国报》"是袁殊手下的《新中国报》。但鲁风既是现实中《杂志》和《新中国报》的编辑，如果出现在小说中，该是"郑烈"

手下报刊的编辑，而小说中只泛泛提到"郑烈"手下有本杂志，并未提到编者，所以也就没有影射鲁风了。

《续结婚十年》不写未"脱钩"的朋友

黄恽先生注意到苏青的笔下没有张爱玲，是很敏锐的观察。我的看法是：《续结婚十年》由于是时隔不久写特殊时期的人与事，所以提到的人物多在现实中已与作者"脱钩"。请看书中那时期的人物，有的身败名裂，如"金世城"（陈公博）、"戚中江"（周佛海）；有的远走高飞，如"徐光来"（朱朴）、"谈维明"（胡兰成）、"郑烈"（袁殊）、"秋韵声"（关露）；有的银铛入狱，如"鲁思纯"（陶亢德）、"潘子美"（柳雨生）、"范其时"（梁式）；有的落魄消沉，如"周礼堂"（纪果庵）、"裘尚文"（金性尧）；还有的早已绝交，如"钱英俊"（周黎庵，小说中曾写因"苏怀青"说破了秘密，"钱英俊"恨她入骨）。除张爱玲外，本文前面所提到的实斋、吴江枫在小说中也未影射，这很可能由于他们此时仍是苏青的亲密友人，仍然活跃。毕竟作家不能仅仅为了写小说就把身边朋友全部得罪光啊。

苏青所编的方型旬刊《山海经》创刊号（1946年4月10日出版）上曾刊载一则消息，说苏青与张爱玲于1946年3月28日晚上还有过一次碰面，气氛融洽（参见祝淳翔《苏青主办方型旬刊〈山海经〉》，原载《澎湃·私家历史》2018年11月15日），看来这时二人的关系还不错。但《续结婚十年》此时尚未连载（后于1946年9月1日至1947年3月22日连载于《沪报》），也还未出单行本，张爱玲对此书的观感究竟如何，有待史料的进一步发现。

梁式的人生结局

据陶亢德回忆，梁式被判刑后没有上诉，出狱后由"老搭档"钱公侠介绍，进了启明书局做编辑。稍事检索，可以查到梁式以"梁君度"的名字参与过该社几种字典的编纂和修订，如《新词林》（启明书局1951年2月版）、《人民新字典》（启明书局1951年4月版）、《人民常用字典》（启明书局1951年6月版）等。

1954年，启明书局并入上海的少年儿童出版社，钱公侠和梁式都到了新单位工作。陶亢德记述，社里曾请梁式翻译一些英美著作，而梁式回答："我只译英美的儿童诗，你们出版吗？"后来钱公侠被划作右派去了青海，以"明哲保身"为人生态度的梁式这时大概已经退休，是否幸免，不得而知。

因为与鲁迅的交往，颇有一些文学研究者去寻访梁式。《文物（革命文物特刊）》1976年第1期刊出李超驹、文景迅《关于〈庆祝沪宁克复的那一边〉——鲁迅佚文补证》一文，说他们其中有一人曾为了鲁迅文章中的问题询问过梁式。赵家璧1984年10月24日写给叶淑穗和姚锡佩的信中，提起《鲁迅研究丛刊》中关于梁式和鲁迅的一则报道引起了自己的兴趣。他告诉叶、姚二位，正巧少年儿童出版社的前副总编何公超也来借阅这一期杂志，说起认识梁式，于是他想着"如果找到这样一个反面人物（据何告我，梁是汉奸文人，在社内是受管制的）我就去信告诉你们，一定可以找到些活的材料"，可惜何公超告诉他，梁式已经死去。——从"汉奸文人""受管制"的用词，可略见梁式的晚景。

梁式是个没有什么建树的小人物，为人遗忘也在情理之中。

他当年评论《结婚十年》时曾说："像我这样胆小的人，只好一字不写，甚至一声不响了。"又说："我如果能够活下去，希望活到能够一读苏青女士续著的后《结婚十年》。……苏青女士的续书出版后，不知其时的世人是否说她太大胆呢?"没过几年，他一定如愿以偿看到了《续结婚十年》，看到了影射自己的情节，会心一笑之馀，想必更感佩"大胆"不置了。"一字不写""一声不响"的"胆小"人生，幸为"大胆"的有心人记录留存，弥增读者的感慨。

（原载《掌故》第七集，中华书局2020年8月版）

《作家笔会》里的"殷芜"

2013年6月，海豚出版社重版了柯灵编选的《作家笔会》。此书原于1945年10月由春秋杂志社和四维出版社出版，收录的都是怀念抗战时期不在沦陷区的作家的文章。因时局原因，书中的作者全都使用了笔名。陈子善先生为海豚重版此书所写的《出版说明》里，已考证出书中十六个笔名中十二个的"真身"，马国平先生又在《点滴》2014年第1期上发表了《〈作家笔会〉作者原予鲁、但萍笔名考》，这样一来，就只剩下"林拱枢"和"殷芜"两个笔名没有着落了。最近听说马国平先生对于"林拱枢"的考索又有进展，我便决心考出"殷芜"的真实身份，将这番公案收尾。

前人的探究

"殷芜"所写的《剧校回忆录》是《作家笔会》中篇幅最长的文章，史料价值丰富。关于此人的身份，学者们曾做过初步探究。

姜德明先生曾向编者柯灵请教过《作家笔会》中诸位作者的真名，他写道：

《作家笔会》，柯灵编选，春秋杂志社四
维出版社1945年10月初版

《作家笔会》，柯灵编选，海豚出版社
2013年6月版

我向柯灵先生打听"荑菲"等人是谁，回信说可能是作家吴岩；还有《剧校回忆录》中的"殷芜"，却怎么也想不起来是谁了。(《怀人的散文》，收入《梦书怀人录》，汉语大词典出版社1996年8月版)

龚明德先生较早点明此文的重要性，可惜他也不知此人真实身份：

像殷芜的《剧校回忆录》，是一篇占去二十二个整页页码的长文，有一万八千字。文中详尽地写了陈白尘、袁俊、吴

祖光、曹禺四位著名剧作家在"剧校"的生活实况，比如陈
白尘的一次失败的恋情事件就写得很细，估计不少研究中国
现代戏剧的学者都不曾读过此文，否则他们就不会总是僵硬
地去套概念来玄空地解读剧作家及其创作了。（《柯灵"编选"
的一本小书》，原载《出版史料》2012年第4期）

陈子善先生在新版《出版说明》里说：

　　殷芁，不详。他这篇《剧校回忆录》很长，写了陈白尘、
袁俊、吴祖光、曹禺四位剧作家，颇具史料价值，特别值得
注意。一九四九年以后，一九五八年二月二十三日《文汇报》
还发表了他的《话剧舞台上的"虎妞"——漫谈路珊的演技》
一文，可知一九五〇年代他还在上海。

　　我的朋友祝淳翔先生则判断"殷芁"与1942年出现在《万象》
杂志上的"殷守无"和1948年出现在《春秋》杂志上的"殷守芁"
应系同一人。
　　可见，考出此人真实身份，不仅是对《作家笔会》内容的
进一步挖掘，还对我们了解沦陷时期和胜利之后的上海文坛有些
意义。

"殷芁"就是杨英梧

　　要探究"殷芁"究竟何许人也，我准备双管齐下：一是从文
章里找内证，二是追溯此文可能的其他出处。

先找内证。"殷芜"在《剧校回忆录》里交代，自己"由古城来到这繁华的上海已经四年了"。他怀念着曾在"剧校"就读的生活，这学校坐落在"古城"四川江安，校址设在当地一座"古旧的文庙"。他分节叙述的四位剧作家陈白尘、袁俊、吴祖光、曹禺，都是带领同学们"踏进艺术园地的师长们"。文中偶有时间线索，如提到陈白尘五年前的枪击事件（他的原话是"桃色案"），又说"离开袁俊先生转眼快四年了"。

由这些信息作推考并不难：在江安的"剧校"其实大名鼎鼎，它就是1939年迁到四川江安的国立戏剧专科学校。陈白尘的枪击事件发生在1939年，此文写在五年后，看来应写于1944年，再倒推四年，作者应是在1940年离开江安去上海的。

再寻找可能的其他出处。现在民国报刊数据库已日臻完善，我用上海图书馆的"全国报刊索引"检索"剧校回忆录"，在1941年2月10日出版的上海《剧场新闻》杂志第十、十一、十二期合刊上找到了一篇署名"英梧"的《曹禺在古城：剧校回忆录》。此文不仅用了"剧校回忆录"的副标题，写法也与"殷芜"的文章雷同，它的开头和正文正对应"殷"文的开头和"曹禺"一节，虽然字句微有差异，段落略有增删，结尾还多出好几段感慨"何日再见"却坚信"我们再见日子近了，很近了"的话。"英"文开头只说"由古城来到这繁华的上海"，而"殷"文已改为"由古城来到这繁华的上海已经四年了"；"英"文说自己"忘不了在古城短短的一年"，却又比"殷"文说在古城度过了"短短的岁月"来得精确。但是"古旧的文庙"依然，"在剧校潇洒的生活"仍旧，记述曹禺的风度之生动也如出一辙，删掉的结尾段落恰恰对应了抗战的胜利，加之"英梧"和"殷芜"读音基本相同，足证他们就是一人。

　　再来翻阅与剧校有关的资料书籍。《剧专十四年》（中国戏剧出版社1995年9月版）中载有《历届同学名单》，我仔细翻查，果然在第五届（1939年）的同学名单中找到了一个名字——杨英梧！

　　国立剧专在粤校友1997年编印的《情系剧专》一书里收有张定和所绘的《国立剧专年、届、就读地点一览表》，由此表可知，剧专第五届学生的就读地点都在江安，就读时间是1939年夏到1942年夏。前面我已推考出"殷芜"应是1940年左右离开江安去上海的，又指出"英梧"曾说"忘不了在古城短短的一年"，而杨英梧正是1939年夏开始国立剧专学业的，一切全都合榫无误。显然他未能完成学业，提前离开。"殷芜"就是杨英梧！

　　署名"英梧"的文章还能找到不少。其中值得注意的还有《曹禺印象记》，此文连载于北平《艺术与生活》杂志第二十二期和

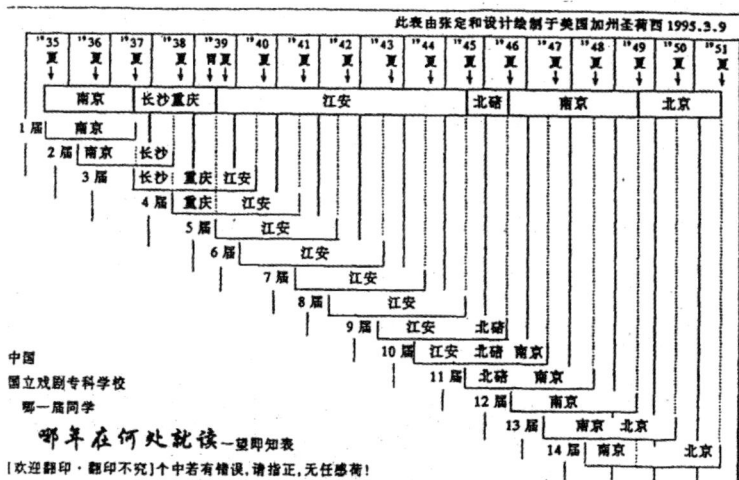

国立剧专年、届、就读地点一览表（张定和绘制）

第二十三期（1941年10月20日、11月20日出版），特别注明"本刊驻沪撰述石挥君特约稿原题'曹禺在古城'"，内容除个别误植外，与《曹禺在古城：剧校回忆录》完全一致，属一稿两投性质。此稿是石挥为北平的杂志特约的，可略见杨英梧在当时戏剧界的交游。

隐情

明确了"殷芜"就是杨英梧之后，我在有关专著中发现了一个令人惊异的细节。戏剧家胡导先生在接受戏剧史研究者采访时，如此谈到杨英梧：

> 杨英梧开始在国立剧专，后来到上海，在剧艺社演过戏，此公不是好演员，能写点东西，是陈白尘的学生，后来他老婆和陈结婚了……（《胡导先生访谈》，李涛访问，收入《大众文化语境下的上海职业话剧（1937-1945）》，李涛著，上海书店出版社2011年10月版）

"能写点东西"和"是陈白尘的学生"，均与已知吻合。令人惊异的是"后来他老婆和陈结婚了"的说法——"殷芜"的《剧校回忆录》可没有说起这件事。由此我翻检陈白尘的传记材料，倒还真的发现了杨英梧的身影。

还得从那桩枪击事件说起。1939年3月11日，陈白尘因为与邻居喻映华发生私情，被其夫朱少逸打了三枪，受重伤入院治疗（关于此事，可参看黄恽先生的文章《陈白尘被枪击事件》，原载

《南方周末》2016年11月17日）。不巧，5月初又赶上了日寇轰炸重庆，陈白尘遂从医院逃出，找到了当年在镇江组织民众剧社时结识的朋友沙名鹿，另一段故事就此开始。陈白尘之女陈虹在《自有岁寒心：陈白尘纪传》（山西人民出版社1999年10月版）里有大段记述，须略引一二：

> 　　高店子是一个小得实在不能再小的集镇，从街的这头一眼就可以望到街的那头，真叫一目了然。但是由于它位于歌乐山上，可以少挨些轰炸，因此对我爸来说，倒也不失为一处挺不错的"疗养胜地"。沙名鹿家的紧隔壁是一爿百货店，卖些针头线脑洋油蜡烛，生意也很有限。百货店的老板叫杨英梧，和沙名鹿一样，也是镇江人，而且当年也曾一同在民众剧社里演过戏。于是尚未成家的沙名鹿便让我爸每天到杨家去搭伙——不管怎么说，杨家毕竟还有着一些积蓄，多一张嘴吃饭是不会成问题的。
>
> 　　杨英梧年纪不大，刚二十出头，却已经有了一儿一女。他的妻子叫金淑华，不多言不多语，吃饭时总爱用她的那双深邃的大眼睛时不时地对着新来的客人瞅上一眼，里面蕴藏着的是好奇，是崇敬，当然还有对外面世界的渴望与遐想。
>
> 　　"这个女子可真单纯，可真年轻，如果不是知道她已是两个孩子的母亲，还真以为是一名刚刚迈出校门的女学生呢！"——这是这家女主人给我爸留下的第一眼印象。
>
> 　　"你今年多大了？"一次杨英梧不在家，我爸忍不住向她开口了，尽管他清楚随便打听女士的年龄是不礼貌的。
>
> 　　"二十一岁。属马。1918年生。"

"这么年轻！那你……?"我爸似乎不知足，还想再知道点什么。

"是父母之命！……就连高中都没有让我读完……""女学生"的那双大眼睛黯淡了下去，她默默地低下了头。

我爸一下子慌了："真对不起，不该问你这些。"他赶快掉转话题，希望能让对方快活起来："……是啊，我看杨英梧还是很爱你的。"

"不，他根本不懂得什么是爱情！……""女学生"脱口而出，竟令我爸大吃一惊。"我向他提出过好几次离婚的要求，他都不同意……"这时"女学生"的眼圈已经红了，她毫不掩饰地掏出了手帕。

由此，陈白尘开始逐步了解金淑华的身世，知道了她是火柴厂老板抱养的女儿，因为姐姐欠了镇江姓杨的人家一笔人情债，自己便被许给人家做媳妇。父母亲没有反对，反抗也没有用。到了杨家，她的要求是请杨英梧把出嫁时父亲送她的二百块钱还给她，她拿它去读大学。然而——

"女学生"的眼里闪出了一星光亮，但很快又黯了下去："杨英梧就是不答应我，他不让我去考大学，他心里只有钱，而我也只是他的生儿育女的工具……"

"这位漂亮而端庄的'女学生'"金淑华，即是作者陈虹的母亲。陈虹记述陈白尘和金淑华那时经常跑到山中的野坟地里，"从文学谈到哲学，从历史谈到当今"，也谈到了几个月前的枪杀事件——

"你相信报纸上说的那些话么？"我爸小心地问我妈。

"不，你什么都别讲，我只相信你！"……我爸望着她那对在黑夜中闪闪发亮的眼睛，只感觉到一股暖流从心底涌上了喉头。

然而这样的温馨场景很快就被打破了——

秋天到了，天气渐渐转凉。一天清晨，我妈突然发现我爸是和杨英梧一同从山上下来，而且二人脸色铁青，目光凝滞，她心中"咯噔"了一下，立即明白了一切。

这时是我爸先开的口："我告辞了！感谢这几个月来你们全家对我的照顾……"说完，他向杨英梧鞠了一躬，接着又掏出笔来匆匆写了几行字："这是我在重庆的地址，如果有我的信，麻烦你们转寄给我……"

杨英梧先行一步出了门，我爸瞅准空档，飞快地塞了一张纸条在我妈手中。她背转身来打开一看，上面只有两个字："坚忍"。

来不及流泪，也来不及话别，我妈当时所做的惟一一件事，便是用手帕匆匆地包了几块铜板——她口袋中的全部所有——悄悄地塞到了我爸手中，她知道他这时身无分文。

这段感情似乎走到了终点，陈白尘这次也谨慎多了——

　　可能是因为"一朝被蛇咬，三年怕井绳"吧，喻映华的前车之鉴使我爸自离开高店子以后便再也没敢同我妈见面。这时由于洪深先生的帮助，我爸到教导剧团去教书了，他每周一次地来往于市区与土主场之间。

但是金淑华却主动来找他——

　　一天，我爸正从土主场返回重庆，无意间竟发现几个月未见的我妈正远远地向他迎面跑来。张家花园的住宅位于山坡之上，他们两人一个从上、一个从下，飞快地奔跑到了一起。

　　"你怎么知道我住在这里？"

　　"你走以前不是留下了地址……"我妈跑得上气不接下气。

　　"那你现在……"已来不及让我妈走进他的房间，就站在那陡峭的石梯上，我爸迫不及待地追问起来。

　　"我自己在重庆找了一份工作，经济上彻底独立了！"我妈满面红光，不无自豪地告诉我爸："两个孩子，大的送进了儿童保育院，小的送到了南岸的一家托儿所……"

　　"那，你和他……"我爸有了预感，但他还是不敢相信眼前的这一切。

　　"我什么都没要他的，裹了几件换洗衣裳就出来了……"

后来这段爱情被陈白尘浓缩进了剧作，而金淑华和杨英梧的婚姻也走到了尽头——

两年之后，我爸创作出了一部震撼了不少观众的心的多幕剧《大地回春》。就在《关于〈大地回春〉》这篇文章里，他写下了这样一段话：

"这剧本的孕育是早在1940年之春的，那时我所抓取的人物只有一个，就是现在剧本里的冯兰。这人物以其行动，使我从她身上看出中华民族的许多优秀女性，是怎样地从封建家庭里挣扎出来而奔向了民族解放的大道。我激动得想写出她。"

不需要再作解释了，这里指的就是我妈。她的勇气，实在让当时的我爸钦佩不已。

后来，我妈终于和杨英梧离了婚，当然付出的代价也够惨痛的——我爸被杨英梧迎面狠击了一拳，当场流了很多血。不过，两人还是比较友好地谈了一次话，内容我不知道，但是这一切却不知怎的让我想起了瞿秋白与杨之华的故事……

以上这些出自陈虹《自有岁寒心：陈白尘纪传》的记述，多是对话颇为详尽的文学性描写，须结合时间线索，并参照陈虹、陈晶所编的《陈白尘年谱》（原载《新文学史料》1989年第1、2、3、4期）来看。杨英梧曾在"殷"文中说，发生在1939年春的枪击事件"是我认识他不久以后发生的"，可见他和陈白尘在陈到歌乐山养病之前就已相识。搭伙吃饭之事发生在5月初的重庆大轰炸之后，恰是这年夏天，也正是杨英梧成为国立剧专学生，而前一年春天即受聘该校兼课的陈白尘成为他的老师之时。学生邀请老师来家里搭伙吃饭，倒顺理成章。根据《年谱》，陈白尘受洪深之聘去土主场的教导剧团任教是这年秋天的事，那么他和金淑华产生感情的大致时间，也就显豁了。

但在陈虹的叙述里，杨英梧的形象被塑造成了个二十来岁的百货店老板（虽然演过戏），有妻有子有女，是包办婚姻里类似压迫者的角色，金淑华则是"从封建家庭里挣扎出来"勇敢地与真爱者结合的勇士形象。这样的塑造是试图"去道德化"又不得不"道德化"的——陈白尘和金淑华没有被道德评判，但杨英梧呢？只好委屈他做个反面角色了。

《自有岁寒心：陈白尘纪传》出版后，陈虹又写了一篇《棉袄中的秘密：陈白尘女儿回忆父母半个世纪的爱情故事》（原载《南方周末》2011年8月4日），披露了更有趣的细节：

> 这部书出版之后，我得意地拿回家给妈看。不料妈读完后很生气，只给我打了个70分。我明白了：我的笔只能描绘出当年的那个情景，却无法阐述出妈心中的那个"至上"的内涵。
>
> ……我在书里这样写道："他俩谈了些什么，我不知道；但这一过程，不知怎的让我想起了瞿秋白与杨之华的故事……"
>
> 可能就是因为有了这句话吧，妈不再责备我了。——难道正是这几个字道出了她们那一代人的赤诚追求？还是这几个字表述出了母亲心中的"至上"？我至今不敢轻易回答。

在"瞿秋白与杨之华的故事"里，沈剑龙与杨之华脱离恋爱关系，与瞿秋白结成朋友关系，自己退出以成全瞿杨二人的姻缘。而在陈白尘的故事里，显然杨英梧选择了退出，以成全"那一代人的赤诚追求",成全他人心中的"至上",他选择1940年离开江安去上海,这成全给他带来的冲击或许也是原因之一。

《棉袄中的秘密》一文还说:

> 哪知妈轻轻地叹了一口气,并向我吐露了一个久藏心底的秘密——她这辈子最大的遗憾,就是没能读成大学。"我爹爹不让我读,是重男轻女;杨英梧不让我读,是要'金屋藏娇'。哪知你爸也同样不让我读——他的理由是:'我就在大学教书,你何必舍近求远呢!'"

在这里,"杨英梧就是不答应我,他不让我去考大学,他心里只有钱,而我也只是他的生儿育女的工具……"又成了"杨英梧不让我读,是要'金屋藏娇'"了,这也是个有趣的变化。

需要指出的是,陈白尘和金淑华的故事在当时并非秘密。如《民治周刊》第一卷第九期(1947年4月20日出版)已有署名"马高"的文章《陈白尘一笔风流账》约略揭出此节,说被枪击后,陈白尘"从死中逃了出来,复由朋友某接歌乐山家中疗养,谁知风流依然,与朋友夫人发生了暧昧"。

而这段故事里还有另一位角色。《陈白尘年谱》里记有陈白尘当时的妻子汪今的行踪——1940年春,"汪今携儿陈晴由沪至重庆,遂住张家花园十三号地下室"。1941年,"汪今不堪艰苦生活,携儿由昆明转河内回上海。从此遂离异",是年3月,陈白尘"独自返重庆",10月初,"与金玲结婚,寄寓于陪读公寓"。陈虹在《自有岁寒心:陈白尘纪传》中说,"不堪艰苦生活"这六个字,是陈白尘自己写在女儿《陈白尘年谱》的原稿上的,但又说"我爸这一生中最感觉到对不起的人就是汪今"，把一切结合起来看，似又能进一步明了，却也实在令人感喟。

后来已改名为金玲的金淑华，在写于陈白尘去世一周年时的《祭白尘》中，这样回顾他们的相识：

> 我俩相识在1939年，你到歌乐山养病，那时我年青单纯，而你是一名作家，我尊你为师，你经常给我上课，除了谈些文学艺术、人生哲学之外，也谈到你自己，你说，你只有通过作品，才能表白自己，你又说，只有写作，才有生活。我感动万分，在内心立下誓言，今后将竭尽全力为你安排一个良好的创作环境，让你坚强地活下去，让你安心写作。从此，你视我为知己，我们两颗心紧密地结合在一起，再也不能分离。（收入《征鸿远鹜——陈白尘纪念专辑》〔《淮阴文史资料》第十四辑〕，淮阴市政协文史资料委员会编，1998年12月出版）

细节已淡然隐去。她与陈白尘同行五十多年，陪伴他走完这一生。

回看《剧场回忆录》

回头再看"殷芜"《剧场回忆录》里的"陈白尘"一节。杨英梧在此节开头夸赞了陈白尘作品的高水准，表扬了陈白尘气质的儒雅。虽然没有提及陈白尘与自己的故事，却浓墨重彩地回顾了那起枪击事件，而两件事却这么相似：

在那起枪击事件里，陈白尘先是"因为好奇心的驱使，于是向他的朋友打听他的那位年青的女性邻居的身世"。在另一个故事里，杨英梧不在家，陈白尘"忍不住"向他的妻子开口了，"尽管他清楚随便打听女士的年龄是不礼貌的"。

在那起枪击事件里，女主角"是一个被旧家庭所牺牲的新女性"，家庭为她安排婚姻，"她没有反抗的能力"，只好听人摆布。在另一个故事里，金淑华告诉陈白尘，由于姐姐欠债，自己要被许给人家做媳妇，她抗争了，却没有结果。

在那起枪击事件里，陈白尘与女主角"由通信而变为情侣"，"由诉情而进入幽会"。在另一个故事里，陈白尘与金淑华"从文学谈到哲学，从历史谈到当今"，尽管他"一朝被蛇咬"，已经知道了"三年怕井绳"。

在那起枪击事件里，陈白尘最终中了三枪，"三枪全中要害"，"倒在血泊中"。在另一个故事里，陈白尘被"迎面狠击了一拳"，"当场流了很多血"。

……

杨英梧承认，"关于这罗曼蒂克的桃色案我已经扯得太远了"。他提到了社会人士因为枪击事件对陈白尘的攻击："因为白尘不但是'引诱有夫之妇'，而且自己还是个有妇之夫。社会上一般人都不能谅解白尘的'恋爱至上主义'……"他有意不阑入另一个故事，但两个故事的"套路"（或者说是陈白尘恋爱的"套路"），却如出一辙。

他毕竟还是敬重这位老师的——话锋一转，他用佩服的语气提到了陈白尘用坚韧不屈的精神战胜了人生道途中的艰困、事业遭受的阻拦和病患的折磨，最后还告诉读者，他仍然折服于陈白尘写作的严谨态度，认为陈"无疑地是中国最有前途的作家之一"。

尽管"令人担心的是他的浪漫生活",然而杨英梧仍然这么说:"我们热切的希望陈先生不仅在爱恋上与歌德争一上下,同时在事业上也要跟歌德争一短长。"

杨英梧终于不曾写出自己的故事,但仍有颇沉痛的记述,如说:"当言词泄愤的力量达到饱和点时,朱先生被迫不得不拿出武器来作一个结论,可是我们可怜而可敬的朱先生,他在悲剧的尾声中倒确实是个英雄……"在投射之下,迎面狠击过陈白尘一拳的他如此厚道(由此可略知那次和陈白尘"友好地谈了一次话"的内容),但仿佛仍有隐痛。

时过境迁,金淑华被女儿勾起往事,先是"很生气",却最终选择"不再责备",也是可以理解的正常反应。

杨英梧的人生结局

前面已经提到,40年代以后,杨英梧用"英梧""殷芜"等笔名写了不少文章。中华人民共和国成立后的十几年间,他也时常动笔,曾参与编写过相声读物,也曾有文章散见于《文汇报》《上海戏剧》等报刊。值得一提的是,中国戏剧出版社1959年4月出版的《中国话剧运动五十年史料集》第二辑中,收录了杨英梧与柯灵合写的《回忆"苦干"》一文,记述他们1942-1945年共同参与的"苦干"剧团的点点滴滴。由此回想姜德明先生向柯灵询问"殷芜",柯灵却"怎么也想不起来是谁了"的情节,真令人生疑——曾共事多年,还合写过文章的友人,怎么说想不起来就想不起来了呢?恐怕事实是柯灵也深知内情之复杂,未便照实告知吧。

关于杨英梧的人生结局,地方文史资料上有零星的提及。《润州春秋》(《润州文史资料》第二辑，政协镇江市润州区委员会编，2000年12月出版)中的谈大可《公崖先生二三事》一文，讲述杨英梧之父杨大培（字植之，号公崖）的生平，附带提到"文革"中的情况："当时他儿子杨英梧含冤去世，公崖先生没有因为丧子而抱怨，他相信党的实事求是的思想路线终将恢复，一定会查明真相，做出正确结论的（1978年12月，上海群众艺术馆党支部宣布，推倒强加给杨英梧同志的一切不实之词，为他平反昭雪，恢复名誉）。"从这句话里，杨英梧在"文革"前所从事的工作和逝世的大致情况与时间，也就都知道了。

老朋友们还记得杨英梧的名字。除了胡导的讲述，1986年秋天，黄宗江写《贺佐临恩师八十寿》时，也曾回顾了那些逝去了的老朋友："石挥、严俊、韩非、杨英梧……均已作古……"他们大概带走了许多"不足为外人道"的事情。

这篇文章从考证笔名开始，进而挖掘出一个令人唏嘘的故事。逝者已矣，这不得已的"探微"，不是要饶舌、苛责什么。感情中的人自己恐怕也说不清是与非，更何况只根据只言片语就试图追溯往事的我们呢？

（原载《掌故》第六集，中华书局2020年8月版）

傅增湘逝世的日期

　　大藏书家傅增湘（号沅叔，晚号藏园）先生逝世的日期，传记材料、地方史志、学术论文几乎一致认定为1949年10月20日，似别无异辞。2009年，北京大学图书馆、东京大学东洋文化研究所、京都大学人文科学院曾在北京和东京联合举办"著名学者藏书家傅增湘先生逝世六十周年纪念展"，展期即定在当年的10月20日至10月30日。其后，《版本目录学研究》第二辑（沈乃文主编，国家图书馆出版社2010年12月版）汇刊该展览的图片、文字及有关文章，"编者按"即云："2009年10月20日，是近代著名学者、藏书家傅增湘先生逝世六十周年的纪念日。"所载傅熹年先生在展览开幕式上的致辞，也说"今天是先祖藏园先生逝世六十周年"。显然，相关专家和傅增湘后人都认为傅增湘逝世于1949年10月20日。

　　然而，这个日期竟然是有问题的。

傅增湘实病逝于 1949 年 11 月 3 日

　　要考实日期，时人日记是最有力的材料。近来细阅《许宝蘅日记》（许恪儒整理，中华书局2010年1月版），发觉其中正有关于傅增湘逝世前后的详尽记载。这里据该日记略做申说。

许宝蘅1949年11月2日（己丑年九月十二）日记：

> 傅晋生来，言沅叔病甚危，恐在旦夕间。

傅晋生名忠谟，为傅增湘长子，"病甚危，恐在旦夕间"是他带来的消息，自是实情写照。

11月3日（九月十三）日记：

> 十二时接沅叔丧报，于今早五时馀逝世。沅叔在北洋以办学校名，任直隶提学使，东海时任教育总长，五四运动后去职，好游山，藏书甚富，精于辨别板本，所藏宋元精刻、精抄年来斥卖将尽。自甲申病中风治愈后，言语蹇涩，杖而能行，去年五月伤食复病卧不能起，今年七十有八。……同治芗往唁晋生，沅叔已小殓，定在酉时大殓，不及候，遂归。

由此可知傅增湘即卒于1949年11月3日。这里提到傅增湘过去的两次重病："病中风"的"甲申"是1944年，"伤食复病"的"去年"是1948年。许宝蘅日记先前曾记1945年傅增湘病后恢复得还不错，后来同赴修禊，又约许宝蘅到藏园小聚，二人颇有往还。即便是去世前几个月的这年5月1日，傅增湘仍遣人来邀许宝蘅赴藏园看花，许在这天的日记里称赞："藏园病卧经年，又遭丧明之痛，而犹有此雅兴，襟怀可谓夷旷。""丧明之痛"当是指稍早时候傅增湘三子傅定谟的去世，许宝蘅很佩服傅增湘的豁达。

11月5日（九月十五）日记：

> 书挽沅叔联："讲艺，夙经过室，甫近邻，人遽远；校书，殚流略书，无走处，我安归。"娟净代撰。文薮来，蔚如来，同步至藏园作吊，遇王君九，神颜萧索，又遇钱稻孙、萧龙友兄弟，四时馀归。

此日记述老友吊唁傅增湘的场景。此处提到的娟净和之前日记提到的治芗，都指傅岳棻。文薮即袁文薮，蔚如即夏仁虎，王君九即王季烈。钱稻孙家在受璧胡同（今西四北四条），与藏园所在的石老娘胡同（今西四北五条）相距不远。萧龙友之弟名萧方骐，邓云乡曾有文说他们兄弟俩极为相得，人以苏氏昆仲拟之（《萧龙友诗》），自然这次也是同时出现。

11月8日（九月十八）日记：

> 凌君名念京，号渭卿，仲桓丈兆熊之子，壬寅同年来，乞为沅叔书墓碣。

11月9日（九月十九）日记：

> 写沅叔墓碣，夜石升来取去。

石升在日记中仅此一见，不知何人。

11月13日（九月廿三）日记：

　　夜中大风怒号达旦，响〔晌〕午少息。沅叔出殡，欲往送不果。杭馆亦畏寒不往。

　　许宝蘅日记中有关傅增湘逝世的记载至此结束。这些关于傅增湘从病危到去世，自己参加吊唁、书写墓碣等事的记载前后有序，紧密相连，时间上不可能有误。而这还不是时人记录中的孤证，邓之诚日记1949年11月7日亦记："闻傅沅叔（增湘）于三日去世，年七十八矣！"可为佐证。傅增湘实病逝于1949年11月3日（己丑年九月十三），可确定无疑了。

　　问题来了：这个日期无论如何错窜，也不能错成10月20日，错误的日期又是从哪里来的呢？

　　起先我疑心此误是从台湾传来的。毕竟宝岛学者不像大陆学林那样遭受过十年浩劫的扫荡，还对傅增湘保持着一如既往的兴趣。手头有一些台湾的资料，即以台湾《传记文学》杂志为例，早年提及傅增湘的文章有二。其一是原载该刊第三十三卷第四期（总第197期，1978年10月1日出版）"民国人物小传"专栏中关国煊所撰的傅增湘小传，只说"三十八年在北平去世"，未涉具体月日。其二是原载该刊第四十卷第三期（总第238期，1982年3月1日出版）苏精的文章《双鉴楼主人傅增湘》，此文则说"傅增湘卒于民国三十九年（一九五○），享年七十九岁"，也未提及具体月日，更把卒年弄错了一年。看来海峡对岸当时对于傅增湘的去世仍很隔膜，此误并非肇端于彼。

　　再往大陆学界寻觅。据我追溯，大陆最早谈及傅增湘的专文，应是周松龄的《傅增湘对古籍整理的贡献》（原载《四川图书馆学报》1983年第2期，1983年5月出版；此文文前还署明了指导教师吕贞白、顾廷龙之名，应即作者1982年在华东师范大学所撰写的硕士学位论文）。此文提及傅增湘的逝世，已说是"一九四九年十月二十日在北京去世"。自此文一出，其他谈及傅增湘的专文，便无一不秉承1949年10月20日逝世说了。

其他著述的以讹传讹是很容易举例的。如《四川近现代人物传》第五辑（四川省地方志编纂委员会省志人物志编辑组编，任一民主编，四川大学出版社1988年10月版）中所收官振维所撰的傅增湘传，文末注明了两篇"主要参考资料"：李国俊《版本、校勘家傅增湘》（原载《四川文史资料选辑》第二十九辑，四川人民出版社1983年7月版）和郑伟章、李万健《现代大藏书家傅增湘》（收入《中国著名藏书家传略》，书目文献出版社1986年9月版）。而这两篇参考资料都持1949年10月20日逝世说，这篇传记当然也就把这个错误沿袭下去了。

关于日期错窜，以上所举的这些材料，有的是文史资料，有的是学术论文，有的有地方志性质，其严谨程度都为读者所公认，万万料想不到其中会存在相同的错误。故沿讹不悟，直至今日。

关于有关方面曾去探望傅增湘的传闻

提及傅增湘逝世的文章里，还不约而同地谈到一个相似的传闻，也有辨析必要。先将目前所见的1980年代的不同材料中涉此的文本抄录于下：

周松龄《傅增湘对古籍整理的贡献》（原载《四川图书馆学报》1983年第2期）：

　　一九四九年秋，陈毅同志应张元济之请，致函周恩来总理，希望对傅增湘先生予以照顾。当总理派人持陈毅同志原函及总理批示前去探望时，这位近代的藏书家、目录版本学家、校勘家已经与世长辞了。

　　李国俊《版本、校勘家傅增湘》(原载《四川文史资料选辑》第二十九辑，四川人民出版社1983年7月版)：

　　　　1949年秋陈毅同志曾致函周总理，希望给予照顾。周总理派人持陈毅同志原信及总理批示来探视时，先生已经去世了。

　　郑伟章、李万健《现代大藏书家傅增湘》(收入《中国著名藏书家传略》，书目文献出版社1986年9月版)：

　　　　解放之初，周恩来同志派陈毅同志持函探望重病中的傅增湘，遗憾的是未及相见而先生就去世了。

　　以上可略见说法之嬗变，而最后的说法尤为奇特。

　　周松龄提到此事中有张元济之请求，从现已印行的《张元济日记》1949年部分(收入《张元济全集》第七卷，商务印书馆2008年12月版)来看，确是事实。傅增湘临终前数月，正值张元济赴北平参加政协会议，张曾去藏园探视。张元济1949年9月12日日记记载："出至石老娘胡同访傅沅叔。卧不能兴，舌本艰涩，语不成，偶有一二语尚能达意。见余若喜若悲。就床头取所作游记已刊成红本示余，云共有五册。又检叶玉虎朱笔诗扇一柄相示。

又属其如君开橱取衲本《史记》视余。卷首有沈寐叟题词。沅叔欲取其所题书签，令其仆检觅，不可得，甚为不怡。余与握手，属其珍重而出。"睹此凄凉晚景，不数日，张元济即将情况告诉了陈毅，其9月16日日记云："陈毅偕梅达君来。陈询余北京故人存有几人。余言前日访傅沅叔，其同乡也。病瘫痪，口不能言，且贫甚，其所居正房均为人所占。伊问为某军队所占，昔为国民党军，今则不详。渠云当查明，为之设法。"此后众人忙于参与筹备新中国成立，照顾之事大概稍有耽搁，但张元济毕竟念旧，10月13日，"又与陈毅信，详述沅叔近况"。过了两天，他重访藏园，这日的日记记载："访傅沅叔，以沪上友人近况相询。仅闻其言及刘翰怡，余又告夏剑丞、冒鹤亭诸人。唏嘘作别，恐此为最后一面矣。"10月20日，张元济即返回上海了。

张元济面告一次、函告一次，陈毅显然已能够了解傅增湘的大致情况。周松龄说陈毅曾致信周恩来，如确有此事，依常理度之，信在张元济10月13日函告后不久就该发出，而周恩来接信、批示、派人探视之事理应很快发生。如傅增湘按过去人们的错误认知那样卒于10月20日，那么时间紧张，探视者没有赶上好像还合理，但事实上他卒于11月3日，派来探视的人在路上难道还要花好几个星期的时间吗？

再据有关资料，陈毅于10月21日已启程回沪，傅增湘故去之时，他根本不在北京。而他在北京时如果亲自上门探望，就一定能见到弥留中的傅增湘，则那种周恩来派陈毅持函探望，未及相见而傅增湘已病逝的说法，更是虚妄之至了。

还有一则记载值得重视。黄稚荃《傅沅叔先生》（收入《杜邻存稿》，四川人民出版社1990年12月版）说："解放后，我在重庆遇殿谟表弟，谓言北京解放后叶剑英同志曾去傅宅视沅叔先生，彼时先生已瘫痪。"殿谟即美术工作者傅南棣，亦四川江安人，其名为"谟"字排行，大概也是傅增湘的子侄辈。此言看似从傅家传出，好像有一定可能性。但北平解放后，叶剑英担任军政要职，极其忙碌，而且这年的8月11日他就乘火车离开北平赴华南工作了，不可能在张元济向陈毅打招呼后前来探望。如此前他确曾在百忙之中去过傅宅，那就轮不到张元济再去请陈毅照顾傅增湘了。

当然了，这类说法的产生和流传，用周松龄的话来说，本来还是为了证明傅增湘"虽未能亲自聆听党的声音，但我们党对老一辈知识分子的重视和深切关怀也于此可见"的，这种重视和深切关怀自然有，但形诸笔墨尚须实证支撑，这是值得传记作者深长思之的。

傅增湘病逝后，各界对他的关心也就慢慢转移到他的藏书上来。傅增湘逝世十来天后的11月14日，在清华大学图书馆工作的潘光旦在日记中写道："午前在图书馆，又至大楼洽事。梦家约赵万里兄来校看馆中所藏善本书，并续加鉴定，午约其同至寓中共饭；万里谈傅沅叔先生徂逝后，藏园所藏善本书前途可能之下落甚详，于'双鉴'二书之命运，所言尤娓娓。"（《潘光旦日记》，潘乃穆、潘乃和编，群言出版社2014年12月版）又过了一个多月，1949年12月28日的《人民日报》刊出一篇报道：

京市傅忠谟

　　捐献名贵藏书

　　　　政府拟颁发奖状表扬

　　【本报讯】北京市自来水公司科长傅忠谟，近将其先人傅沅叔所藏善本及手校本图书多种捐献人民政府。善本中包括宋刻百衲本《资治通鉴》（两函，一百零八册，以前商务印书馆影印四部丛刊中之《资治通鉴》即以此为蓝本）及《洪范政鉴》（宋淳熙〔孝宗年号〕间内府精抄未刊之孤本。一函，十二册），此两书世称"双鉴"，极为名贵。此外尚有傅沅叔手校书三十八种，四百十二册。此项书籍已由中央人民政府政务院文化部文物局会同北京图书馆接收，政府拟颁发奖状表扬。

就是"所言尤娓娓"的回音了。

藏书的命运有了转机，终不辜负傅增湘生前的寄托。今日人们更是推重大藏书家的富收藏、擅鉴别、精校勘、勤著述，唯愿不要再在办纪念活动时选错了日子。

（原载《掌故》第五集，中华书局2019年10月版）

周肇祥退谷得失记

退翁自述退谷之得与水源之争

北京西北郊的名刹十方普觉寺，位于今日的国家植物园（原称北京植物园，2022年4月18日改现名）内，俗称卧佛寺。卧佛寺再往西北，寿安山西麓有条数百米长的山谷，名唤樱桃沟。樱桃沟溪水淙淙，树木苍翠，山石耸峙，风光优胜，久享盛名——据说八百馀年前金章宗即此建有看花台，至明代辟有诸多佛寺，明亡后渐趋荒芜。清顺治年间，孙承泽退隐于斯并建筑别业，乃重振旧貌，樱桃沟更因他的别号退翁而别称退谷。民国初年，浮沉宦海、娴于诗文、醉心鉴藏而寄情山水的周肇祥（号养庵，亦号退翁）得到樱桃沟，遂又称周家花园。

《掌故》第八集、第九集曾连载史睿先生的鸿文《周肇祥与北京琉璃厂》，于周肇祥的收藏生涯勾勒细致。周肇祥这个新旧转变之际的典型人物，一生关节中还有许多轶事不为人知，如他到底怎样得到樱桃沟，就众说纷纭。

高拜石所撰《周养庵巧赚占退谷》（收入《古春风楼琐记》第

十七集，台湾新生报社1981年9月第4版），写了个周肇祥灌醉老和尚偷走樱桃沟地契的离奇故事，还说："其后有一个福建籍的名小说家陈慎言陈十二爷，鄙周之为人，曾写一部连篇小说《斯文人》，就是记此事的经过。"许宝蘅日记民国九年庚申二月廿二日（1920年4月10日）记录与友人陈任中（字仲骞）同游退谷时闻自周肇祥本人的说法："养庵谓此山本厉监所有，三年前始归养庵，厉监生前供俸内廷，以纯谨称，卧佛寺旁有庙，即厉监退职后备养之所……"（中华书局2010年1月版，第二册）《北京植物园志》则称："1918年，周肇祥从清朝遗太监郝常太手中弄到了盖有龙头大印的皇家地契，在樱桃沟四处树起了他的'静远堂界碑'。"（中国林业出版社2003年3月版）对这三种说法，李军先生已在《退翁亦堪怜》（原载《东方早报·上海书评》2014年5月25日，署名申闻；收入《春水集》，广西师范大学出版社2018年7月版）中做了辨析，认为高文"不可当真"，许记"更为可信"，且旁及周肇祥"昔年曾与农民争水源"（邓之诚日记1953年10月29日语）之说，指为1918年与青年会美国人格林因抢占水源发生矛盾之事，叙说精到。

但李文说"对于退谷之得、水源之争，并未见周肇祥本人的记述"，似不知周肇祥有一部《鹿岩小记》，专记樱桃沟之事。此记沦陷时期连载于北平的《国学丛刊》第一、三、七、九至十五册（1941年3月、1941年7月、1942年2月、1942年7月、1942年9月、1942年11月、1943年2月、1943年8月、1944年7月、1945年5月出版，署名退翁），开篇就提及退谷之得：

　　中华建国之七年秋，余自湘回京，得脑病。遵医嘱，入寿安山养疴于广慧观，古之黑门庵也。陈太监宗寿一见如故。

病痊将别去，其徒郝诚泰、许修然来致辞，谓陈师愿余与斯山结香火缘，春秋佳日，得相过从。余重违其意，因指大洄西林木森秀处，昔人曾于兹卜筑者，占数亩地，结庐奉佛焉。陈宗寿遂将东自立石沟、西至水源头、上抵岭、下及洄书券赠与，报以六百金，是为鹿岩精舍经营之始也。白鹿岩当洄右，巨石下覆，中空若岩，辽时有仙人骑白鹿于此，故名。按《春明梦馀录》，孙承泽于山中建退翁书屋，因号退谷。以地位考之，正当卜筑之处。吾今亦号退翁矣。

此为1918年之事。

　　周肇祥自己的撰述未提及"厉监"，而指"书券赠与"樱桃沟而他"报以六百金"的是太监陈宗寿，又称"其徒郝诚泰（按当即《北京植物园志》中的'郝常太'）、许修然"亦参与此事。许宝蘅曾说"卧佛寺旁有庙，即厉监退职后备养之所"，显即《鹿岩小记》中提及的广慧观，后来亦属周肇祥所有。我在"北京数字档案馆查阅系统"未检到有关樱桃沟的档案，却检到《内四区〈圆〉通观、西郊区广慧观、南郊区长生观登记庙产的呈及社会局的批示》（档号J002-008-00526），见其中各表、各文称"郝诚泰赠与周养庵呈局有案""查前该观在公安局登记系以太监郝诚泰名义，此次表报不符，询据郝诚泰声称业于十九年废历冬除塔院六亩外，全部赠与周养庵，周奉香资一千五百元等语"，并提及有"民国二年九月初三日厉理宾原红契一纸，民国二十年一月七日郝诚泰卖与周静远堂报税红契一纸"云云，乃悟"厉监"即厉理宾，其与陈宗寿、郝诚泰等同为太监，关系似甚密。清末民初樱桃沟一带产权与这些太监有关，而终为周肇祥所得。

《鹿岩小记》续述樱桃沟营建之种种：

> 明年春，从事建造。山腰平地不足用，因开山叠石，以广其基。建屋三楹，引泉环绕，承以石渠，于东南置石龙口，悬流下注，杂木蓊蔚，远望如瀑布之落树杪也。下为池，水自此入地，伏流而出，会西北沟水，趋石垣穿窦出，仍泻涧中。寿安虽非极峻，而大岭绵亘，最高处出海面一千八百尺。朝霏夕烟，光景变幻，可以看云，可以听水，因题正屋曰"水流云在之居"，无补老人赵督部尔巽为书额榜之。临涧筑台，上有阁一间，曰"观源"，草书自题额。东南筑亭，可外眺，山中往来皆经其下，曰"退翁亭"，从其旧也，吴县杨千里天骥隶额；联曰"风泉壮天籁，烟霞忘世情"，江宁邓效先邦述篆焉。山厨鹤舍、僮仆之居、农具之屋，以次创置，费逾三千金矣。
>
> 林木丛杂，不可无周垣以限兽迹。拾涧中铄石作虎皮墙，凡一百四十余丈。前当大涧，水所冲啮，砌石岸六十余丈，巨石叠积，不用灰土，山中所谓干揸。盖略仿蜀中竹笼贮石为堰之意，不与水争也。
>
> 垣成，于东南当涧设门。门外大石离立，若虎踞然。高槐大柳，摇风障日，盛夏无暑。凿石为梯级、以便登陟。磨涧中绿石，书镌"鹿岩精舍"四字榜其上。东西皆辟角门，因山开路，曲折层累而上。行花竹间二百余步，乃抵水流云在之居。鸟语泉声，引人入胜矣。

可见樱桃沟民国以来游名之盛，非独缘于自然风光，周肇祥在当地的开山引水、苦心经营也不可忽视。

《鹿岩小记》旋又提及水源之争，称：

> 疏引山泉之始，卧佛寺青年会美国人格林欲括取泉水，供其支配，自行开沟置管。余以地权所属，劝阻不听，竟谓中国无法律。余折之曰：如中国无法律，君何所依赖而侨居我地，受我国保护乎？语为之塞，然工未止也。乃援照条约，制止其工作，收管其器械。函达步军统领衙门，转告美公使禁戒之。步军统领江宇澄朝宗派胡译员查明调处。乃规定山中泉水下流，以供寺庙居民之用，无论何人，不得把持。旧有输水石沟，每逢修理，报告营汛并地主，然后施工。旋送来印文告示，乃勒石以垂永久。

"青年会美国人格林"即北京基督教青年会创始人、总干事罗伯特·R. 盖利（Robert R. Gailey）。勒石的印文告示今已不存，幸由参加过北京基督教青年会工作、摄有海量旧中国影像资料的美国社会学家西德尼·D. 甘博（Sidney D. Gamble）留下一张清晰的照片。此照约摄于1918–1919年，注明拍摄地是北京卧佛寺（"Peking Who Fu Ssu"），起了个不太准确的名字叫"盖利之碑"（"Gailey's Tablet"），今存美国杜克大学甘博照片集藏之中，编号为73B–794。此据照片移录文字：

步军统领衙门布告第八号

为布告事。前据中营静宜园汛守备刘谦呈称前湖南省长周肇祥置得寿安山等处山场，近有青年会美人格林在该管业

格林（罗伯特·R.盖利）

水源修理水管，禁阻不服，致起纠葛等情，当经派员会同前
往妥协办理。兹据交涉员胡国英等会衔呈覆，当与周肇祥返
覆磋商，据称在寿安山水源头、樱桃园、广泉寺等处置有山
场，管业内水泉自愿不禁止卧佛寺、广慧观及附近居民取用，
但不许一家垄断，本业泉水亦不许打石施工，前清所砌石水
沟及青年会前修水塔其在管业之内者，遇有拆修，先期报明
本管汛署，仍需照旧修理，惟不得于此外另添工作等语。美
人格林据称周宅既不禁人用水，亦无异词，并请出示布告，
以便双方遵守而杜争端等情前来。除由本衙门立案外，合行
布告附近居民一体周知。特此布告。

中华民国七年六月廿五日（原无标点）

"盖利之碑"（步军统领衙门布告第八号）

与《鹿岩小记》并观，"争水源"之来龙去脉甚明，不再赘述。

　　附带一说，高拜石所谓陈慎言写小说《斯文人》影射周肇祥灌酒巧赚樱桃沟的说法当系讹传。我翻检民国报刊，陈慎言好像没有标题只"斯文人"三个字的小说，倒发觉有一部小说《文艺中人》比较接近，因其第一部分的名字正叫"斯文人组织斯文会"，是写主角邹吉生组织"斯文会"罗致艺术界名流的种种故事，于1939年8月8日至1939年11月30日连载于北平（时为日伪改名为北京）《晨报》的"艺宫"副刊（署名慎言）。而且这部小说中还真有影射周肇祥的地方！

　　"斯文人组织斯文会"的开头，大画家黄守一的夫人黄庄淑明和李芝英女士同坐汽车开出西直门，直驶西山，去联络几位志同道合的朋友同开画展。车到西园，刚进园门，黄太太便说此地很像黄公望《陡壑密林图》里的景色：

　　　　只见长松夹道，邃密阴森，野花如绣，满铺阶砌，小涧里泉声琤瑽盈耳，个中景物，随地殊形，处处皆具奇景，骤看过去，意难窥庐山真面目。芝英领着黄太太，沿着松林，一径往北走去，在万绿蒙茸中，忽现出几间精舍，芝英指着红漆小门，向黄太太说道："这里便是嵩云草堂了。"

草堂主人名叫普盛人，此刻并不在家。两位女士敲开校门，并不理会不识趣的看门老头子，径自溜了进去，"且到里面歇歇"。看门老头子不便阻止，只好请二人进屋。黄太太举目一看，这屋里——

西壁牙签罗列，满目琳琅，□[彝?]鼎古画，没一件不是精品，地下铺着极厚地毡，左边几上，还放一张古琴，和一炉香，那香烟兀自袅袅烧着，发出檀香甜烈气味，主人虽不在室内，只看屋内这样陈列便可见他的远怀高致，是仲长统唐子西一流人物了……

二人后来没有等到普盛人回来，怏怏离去。普盛人后来在小说里并未露面，更没有参加"斯文会"。

再显然不过了：西园就是樱桃沟，嵩云草堂就是鹿岩精舍。室外风景自不待言，黄太太在室内的所见，简直是陈慎言用小说家言为水流云在之居留下的"速写"。普盛人即影射周肇祥，可是小说里没有提到他得到嵩云草堂（鹿岩精舍）的经过，而且陈慎言还感慨他的"远怀高致"，赞扬他"是仲长统唐子西一流人物"，这种影射显然不是揭露黑幕。

樱桃沟的收归国有

1950年9月28日，上海《亦报》刊出一篇关于周肇祥的短文：

周肇祥北京卖住宅
削颖

曾作葫芦岛商埠督办的周肇祥，字仲[养]庵，别署退叟，留得长髯，有大胡子之号。对于金石书画，瓷铜碑册，嗜好甚深，常到琉璃厂搜罗，又办过中国画会，及《艺林旬刊》，在北京旧艺术界中，算个闻人。每逢春秋佳日，与傅增湘、江庸等名流，游山玩水，蜡屐寻诗，兴趣亦复不浅。可是脾气恶劣，常得罪人，见心爱之物，便想据为己有，陈慎言所著说部，将他买卖古董的情况神态，刻画入微。在刮民党古物南迁时候，宋匪子文将他关在北京公安局中多日；胜利后，打一场汉奸官司，受些折磨，据说都为言语伤人之故。幸亏朋友们设法，有个琉璃厂商人，奔走甚力，总算将他保释出来。周竟拿一张齐白石画卖给他，还说，让你多赚些钱调剂调剂。厂商以两次出力帮忙，不疑他会闹花样，立即付价，并未细看。迫转卖时，方发觉是史海涛的仿作（按北京仿齐画的有四五人，以史为最肖）。以周太不够朋友，登堂历数其过，周呆坐一旁，闷声不响，由他的女秘书出来调解，始已。

　　他游名山，结方外交的结果，将西山卧佛寺一块地弄到手里，北京解放，被人揭发，他曾走避天津，将地交还原主，才得无事。从此他的书画渐多流落出来，虽是真伪参半，精粗不等，在他都认为难得之物，每卖一件，必长吁短叹。最近又将西城头发胡同住宅卖出，得布数百匹。因有馀资，又想把卖出的书画收回了。

削颖是王益知的笔名。后来以章士钊秘书身份为人所知的他，此时是《亦报》的北京通讯员，时常为这家上海的革新小报写寄北京见闻。这里寥寥五百馀字，把周肇祥盈满则亏的性格和经历勾勒得极为生动。

　　削颖特别说到周肇祥曾"弄到手里"而"交还原主，才得无事"的"西山卧佛寺一块地"，就是上文所说的樱桃沟（退谷）。但"交还原主"未确，乃是收归国有。《北京植物园志》记述道：

　　1930年以后，樱桃沟并存三股经营者。第一个是周肇祥，……他经营着疯僧洞两侧至广慧庵一带；第二个是在城内开牛奶厂的几个资本家，占据着疯僧洞至北大洼一带山上部分；第三股是协和医院、白纸坊造币厂，他们从周肇祥手里租占了五华寺一片。三股势力一直沿续到民国在大陆灭亡，其山场房屋土地均收归中华人民共和国所有。

书中并对收归国有后各部门的接管和移交有简要交代。我手头还有一册比较少见的《北京市植物园大事记（公元627年－1990年）》（北京市植物园管理处史志编写组编印，1992年7月出版），所记更为详细。以下综述一二，以见具体情貌。

　　1948年，中国人民解放军挺进北平，在卧佛寺、樱桃沟都驻扎有部队。1949年1月31日，北平和平易手。1950年1月31日，王亦农（当系政府工作人员）向张友渔副市长报告勘察西山周肇祥山场（按与樱桃沟、退谷山场、周家花园均系一地，以下皆保持原提法不改动）情况，建议由建设局派专人管理，2月13日北京市政府即规定周肇祥山场由北京市建设局管理，4月28日又将樱桃沟拨归公园管理委员会（简称园管会）管理。5月19日园管会查清西山八大处和退谷山场的土地、房屋产权问题，5月31日又派王子琴（当亦系政府工作人员）赴退谷山场调查，6月7日并与十六区政府、建设局联合呈文北京市政府上报樱桃沟等四处风景区的交接计划，6月28日市政府批示照办。于是7月7日市建设局正式将樱桃沟等四处风景区连同各项房地产人员移交给市园管会，7月18日各部门赴实地办理了交接手续（附近的卧佛寺两天后亦划归园管会领导），9月4日市园管会西山工作组赴卧佛寺、周家花园，对家具及672株果树进行查实，对樱桃沟的接管到此完成。

当时接管樱桃沟的原因，依我看可能与中共中央迁入北平和新中国定都北京有关。1949年年初，中共中央已派人到北平西郊选择驻地，3月25日正式迁入距樱桃沟一箭之隔的香山，至下半年方再迁到中南海，此后西山地带仍然是重地。按中共高层的看法，"北平是局部和平而得解放者，未经清洗，一切微生物（中外的）都很多，应当引起最高的警惕"（杨尚昆日记1949年2月1日语），既属特殊地带，樱桃沟自当以国家接管为妥。樱桃沟后来又曾划归西山风景区管理处管理。此后随着北京植物园的筹建，樱桃沟的整治、建设、绿化逐步开展，景色又有新的变化。

1956年10月1日，此前一度停刊转型的上海《文汇报》以焕然一新的风格复刊，其文艺副刊"笔会"一下子推出了许多精彩文章，很多与读者睽违数年的老作家也重新披挂上阵，真是百花齐放、欣欣向荣。是年10月17日，《文汇报·笔会》登出了陈慎言的一篇《北京丛话》，副标题正是"樱桃沟花园"。陈慎言为上海读者介绍了樱桃沟的过往，而着重讲述了这年他重游退谷的观感：

> 我已多年没上寿安山，八月九日，和文联同志集体游卧佛寺，由卧佛寺后山沿着小径上山，山上最惹人喜爱的沿路涌出的沸流，现都用小石板掩盖，虽然可以保护行路安全，却已失去原来面目。
>
> 到寿安山上樱桃沟，下看山沟里的茂林，石上的奔泉，风物依旧。只岩石上新勒有"樱桃沟花园"五字。就地取名，倒也恰当。
>
> 沿着小径走过小石桥，周养庵手书"鹿岩精舍"门额就

在眼前，园外短墙已粉刷一新，当门亭亭修竹，依然葱翠迎人，曲径流泉，依然潺潺入耳，步入"水流云在之居"，是养庵山居时起居的所在，屋内床几依旧，而旧日主人已归黄土！

山上"石桧书巢"，是养庵作画所在，往日养庵画好梅花，必榜壁上夸示友人，或独自徘徊屋内，拈须自赏。今日遍看屋内四壁，已无寸纸存在。

沿着沸流小径，迈过山涧，扳登退翁亭，亭柱上养庵题的集句"行到水穷处，坐看云起时"，仍然存在。这一对集句，题在亭柱上，很是恰当，因为游人到此亭上，已无别径可通了。

我在园内巡视一周，房子、亭子都整修得焕然一新，树石花草，布置得楚楚有致。自从公家接管，园内花草更见精神。同游画家拟绘一图，北京最好是秋光，我希望画家早日动笔。

这又为樱桃沟留下了生动的记述。陈慎言熟知樱桃沟旧貌，当年才能写得出影射其地的小说，多年后才能看出营建的失去原貌。他感慨旧日主人已归黄土，显然与周肇祥相熟，并无不敬，倒有慨叹。

在樱桃沟收归国有的过程中，周肇祥的身影一点儿也没有出现。可能的原因背后，其实还蕴藏着有关他晦暗晚境的丰富故事。

（原载《掌故》第十集，中华书局2023年8月版）

周肇祥晚境再抉隐

关于周肇祥的晚境，邓之诚1953年10月29日日记里的耳食之谈常为人引据：

> 午后，张次溪来。……又言：周肇祥在第一监狱糊纸烟盒，所犯罪采补外，有弃婢致婢与其父自尽，又肇祥子某为吉林省副主席，私辇木材与其父变卖归己。馀罪尚多，传言将押往西山斗争，由群众审判（昔年曾与农民争水源），未知确否。其人实无赖，不足怜也。（《邓之诚日记〔外五种〕》，北京图书馆出版社2007年7月版，第6册）

1990年史树青先生为周肇祥《琉璃厂杂记》作序，特地提到周肇祥的儿子：

> 先生一子名周璠，字持衡。毕业青岛大学，早岁参加革命。十年前自辽宁来书，有出版先生遗著之意，因循未果，而持衡竟于一九八六年逝去。（北京燕山出版社1995年4月版）

《琉璃厂杂记》的点校者之一赵珩先生又补充说:

> 据我所知,周养庵先生有二子,一名周璿,早年参加共产党,后在辽宁省任较高职务。另一子不记其名,为国民党高级军官,曾在1945年与冷欣一起参加芷江受降式,成为当时新闻人物……(《碑帖杂记》,收入《彀外谭屑:近五十年闻见撷忆》,生活·读书·新知三联书店2006年9月版,又2017年4月新版)

周肇祥之子周持衡(本名璿),确是一位经历坎坷的中共高级干部。我在《吉林党史人物传略》(中共吉林省委党史研究室编,吉林人民出版社2001年6月版)里查阅到他的小传,再参以其他资料,得以稍有了解。

周持衡1916年4月出生在天津,1936年在青岛的山东大学加入中华民族解放先锋队,疾呼抗日救亡,自此参与革命工作。抗战全面爆发后,山大南迁,周持衡参加敌后游击斗争,1938年1月加入中国共产党,曾以地下党身份担任国民党山东省政府的东平县县长,积极从事建设和扩大山东抗日根据地的工作。抗战胜利后,周持衡调吉林省工作,1949年4月5日被选为吉林省政府副主席;5月1日吉林省政府改称吉林省人民政府,9月14日原主席周保中调离,省人民政府主席一职即由周持衡继任。1950年4月,吉林省第一次各界人民代表大会选举周持衡为省人民政府主席,新中国成立后的历任吉林省省长由此算起。

1952年3月,在"三反"运动之中,周持衡遭到错误的批判和斗争,最终被撤职法办。关于这段历史,原始资料今甚难见,我收集到一张1952年4月28日的中共中央东北局机关报《东北日报》，载有关于此事的珍贵内容。

这期报纸头版刊出有关周持衡撤职法办的新闻、社论和相关决定。"本报讯"《东北人民政府决定将周持衡撤职法办》说，东北人民政府批准了其人民监察委员会关于周持衡、武少文、王玉波、李汇川、胡占波等人所犯错误和处理意见的报告，认定周持衡"目无法纪，破坏政策；偷换抗美援朝物资；利用职权，假公济私；阳奉阴违，损害国家利益；生活腐化，作威作福"，经报请中央人民政府政务院3月22日批准，撤销周持衡一切职务并法办。《巩固党的铁的纪律，维护国家法令尊严》一篇社论专评此事。

《中国共产党吉林省委员会关于开除周持衡党籍的决定（经中共中央东北局批准）》也刊在头版，因篇幅甚长，转至第三版才登完。这个《决定》是1952年4月3日做出的，它认为"周持衡在吉林省人民政府工作的几年中，对党和人民事业造成许多严重罪恶"，并将其"主要罪恶"分为"利用职权，扶植其家庭、亲属，封官委职，安插并庇护反革命分子，公然维护不法资本家的利益""目无法纪，瞒上欺下，破坏国家财政制度，破坏国家经济建设，破坏抗美援朝事业，使党与国家遭受了严重损失""严重的贪污浪费，腐化堕落"和"拉拢一些蜕化变质和不坚定的分子，进行反党的小集团活动，造成个人权势，实行家长统治"四个部分详加叙述。第一部分中开门见山地提到其父周肇祥的情况，原文照录于下：

> 周持衡的父亲周肇祥，是个大地主大官僚和臭名远扬的大汉奸，北洋军阀时代曾担任袁世凯的总统府顾问、陆军最高军法处长、湖南省长；七七事变前，即投靠日本帝国主义，

任伪冀东防共自治政府委员；七七事变后，任伪北平治安维持会副会长、华北政务委员会参事等，当时与日寇冈村宁次、重光葵、头山满、三井、三菱等往来关系甚密。

周持衡对他的汉奸父亲，不但毫无仇恨，反而积极加以包庇扶植。比如：周肇祥在京津有很多房屋，因汉奸罪而被查封，禁止产权转移，一九四九年周持衡曾多方设法启封。一九五〇年周肇祥因和小老婆王淑离婚，经法院判决将其天津一处房产给女方作赡养费。周持衡为帮助其父，对抗法院判决，保存房产，曾指使武少文、阎禔等在京津奔走，并假造契约书，伪称该房屋已为吉林省驻津供销处占用，以后他又亲自让工业厅收买他父亲的房子。

周肇祥充任北京私立弘文小学的董事长。周持衡曾多次以公款资助，一次拨给三十立方米木材（折款支付），以后其父又寄来募捐册数十张，托人代为募捐，但事实上该小学实得只人民币十万元，其馀均被周肇祥从中私吞。

周肇祥在抗战前曾任北平故宫古物陈列所所长多年，有盗窃古物嫌疑。一九五一年经武少文撮合，吉林省政府文教厅从周家买了一大批古董，给价一亿五千多万元东北币。周肇祥就是想把一批残砖乱瓦等"粗货"卖给吉林省文教厅，以便于将"精品"隐匿起来，逃避政府的检查。事成之后，周肇祥便大肆宣扬说"捐献"给吉林省了。这完全是周持衡为了使其家庭名利兼收而摆布的圈套。此外，周持衡周围的一些贪污蜕化分子，如武少文、周化南、陈少杰、阎禔等，对周持衡的家族争相巴结，每去北京，总要登门问候，对人所不齿的大汉奸周肇祥，竟尊称为"周翁""周老"，并常常送礼，其礼物从大米、白面到人参、鹿茸都有。周持衡每次回家也都有所孝敬，花费都由公家报销。

周持衡的弟弟周珹，原是个流氓学生，曾跑单帮做买卖，品质极坏，政治面目不明。一九四九年，周持衡将周珹夫妇从北京接来住在自己宿舍里，吃小灶，雇两个保姆，并不经人事部门同意，擅自分配了周珹的工作，成为一个极特殊的"干部"，他可以向省政府秘书长发脾气，他的老婆可以谩骂警卫员。周持衡、武少文、周化南等去北京、天津、上海时，周珹经常同行，给公家买东西，从中吃回扣。周持衡个人以公款买几亿元的书画和日用品，都经周珹一手包办，他借机贪污自肥。此外，周持衡竟将自卫手枪交周珹长期佩带。

……

《决定》尚长，不再赘引。需要着重指出的是，近三十年后的1979年5月11日，中共吉林省委召开常委会议，讨论关于周持衡、武少文等人申诉问题的审查复议报告，决定撤销原结论，恢复他们的党籍；1980年又经中共中央批准，撤销了对周持衡的错误结论和处分。那么这个《决定》所说的一切应该都已被推翻。但这个《决定》极具时代痕迹，又富有史料价值，让我们恍然大悟周肇祥晚年为什么会倒了霉，更给"私摹木材与其父变卖归己"之类的耳食之谈和周肇祥的家庭情况提供了着落。只是我无力寻找其他史料来加以参证，姑录以存考，特此说明。

我注意到《决定》中罗列种种"罪行"，却未谈及樱桃沟的收归国有，只是提到"周肇祥在京津有很多房屋，因汉奸罪而被查封，禁止产权转移，一九四九年周持衡曾多方设法启封"。这么看来，樱桃沟收归国有前可能也在查封之列，收归之时周持衡正担任省级要职，家属不可能不要求"进步"，无论主动或被动，周肇祥是会将樱桃沟捐献给国家的。

赵珩先生曾从琉璃厂碑帖鉴定家马宝山那里听说周肇祥的晚境：

> 周肇祥于50年代初锒铛入狱，家产抄没。1954年初在狱中患病，始获保外就医，马宝山先生听说后，前往探望，似乎还有一些未了的债务。到达周的寓所后，已是家徒四壁，只见周养庵头缠绷带，面色蜡黄，原来的一部美髯（周养庵素有"周大胡子"之称）也荡然无存，一个人在屋中糊纸盒，屋内摆满纸盒成品与原料，凌乱不堪。马先生只得稍坐，问及头伤原委，道是在狱中不慎碰破，久不愈合，故依然缠裹绷带。本拟提及旧时一点债务（好像周从马手中买的东西，尚差一部分款项），见此光景，哪好启齿，须臾离去。两个月后，马宝山听说周已去世。不想一代闻人，晚境竟然如此凄凉。（《碑帖杂记》，收入《毂外谭屑：近五十年闻见撮忆》）

不知进退的周肇祥终于失去了一切，锒铛入狱则显然是受儿子被撤职法办的牵连。而周持衡也被判处有期徒刑两年。另据《北京文物博物馆事业纪事（上·1949—1978）》（北京市文物事业管理局1994年出版）记载，1953年9月9日，"北京市文物调查研究组派员会同北京市法院、文化部社会文化事业管理局去天津鉴定处理汉奸周肇祥在津存放的文物"，应与周肇祥入狱事有关，惜详情不得而知。

关于被错误处理，有人说周持衡是"因为家庭出身不好，被高岗诬陷坐牢"（《苏钢访谈录》，贵州人民出版社2022年4月版），有人说是"因周的父亲原是北洋曹锟政府的秘书长，考虑到统战的问题，党中央从轻处理了周"（《共和国省长：新中国29个省、自治区和直辖市首任省长、主席和市长纪实》，孟庆春、陈重伊著，华文出版社2008年1月版）。一件事竟能有"受家庭原因连累"和"因家庭原因从轻"两种说法，亦属离奇。周持衡很有工作能力，1954年出狱后，他转去辽宁省担任大伙房水库工程局副局长，后来历任辽宁省水电厅副厅长、省水利设计院党委书记兼院长、省水利局长等职，耕耘多年，做出了许多成绩，在辽宁省水利系统享有一定声誉。1979年他任辽宁省革命委员会副主任，1980年当选为辽宁省人大常委会副主任，在平反之后继续为辽宁省的现代化建设做出贡献。党史出版物评价他"是非分明，刚直不阿，生活俭朴，严于律己，平易近人"，尤其点出他"严格要求子女和亲属，为领导干部树立了榜样"（《吉林党史人物传略》）。1986年6月18日，周持衡在沈阳逝世，享年七十一岁。

周肇祥的遗著今已整理出版（《琉璃厂杂记》，赵珩、海波点校，北京燕山出版社1995年4月版；此书有追加了五倍多篇幅的增订本，宋惕冰、赵珩、海波整理，北京联合出版公司2016年10月版），差可告慰周持衡"因循未果"的付梓之意。人的一生短暂，得到与失去于周肇祥和周持衡都已如云烟。他们精彩的人生际遇有了标本意义，成了我们了解时代变迁的钥匙。

（原载《掌故》第十一集，中华书局2024年9月版）

周建人和周作人的"永诀"

一

全国解放后不久，有一次，我在教科书编审委员会突然面对面地碰到周作人。我们都不由自主地停了脚步。

他苍老了，当然，我也如此。只见他颇为凄凉地说："你曾写信劝我到上海。"

"是的，我曾经这样希望过。"我回答。

"我豢养了他们，他们却这样对待我。"

我听这话，知道他还不明白，还以为自己是八道湾的主人，而不明白其实他早已只是一名奴隶。

这一切都太晚了，往事无法追回了。

周作人自小性情和顺，不固执己见，很好相处，但他似乎既不能明辨是非，又无力摆脱控制和掌握。从八道湾制造的兄弟失和事件中，表演得很充分。这似乎纯系家庭内部问题，却包含着大是大非的原则问题，他从这一点上和鲁迅分了手，以后的道路也就越走越远了。我缺乏研究，不知其所以然。

　　只是，我觉得事过境迁，没有什么话要说了。这次意外相遇，也就成了永诀。

　　这是《新文学史料》季刊1983年第4期所发表的周建人文章《鲁迅和周作人》的结尾。文末注明写作时间为1983年6月，看来这是周建人最后的回忆了，翌年7月29日他即逝世。

　　"这次意外相遇，也就成了永诀"，说明在周建人晚年的认知中，这是他与二哥周作人的最后一次见面。按他的说法，这次见面的时间是"全国解放后不久"，地点是"教科书编审委员会"，两个人是"突然面对面地碰到"。

　　"全国解放后不久"即1949年10月1日之后不久，"教科书编审委员会"则可能有两种所指，这里须稍做解说。

　　1949年4月下旬，为了适应工作需要，华北人民政府教育部成立了教科书编审委员会，周建人被聘请为该委员会的副主任（见《人民日报》1949年4月21日报道《华北人民政府　成立教科书编审会》）。这个委员会随后运作了半年多。同年11月1日，中央人民政府出版总署召开第一次扩大会议（也即成立会议），会上胡愈之署长指出，教科书编审委员会、中共中央领导下的出版委员会、新华书店编辑部三个部分已合并为出版总署。周建人旋改任出版总署副署长，教科书编审委员会改制为出版总署编审局第一处（具见《中华人民共和国出版史料》第一卷〔1949年〕，中国书籍出版社1995年5月版）。综上，华北人民政府教育部教科书编审委员会存在于1949年4月至10月间。

　　另外，1950年年初，出版总署和教育部也有拟组教科书编审委员会的设想。此事见于出版总署副署长叶圣陶和出版总署编审局第一处处长宋云彬二人的日记(《叶圣陶日记》,商务印书馆2018年6月版;《宋云彬日记》,中华书局2016年10月版),也曾引起过研究者的注意(见黄开发《周作人致周建人的一封未刊书信》,原载《新文学史料》2019年第2期)。以下据二人日记略述其要。

1950年1月5日,叶圣陶日记记载,他到政务院文教委员会开会,会上教育部与出版总署"共拟组一委员会",负责设计和审阅中学课本。1月7日,叶圣陶记教育部派人来找他讨论此事,"结论仍为先组织委员会,提举人名,教部数人,我局亦数人,此外再补加"。1月13日叶圣陶日记记:"上午到总署会谈,所谈者教育部决组教科书编委会,拟以余为主任。"可见筹备工作正紧锣密鼓展开。但不久事态却微有一变。1月25日叶圣陶日记只记:"午后,少数同人会谈,作即将召开之教科书编委会之准备。"同日宋云彬日记却记了详情:"教育部与编审局合组一中学教科书编审委员会,余与圣陶、金灿然、叶蠖生均为委员,名单已送文教会,专候文教会批准,时隔三周,杳无音讯,谓非官僚化而何?今日教部柳湜来电话,谓将不待文教会批准,于二三日内先行集会商讨一切。下午,圣陶特邀同人商讨,预备提出关于精简自然科及各科每周时间分配诸问题。"2月1日,叶、宋二人日记都记了教育部派人来与出版总署编审局第一处同人商讨教科书编辑的事,此后这项工作继续推进,二人日记却再也不提"教科书编审委员会"的名称了。结合前面文教部不批准名单的记载来看,大概委员会的设置最终未能通过文教委批准,也就不存在具体的工作地点了。综上,教育部与出版总署拟设的教科书编审委员会筹备于1950年1月间,但恐怕并未正式成立。

有年谱作者煞有介事地说1950年1月13日"教育部与出版总署联合成立教科书编审委员会,圣陶先生为主任",对看当日叶圣陶日记中"决组""拟以"之类推测的话,显见其记述之不确。何况出版总署编审局第一处本就是由华北人民政府教育部教科书编审委员会改制而成的,职责相近,实不必叠床架屋再设机构。

如果把周建人的话看得很严密,那么把"全国解放后不久"(1949年10月1日之后不久)与"教科书编审委员会存在"(1949年4月至10月间或1950年1月)的条件一结合,就能得到"永诀"发生的时间段。可见"永诀"要么发生在1949年10月,要么发生在1950年1月。

二

周作人1949年的日记已经正式公布(《1949年周作人日记》,周吉宜整理,《中国现代文学研究丛刊》2017年第7期),且检阅之。这年8月14日,周作人方从上海回到北平,入住尤炳圻在太仆寺街的房子。此后友人来访甚多(8月26日日记感叹"今日无来客,亦幸事也",可见一斑),而他自己的足迹基本不出太仆寺街和八道湾胡同周边,这年在北平稍微远些的出门只有两次:9月28日到成方街访寿洙邻,又到来薰阁访陈济川;11月1日再访寿洙邻。细看10月的日记,这个月他忙碌得很:起先他记录每日翻译或校订《希腊的神与英雄》和友人来访,除个别寄信的记录语焉不详外,应很少出门;10月17日日记记"拟回家去,不果行",18日日记记"下午同丰一回家",这才正式回到八道湾十一号自己的寓所;23日起,又重新开始做翻译,至27日把《希腊的神与英雄》全部译完，此后几天又抄《附记》和校订，至30日寄出。再往后看到12月31日，全年都找不到他涉足教科书编审委员会或出版总署的记载，更找不到周建人的名字。

太仆寺街、八道湾胡同和成方街都在西城，来薰阁则在南城的西侧。而教科书编审委员会当时设在东四二条五号，出版总署成立后的工作地点则在东总布胡同十号，均在东城，且与太仆寺街、八道湾胡同、成方街、来薰阁相去都在三公里以上。周作人这一年除了回北平下火车时应是在正阳门东站下车，恐怕不曾再涉足东城，也很难顺道到那两个机关兜一圈的。可以这么说了：在华北人民政府教育部的教科书编审委员会，恐怕并不存在周建人和周作人的"意外相遇"。

周作人1950年的日记尚未正式披露，但根据目前所知，1950年1月23日他和周建人还真见过一面，地点在八道湾十一号。这次见面与出版总署有关，稍详尽的记述也见于叶圣陶当日日记：

饭后两时，偕乔峰灿然访周启明于八道湾。启明于日本投降后，以汉奸罪拘系于南京，后不知以何因缘由国民党政府释出，居于上海，去年冬初返居北京，闻已得当局谅解。渠与乔峰以家庭事故不睦，来京后乔峰迄未往访，今以灿然之提议，勉一往。晤见时觉其丰采依然，较乔峰为壮健。室中似颇萧条，想见境况非佳。询其有无译书计划，无确定答复，唯言希腊神话希腊悲剧或可从事，但手头参考书不备，亦难遽为。盖其藏书于拘系时没收，存于北平图书馆也。谈四十分钟而辞出。

乔峰是周建人的字，灿然即金灿然。

此事不是秘密行动，宋云彬当日日记亦云：

> 圣陶今日偕同金灿然、周建人访周作人。

周作人自己在《知堂回想录》里则记述：

> 一九五〇年一月承蒙出版总署〔副〕署长叶圣陶君和秘书金灿然君的过访，叶君是本来认识的，他这回是来叫我翻译书，没有说定什么书，就是说译希腊文罢了。（一八六《我的工作三》）

他却完全不提一同来访的周建人。张菊香、张铁荣编著的《周作人年谱（1885-1967）》（天津人民出版社2000年4月版）等研究著作不察而因袭之，也只记当日"出版总署副署长叶圣陶、秘书金灿然来访，邀为翻译希腊作品"云云了。

周作人不提周建人一同来访，难道他并未见到弟弟？并非如此。这里举出两则确切的材料。

止庵先生惠示1950年1月23日这一天的周作人日记，全文如下：

> 廿三日。晨零十一度。上午往看小原。茂臣来，赠蒲萄酒一瓶。下午叶圣陶、金灿然及乔风来。得永芳十九日信。

写得清清楚楚，"下午叶圣陶、金灿然及乔风来"。

陶亢德的晚年回忆录（《陶庵回想录》，中华书局2022年6月版）里，也记述了他在北京听周作人亲口讲的有关情况：

> 周作人对我讲了开明约他译法布尔《昆虫记》的经过后，连带讲了叶圣陶同周建人去看他的情形。他轻声慢讲，不动声色，我听了却很感趣味。末了还不揣冒昧，请他在此晚年与老兄弟释嫌修好为是，回到上海后还写信再三劝他。
>
> "叶先生来看我，"他说，"后面跟着一个人，矮矮小小的，拎着皮包，进屋后在靠角落一坐，不声不响。叶先生没有介绍，这人也不自我介绍，我则以为是叶先生的秘书什么的，也不问是谁。后来叶先生劝我译达尔文的《物种起源》，我说慢慢再说吧，这个人忽然发言，大声说：这怎么可以慢慢！我一听一看，才知道他是建人。"

记述颇生动，也可见两兄弟确实见了面，但并未使周作人感到愉快，所以后

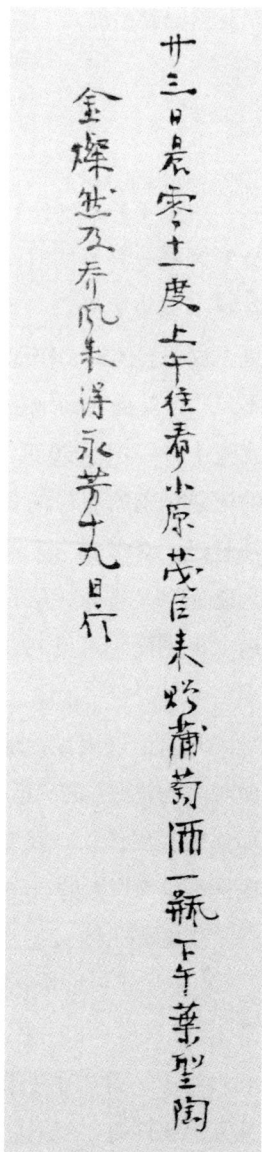

周作人1950年1月23日日记

来有意隐去不提。

三

1950年1月23日的这次见面恰好落在后一个教科书编审委员会紧锣密鼓筹备的时间段中。但是，地点是八道湾十一号，不是教科书编审委员会（而且这后一个教科书编审委员会不曾成立，更不存在具体的工作地点）；性质是周建人到八道湾去拜访周作人，不是"突然面对面地碰到"。另据研究者的记述，周作人文孙周吉宜先生曾表示："50年日记中没有参加'教科书编审委员会'活动的记录，别的年份的日记也查了，都没有。这个说法以前我们就注意过，查过。"（见黄开发《周作人致周建人的一封未刊书信》）止庵先生又告知，从日记来看，周作人和周建人1950年1月23日后未再见面。可见1950年1月23日周作人与周建人的见面，确是现实中真正的"永诀"。

时间记得模糊，地点有出入，有目的的登门拜访成了"突然面对面地碰到"的"意外相遇"，晚年周建人的记忆力也太不行了。那他笔下周作人"我豢养了他们，他们却这样对待我"的话，到底是不是周作人的口吻，又可信不可信呢？

止庵先生顷又见示正在撰写的《周作人传（增订本）》片段："一九五六至一九五七年间，早已'断绝了往来'的周建人，也几番主动示好：'丰一来，交来乔风所贻放大镜一个。'（周作人一九五六年十一月二十七日日记）'得乔风一日信，下午寄覆信。'（一九五七年四月二日日记）'晚乔风招丰一、静子在全聚德饭，美瑞同去，予辞以病。六时去，八时半回。'（一九五七年四月十二日日记)"原来"永诀"之后,二人虽未再见面,周建人却还曾送物、来信,后来竟还存着些再见面的愿望(或者说是"推迟'永诀'"的愿望)来邀请吃饭,一点也看不出晚年所说"觉得时过境迁,没有什么话要说了"的心态。而不愿再见兄弟的倒是周作人。再往后,遂真成"永诀"矣。

从"永诀"这件事,倒可稍窥周作人、周建人两兄弟为人处事的风格。

(原载《掌故》第九集,中华书局2022年8月版)

龙榆生题识与方志彤太太

　　友人严晓星先生前一阵子正在为编辑自己的新著《七弦古意：古琴历史与文献丛考》（故宫出版社2013年11月版）而忙碌。旧文结集成书，订正错讹、补充材料以尽善尽美是必须的。年初他曾告诉我一个一直没解开的疑问，希望能在新著出版时加以解决，这疑问来自上海古琴家张子谦《操缦琐记》（中华书局2005年10月版）1945年4月23日的一段记载：

> 得裕德、景略来信，述有德人马女士来申访我社。女士能北平语，通中文，善古琴，精鉴别，指法节奏颇有渊源，为北平管平湖先生入室弟子。惜景略因有事未能与之见面，匆匆回平，后会不知何日，弥深怅惘。

疑问是：古琴名家管平湖的这位外国女弟子"马女士"究竟是什么人？关于管平湖生平的其他文献中几乎见不到此人的踪影，只在一份后人编撰的年谱里还留有蛛丝马迹：

美国人马宜思千里迢迢从美国慕名而来拜管平湖为师，这是管平湖最早的外籍弟子。（见张婷《管平湖年谱》，载《中国音乐学》2009年第4期）

《年谱》将此条记载系在1943年下，但出处未详。"马宜思"与"马女士"的名字似乎对上了，管平湖弟子的身份也一致了，却还是未知究竟。

"漫读闲散之书，而有意外之得，诚是人生的大乐趣。"近来严先生高兴地告诉我，他读近出的《忍寒诗词歌词集》（复旦大学出版社2012年12月版）一书时，居然意外发现了关于"马女士"的新线索。原来1954年龙榆生曾填有一阕《临江仙·春暮有怀德意志女子马仪思》：

> 忆得携琴红豆馆，七八年前与君同在金陵，曾介谒红豆馆主溥侗。君抱琴以往，即作数弄，溥为感叹者久之。雅音知情谁传。南薰解愠乍鸣弦。会心宁在远，十指写流泉。　　未分清扬归绝域，寄情聊托琼笺。故人天末已飞仙。溥翁下世忽已三年矣。何时重把盏，相望阻风烟。

词里的这位"德意志女子马仪思"擅长弹琴，"抱琴以往，即作数弄"，曾令溥侗"为感叹者久之"。"马仪思"的读音与"马宜思"相同，这段记载把前面两条模棱的材料给联系起来了。从词意看，或许会晤溥侗未久，琴音犹在耳畔之时，"马女士"已经离开中国了，之后尚有通信往来，也由此勾起龙榆生的填词兴致。

由此我进行了一番"网搜"。通过搜索"马仪思"，我找到了一篇题为《东洛嫏嬛见闻记》的博文。作者"芄芃"在该文中说，他在图书馆收藏的一堆金庸小说里"竟扒出一本《双照楼诗词稿》"，"随手翻开一看，隐约发现扉页上有题笺数行，读完才发现是龙榆生先生手书，当时激动不已"。他还录下了龙榆生的这段题识。从博客里的其他文字可以判断，博主"芄芃"曾在美国加州南部的克莱蒙特大学联盟（Claremont Colleges）留学，《东洛嫏嬛见闻记》所记录的即是他在该校图书馆东亚图书部访书的见闻。

据此提示，我在克莱蒙特大学联盟的图书馆网站查到确有一本壬午（1942年）泽存书库刊本《双照楼诗词稿》藏于该馆。托友人梅森兄去信问询此书的来源情况，得该馆馆员吴琪女史函告：此书是由陈受颐家属于1978年捐赠该馆的（"芄芃"的博文正提到陈受颐自1936年来美后，一直在该校访学任教，藏书在其1977年病故后悉入藏该校图书馆）。承该馆数字图书馆馆员加夫列尔·哈拉米略（Gabriel Jaramillo）先生帮助，我还获得了该书题识页的清晰照片。从照片上看，"芄芃"的释文稍有错漏，这里重释如下：

> 马仪思先生自欧洲来游中土，复由旧都南行，与予共教中央大学，相从谈宴至契。马先生以欧洲闺秀，独喜吾邦文物，乐操七弦琴，曾与同访溥西园翁，一曲泠然。溥翁叹为吾邦雅乐赏音惟有德国人士也。汪先生在时，屡与予谈德国人之美德。此集予曾与校雠之役，因以持赠马先生，亦聊以纪文字因缘云。龙沐勋谨识。（钤"龙沐勋印"白文印、"忍寒词客"朱文印）

这段题识弥足珍贵，它与前引龙榆生《临江仙》词的词意可以互补。看来"马女士"确是德国人，也确实会弹古琴，还曾与龙榆生同在南京"中央大学"任教。龙榆生自1940年起就在刚"复校"的南京"中央大学"任教了，他直到1945年6月23日方辞去该校的一切职务。"马女士"成为他的同事是这期间的事情。

这里"汪先生在时"的提法非常醒目，可见题识是写在1944年11月10日汪精卫死去之后的。龙氏在题识里提到"德国人之美德"，又未及自己入老虎桥、狮子口监狱的事情，进一步表明题识是写于1945年世界战事全面结束之前，不会晚于1945年11月8日他的入狱。龙榆生偕"马女士"同访溥伒（号西园）之事若单由忍寒词1954年时"七八年前与君同在金陵"的小注简单地前推七八年，就要有偏差了。

由"马仪思"入手，我还查到北平中德学社所出版的《中德学志》第五卷第一二期（1943年5月出版）上的一篇节译为中文的德文论文《绘图列女传的源起及其宋前的流传》。文章不仅署名马仪思，还标明了她的原名是"Ilse Martin"！

陈才智先生整理的《西方汉学家一览》表格里收有"Fang, Ilse Martin"的条目，但中文名却非"马仪思"，而作"方马丁"。名字里多出来的这个"Fang"，让人不得不怀疑马仪思后来嫁给了一个姓方的人。再在网上搜索"Ilse Martin"，发现高峰枫先生《钱锺书致方志彤英文信两通》（原载《东方早报·上海书评》2010年12月19日）一文中正提到"方太太是德国人，曾与方志彤一起任《华裔学志》编辑，名叫Ilse Martin"。德国人，"方"姓，一切都对得上——原来Ilse Martin的丈夫就是方志彤！

方志彤的老熟人、德国汉学家傅吾康（Wolfgang Franke）的自传《为中国着迷：一位汉学家的自传》的中译本早前也问世了

（欧阳甦译，社会科学文献出版社2013年1月版），书里显然会有不少地方提到方志彤的北平岁月，找来略加翻检，果然也曾提到Ilse Martin：

> 1941年6月，第三个新人马懿思到了这里（於按：北平）。马懿思的父亲从1933年起在广东行医好几年，所以她对中国有兴趣，她母亲是美国人。马懿思在柏林的海尼士那里学过汉学，出国前已经进行了博士学位的口试，她很快从中国传回了博士论文，因此是正儿八经的博士——与霍福民相反。马懿思比我小几岁，不是党员，但相当单纯，很快就成为北京的德意志少女联合会（Bund Deutscher Mädel，BDM）即希特勒女青年团的头儿。他们三人中，她大概对与中国人交往最感兴趣。马懿思偶尔也参与中德学会的工作，比如，参与了印数增多的《德华常用小字汇》第二版的工作，这原来是由我和孙永［用］震共同编辑出版的。

这里Ilse Martin的名字又被写成了"马懿思"，该名亦见于《中德学志》，为第四卷第四期（1942年12月出版）上Ilse Martin发表《德国女子职业》时所署。

据傅吾康说，Ilse Martin在北平居留期间，因为有研究奖金，"对学会没什么义务"，精力都放在自己的研究工作和人际交往上了，所以只是"偶尔也参与中德学会的工作"。傅吾康1943年给父母写信时，对这几位德国同事于中德学会并不大出力还是颇有怨言的。大概此后不久，Ilse Martin就离开了北平，南下去"中央大学"执教。

傅吾康的自传里再次提到Ilse Martin已在1957年，那时他被邀请去哈佛大学访学，租住处的附近恰住着两位北平认识的老友，而二人正是方志彤和Ilse Martin。傅吾康说：

> 在北京时他们两人通过中德学会而粗略认识，兴趣却大不相同，彼此的差距较大。令所有在北京认识他们的人非常惊喜的是，两人在美国重逢甚至结婚，生了两个孩子，直到1995年志澎去世时他们都生活在一起。如果我没有记错，志澎是哈佛大学东亚系中文部的老师，他太太马懿思在一个学院教德语。因为两家的孩子差不多大，所以我们经常见面。

相应的，海陶玮（James Robert Hightower）在"Achilles Fang: In Memoriam"一文（原载Monumenta Serica〔《华裔学志》〕第四十五卷，1997年）中，也说到方志彤"married Ilse Martin, whom he had known in Peking, in 1948"。方志彤1947年已赴美，1948年正以研究员身份在哈佛编英汉字典，可见那时Ilse Martin也已去了美国。婚后的Ilse Martin不光教教德语，根据陈才智的表格，她还给赞克（Erwin von Zach）1958年在哈佛出版的《文选》德文译本做过编辑。

只是还有一个问题没有解决：龙榆生将这本《双照楼诗词稿》题赠给Ilse Martin后，书又是如何为陈受颐所得，继而在他身后被捐给图书馆的呢？这中间或许还有另外一段故事，可惜详情不得而知了。

大段的生平材料和零碎的小信息量汇集得差不多了，不妨让我们来拼拼图，试着完整地还原出Ilse Martin的一生吧：她1914年生人，父亲曾在广东行医，所以对中国早早有了兴趣。她一度师从汉学家海尼士（Erich Haenisch），1941年到了北平参加中德学会的工作，并修得博士学位。此间她认识了方志彤，还师从管平湖学习了古琴。后来她曾南下到南京的"中央大学"任教，与龙榆生相识。战后她去了美国，与方志彤重逢并结婚，从此生活在哈佛。她的中文名字，起先写作"马懿思"，后改署"马仪思"，还有个疑似错误的写法"马宜思"，到晚年则成了"方马丁"。严晓星先生觉得"方马丁"这个名字大概缘于翻译的失误，但会不会是她自己婚后又另取了一个"从夫姓"的中文名呢？

Ilse Martin的晚年境况，在陈毓贤女史所披露的一篇林希文（Raymond Lum）的文章中曾见提及（文见《东方早报·上海书评》2013年6月2日），文中径称她为"另外那位方博士"：

> 方博士1995年11月22日去世后，另外那位方博士打电话给我说有几本照相簿，要捐献给哈佛燕京图书馆。说她父亲是位医生，她小时候跟着家人从德国到中国去，是在中国拍的照片。她不但精通中国话，而且成了位中国纽扣专家。她和方志彤是在中国认识的。我访问了她数次，但从不谈方志彤，因她有她自己的中国故事。……她九十二岁那年被房东逼迫搬迁，离开住了半个世纪和方志彤与孩子们共筑的窝，翌年2008年2月便逝世了。

我在美国的一家网络祭奠网站Legacy.com上查到了Ilse Martin的讣告，她实去世在2008年1月27日。生于1914年的她，得享九十三岁的高龄，还享有自己独一份的中国故事，而这故事的确生动有趣：这位爱好汉学的医生女儿、管平湖的外国弟子、龙榆生的"中大"同事、方志彤的情深伉俪，终其一生都与中国牵绊。

（原载《南方都市报》2013年12月1日）

【补记一】

文章见报后，王蔚女史见告：《国立中央大学复校第二届毕业纪念刊》（"国立中央大学"秘书处1945年6月编印）中的《本校民国三十三年度下学期教授通讯录》，分职别、姓名、性别、年龄、籍贯、通讯处数栏载录了教授信息，其中即有"教授　马仪思　女　三〇　德国　宁海路五号"一条。

复检《国立中央大学复校第一届毕业纪念刊》（"国立中央大学"秘书处1944年6月编印），其中的《本校三十二年度下学期教授通讯录》还未载录马仪思之名。她南下的时间可由此进一步锁定。

（2013年12月3日）

【补记二】

文章刊出几年后，终于认识了《东洛娜嬛见闻记》的作者"芄芄"刘芄兄。刘芄兄见告，克莱蒙特大学联盟东亚图书部还藏有一套马仪思旧藏的《琴学丛书》。

（2019年5月28日）

龙榆生删改《近三百年名家词选》的隐情

　　上海古籍出版社2014年7月重版了龙榆生编选的《近三百年名家词选》。出版说明指出，龙榆生在1960年代曾对此书做过删节，此后该书的再版均依删节本，而这个新版则"恢复了在特定历史背景下删除的词人词作，还本书的原有面貌"。

　　《近三百年名家词选》上海古典文学出版社1956年9月初版收入"近三百年名家词六十七家五百一十八首"，而中华书局上海编辑所1962年11月新1版所收却只"近三百年名家词六十六家四百九十八首"。许多人都知道，其中删去的是陈曾寿（字仁先）的二十首词。但龙榆生那时为何要把陈曾寿的词从书中删掉呢？个中原委其实有人提过，但未引起广泛的注意——朱正先生在回忆1980年代他与鲁迅研究专家林辰先生的交往时，曾披露：

　　　　有一次同林先生聊天，涉及到龙榆生（沐勋），我以为此君对词学造诣甚深，他的《唐宋名家词选》就很不错。林先生却强调他大节有亏，在汪精卫伪政权所在的南京主编《同声月刊》。在他编选的《近三百年名家词选》中，竟将陈曾寿的词选入。陈曾寿这个前清遗老，清亡之后曾参与张勋复辟；
伪满洲国成立，他又跑去参加了一些活动。这样一个人，龙
榆生不但选录他的词，把他算做"名家"，还在"小传"中夸
他，说他"性高洁"。我还记得那天林先生谈起这事时义愤填
膺的神情。事后我翻看我的那一本《近三百年名家词选》，其
中已经不见陈曾寿的痕迹。原来是林先生在报纸上发表书评
之后，龙榆生即将其抽去了。林先生这种嫉恶如仇的态度给
我留下了很深的印象。（《回忆林辰先生》，载《朱正》，古吴
轩出版社2004年8月版）

《林辰文集》第三卷收有《龙榆生笔下的陈曾寿》一文，末署
出处为"原载一九五八年三月二十五日《光明日报》"。复核原报，
知稍有舛误，此文实载于1958年3月23日《光明日报》第5版的
"文学遗产"副刊上，当时署了笔名"芝子"。

这篇文章的批评对象是上海古典文学出版社1956年9月初版
《近三百年名家词选》，说编选者龙榆生虽然把陈曾寿也放到"名
家"之中，"但除了一般遗老遗少和少数喜欢翻翻旧书的人"，其
实陈的名字鲜有人知。文章引用了《丁巳复辟记》与《同声月刊》
上的材料，来说明陈曾寿在辛亥后"积极参加一小撮清室遗老和
封建军阀官僚的复辟活动"，并评价龙给陈曾寿写的"小传"说：
"所谓'转徙津沪'者，奔走复辟也；所谓'转徙辽左'者，投敌
附逆也。揭穿了，原来不过如此！"此文还批评龙榆生在清末民
初"真正的名家"中，只选了朱孝臧词三十三首，郑文焯二十一
首，王鹏运十七首，况周颐十一首，而选陈曾寿词竟达二十首之
多，且不仅选得多，小传还"替他掩饰"，说他"生平志事，百不

芝子（林辰）《龙榆生笔下的陈曾寿》，见《光明日报》1958年3月23日

一酬"。文章于此愤慨地写道："假使陈曾寿的'生平志事'而果得'酬'，那中国人民在解放以前所经受的苦痛灾难，还将深重到何等程度！在这里，龙榆生连最起码的作为一个中国人的立场也丧失了！"

此文最后把"小传"归为"具有反动毒素的文章"，还捎带着指出钱仲联《韩昌黎诗系年集释》里竟将"抗战初期著名汉奸"黄濬的《花随人圣盦摭忆》也列入"采辑诸家姓氏"里了。对此类现象作者呼吁："我以为，古典文学研究者和有关出版社编辑部应该注意这个情况。"

林辰的这篇文章真是语带风雷。虽然他主要是从政治角度而非文学批评角度来谈的，也不无偏颇处，但着实击中了龙榆生的

要害。实际上其他读者对这本书也有类似的观感，如吴世昌读该
书时在卷端所作的批注（后人辑为《读〈近三百年名家词选〉》，
今收入《吴世昌全集》第五卷），就花了大量笔墨来批评陈曾寿
词句的不通，甚至对陈曾寿将一首《蝶恋花》的题目取作"闻露"
大加嘲笑说："千古未闻露可闻，知君定有神经病。"关于龙榆生选
的二十首陈曾寿词，吴世昌认为"只《八声甘州》'镇残山'一首
像样，无大疵"，估计他也觉得龙榆生选得太多了。吴世昌甚至也
发了这样的议论："《近三百年名家词选》陈曾寿小传谓其'中经丧
乱，转徙津、沪、辽左间，生平志事，百不一酬'，'性高洁'云
云，按奔走伪满、平、津，献媚寇贼，竟曰'高洁'，使其'平生
志业'得'酬'，将为卖国巨奸，编者岂望其'得酬'乎?"（《读〈近
三百年名家词选〉》第一〇七则）与林辰文章简直如出一辙。卷端
的批语，倒也不是完全不存在据他人文章抄入的可能性，但至少
可以说吴世昌跟林辰的看法是相同的，而这类看法是有代表性的。

今天我们看待这类问题可能会宽松公允一些，但也可能是"找
补"得更多一些。陈曾寿保守的"遗民心态"自然不容忽视，而
《旧月簃词》的艺术成就却也不会被埋没了，所以关于陈曾寿的词，
读者总是会注意他那些评好的话，如叶恭绰言"仁先（陈曾寿）
四十为词，门庑甚大，写情寓感，骨采骞腾，并世殆罕俦匹，所
谓文外独绝也"（《广箧中词》卷三），龙榆生云："彊邨先生晚岁居
沪，于并世词流中最为推挹者，厥惟述叔（陈洵）、仁先两先生"
（《陈海绡先生之词学》）这一类。而回头听听不同的声音，或许
才会启人深思：龙榆生如此推重陈曾寿，是否会有龙的个人偏好、
他们二人友谊的羁绊，或是有龙榆生因师长前辈推重而移爱的原
因夹杂其中呢?

　　还需要引起注意的是，林辰的这篇文章是在 1958 年 3 月刊出的，这恰是"反右"期间。这就使我们不得不对龙榆生彼时的政治处境再多一些关注。

　　虽然龙榆生被正式划为"右派"要到这一年的年中，但早在 1957 年"反右"运动初起之时，他的日子便已不大好过了。起因是他在某些会议上的表现触怒了"大人物"柯庆施。张晖先生的《龙榆生先生年谱》（学林出版社 2001 年 5 月版）中收有 1979 年的《关于龙榆生同志错划为右派的改正报告》，报告回顾说："龙定右派，系柯庆施同志点名所致。柯点名后，我院才搜集材料。"而经查核，"龙在政协会上的表现，是柯庆施同志点名的根据"，具体表现则是"在政协会上，凡听到攻击党的谬论时就鼓掌赞同，会后与发言者握手言欢，反之则摇头晃脑地表示不以为然"。龙榆生之女龙顺宜也曾大略记述过此事，说是 1957 年 4 月下旬她南归探亲时，见到作为市政协代表的父亲经常出去开会，而她返京后再不久却接到父亲的来信，即谈到被柯庆施市长在大会上点名的事（见《"好教我留住芳华"——怀念我的父亲龙沐勋》，收入《忍寒庐学记：龙榆生的生平与学术》）。钱伯城类似的回忆则将会议具体锁定为 1957 年 5 月间的上海市委宣传工作会议，还有更生动的细节，说龙榆生"虽未在大会发言，但坐会场前排，对大会发言较激烈者每作赞赏表情"，为主席台上的柯庆施注目，后来柯即据此指斥："有一个人，我在台上盯着，看他高兴到什么时候！"（见《郑振铎 1957 年日记纪事》，收入《问思集》）可以想见，在 1957 年 6 月 8 日中共中央发出组织力量反击右派分子进攻的党内指示之后，风向骤变，龙榆生的处境便急转直下了。

　　尽管不好过，但龙榆生毕竟有一段时间还没有被正式划作右派，稍阅《忍寒诗词歌词集》(复旦大学出版社2012年12月版)的1957至1958年部分，可略见他此时战战兢兢、如履薄冰的心情。有代表性的一首词，是1957年年末的一阕《摸鱼儿》，小序中写道"丁酉岁阑灯下忽忆前岁陈仲弘元帅招谈京邸，促膝谈心，公有'君果命途多舛'之语，阁笔凄然，赋呈此句"，其中吟有"拼将结习消除尽，争奈乱愁难遣"。而1958年3月5日所作的《戊戌元宵后一日寄钱默存教授北京》的七绝，更咏出"岂缘多病故人疏，窗外春光昼不如"的话来，足见情绪的低落。

这之后的1958年3月23日，林辰的文章才刊登在《光明日报》。此时龙榆生正在病中。张晖《龙榆生先生年谱》载有当年3月12日谢无量致龙榆生函云："榆生先生：两荷惠笺，具闻近状。宿疴当不至剧。重开讲座，嘉惠艺林。窃在下风，以俟盛容。"信中未写明其所问之"宿疴"为何，而从龙榆生当年所作的《春晚杂诗》第二首可以稍窥：

> 自从省愆来，门真可罗雀。寂寞良自甘，闻声总欢跃。夕夕喧锣鼓，朝朝噪喜鹊。淳风顿改观，顾我宁无觉。卧疴倏六旬，心病愧难药。知新要勤求，温故亦堪乐。澄虑观物化，莫为浮荣缚。

按1958年的立夏为5月6日，《春晚杂诗》的写作不会晚于该日，而"卧疴倏六旬"自应上推两月("六旬")，可见发病至晚亦在3月初，病甚剧而需卧床。"心病愧难药"，则可能犯的是心脏病(龙在南京狱中曾发心脏病，后也因突发心肌梗死而病逝)，却似乎有双关含义。

从全诗来看，"自从省愆来，门真可罗雀"谈的应是"反右"开展以来龙榆生自己的境况，之后"寂寞良自甘，闻声总欢跃"等数句，则是虽处逆境仍要企求继续进步的自勉。而"心病愧难药"后面接着的既是"知新要勤求，温故亦堪乐"，可见"心病"并非完全是肉体上的"宿疴"，也指近来心理上常有的负担。全诗落在"澄虑观物化，莫为浮荣缚"之上，似有作者对"反右"前自己曾得陈毅赏识、毛泽东接见，"反右"中"得意"而得咎的回顾与反思。

关于龙榆生正式被划为"右派"的情况，张晖《龙榆生先生年谱》阐述说："（1958年）五月，先生被打成右派，……降为五级教授，丧失原有社会地位，朋辈往还遂稀。旋卧疴六旬，赋《春晚杂诗》五首。"仿佛以为当年5月龙榆生被打成"右派"后才"朋辈往还遂稀"，又生病两月（"六旬"），方作《春晚杂诗》，经上文阐述，可知其说略有不确。而且张晖也没有注意到林辰的文章，倒是注意到1958年5月24日《光明日报》上署名辛金的小文章《无原则地崇拜古人》"点名批评"了龙榆生所校的《淮海居士长短句》。其实找来一看，比起林辰的文章来，辛金的文章可客气太多了。

现在我还没有发现在林辰的文章刊出后，关于龙榆生第一时间直接反应的记载。或许这是因为当时龙榆生的处境糟糕，又没有机会修改编著（"反右"后，龙榆生的名字甚至一度不能出现在他人的论著中了。夏承焘《天风阁学词日记》1960年4月30日记载："得中华书局上海函，唐宋词人年谱已付排，启功、顾学颉、龙榆生名字皆已删去云。"），又或许是因为龙榆生大小厄运接连不断，"习以为常"而麻木了，都是有可能的。

龙榆生当了三年多的"右派"，直到1961年9月29日才得脱

帽，"处境稍胜于前"（张晖语）。而再过一年，《唐宋名家词选》与
《近三百年名家词选》才能得到机会再版。经我比勘《近三百年名
家词选》古典文学社1956年初版和中华上编所1962年新1版，发
现龙榆生当时不是光删去了陈曾寿的二十首词，还在内容上做了
一些修订。比如初版中屈大均的生卒年未详，再版时即将生卒年
补入；又如王渔洋的名字初版时多写作"王士正"，小传中却又写
作"王士祯（一作士正）"，再版时即努力统一为"王士祯"（偶有
失察漏改者），小传更明确改作"王士祯（避雍正讳改士正）"；初
版时的词评中，偶有出现"龙沐勋"者，再版时也改为"龙榆生"。
另外，书的后记也有重要改动。因为删掉了陈曾寿的词作，再版
后记中就把初版时的"王、朱、况、陈之辈"（陈指陈曾寿）改作
了"王、朱、况、郑之辈"（郑指郑文焯）。龙榆生还补写了一段
"重校附记"缀在原后记之后，可视作对曾批评他选本的人的回应：

　　心缘物感，情随事迁，风气转移，胥关世运。然而因革
损益之故，固自有其消息可参也。喜见河清，境皆新辟。旧
时选本，已多不适于来者之要求。颇思更就唐宋以来，迄于
近代，别选长短句歌词二三百首，略加铨释，藉供借镜。而
有怀未就，渐疚滋深。闲尝得句云："要将填海移山志，迸作
锵金戛玉声。"倘为读吾两种旧选者所共鞭策乎？　　一
九六二年七月十日，重校附记。

此外后记中还有一个疑点需表出。在古典文学社1956年版后
记中，龙榆生曾谈到："论近三百年词者，固当以意格为主，不得
以其不复能被管弦而有所轩轾也。物穷则变，来者难诬，因革损

益，期诸后起。继此有作，其或别创新声，以鸣此旷古未有之变局乎?"1962年中华上编版后记中这段文字与初版完全相同。但到了1979年10月，上海古籍出版社据中华上编版重印该书时，虽然在版权页明确标注了"因作者已于一九六六年故世，这次再版未作改动"，其实不仅改正了1962年版的一些误字，更把后记中这个"变局"改排成了"变迁"。不知这个改动出自谁手，又是否符合龙榆生的原意?

2014年新版的《近三百年名家词选》。恢复了被删去的词人词作，是否就"还本书的原有面貌"了呢?就我上面约略提到的版本变迁情况，取2014年新版对看，可见新版后记中的"王、朱、况、郑之辈"还是"王、朱、况、郑之辈"，"变迁"还是"变迁"，均没有改回初版的模样，而且大概是为了要"还本书的原有面貌"吧，新版又把龙的"重校附记"给删掉了。当然了，这里并不是要说一切都追溯到初版就是最好的。不过既然号称要"还本书的原有面貌"，那么有过修订删芟而非复"原有面貌"的地方似乎该有个交代才是。

（原载《南方都市报》2015年1月18日）

【补记】

本文发表两年后，龙榆生作品进入公版。已有好几家出版机构出版了恢复原有面貌的《近三百年名家词选》。

（2024年2月17日）

掌故家张次溪晚年侧影

掌故家东莞张次溪（号江裁）先生（1909–1968）久居京中，遂以北京史地、民俗、市井和戏剧研究名世。他眼界广，笔头勤，擅长搜罗，不避细琐，著述、编纂成果甚夥——读过白石老人晚年自述的人，或许会对这位笔录者的名字留下一点儿印象；而治京剧史者，则定会感念他编纂的《清代燕都梨园史料》内容之丰赡；至于地方史地、民俗研究者及爱好者，也必然受益于他整理付梓各类丛书时所下的"水磨工夫"良多。遗憾的是，在为文化事业留下卓著贡献的同时，张次溪自己的生平事迹却湮没难彰，这或许与沦陷时期他的那段幽暗经历有关。平日闲览时，我曾随手记下有关张次溪后半生活动的材料，这里谨呈现一些片段，试为这位晚年寂寞的掌故家留下侧影。

"雄心皆消除"

张次溪善于交游，与各领域的学者和社会人士都有接触，因而在从事写作、编纂和研究工作时，常能得到友人的不吝相助。

张次溪（1909-1968）

在他的朋友中，近年来偶然被提起的一位，是天津的雨花石收藏家王猩酋。王猩酋（1876-1948）名文桂，直隶武清（今天津武清）人。其人能诗文，久住津西王庆坨，居家设塾教学，而竟以收藏雨花石知名。王猩酋逝世后，张次溪曾撰写《与王猩酋先生石交记》（收入胡庚辰辑、王猩酋著《雨花石子记》，中国文联出版社2005年12月版）追念二人的忘年友谊，这篇文章谈到了一点抗战前后的情况，对了解那时的张次溪有些用处。

张次溪在文中说，七七事变之前，他在友人容庚所编的燕京大学考古学社《考古》社刊上看到王猩酋的文章《猩酋野况》，觉得写得不错，留下了初步印象（按此文载于该刊第4期，燕京大学考古学社1936年6月出版）。七七事变爆发后，岳父徐蔚如病逝于天津（张次溪娶其次女徐肇琼），张次溪前去奔丧，即在天津小住，其时行囊中只有《考古》社刊，常取《猩酋野况》消遣，遂与王猩酋通起信来，就此订交。

王庆坨离天津本来不远，但是战事已起，往来不便，二人未能会面。张次溪接着写道："翌年秋，余返平，已而游蚌埠，南至金陵，先生寓书谓：'无他求，请为觅雨花石子。'"王猩酋并以所撰《雨花石子记》见示，使张次溪得以按图索骥，于是"自是三年"间，他时常赴秦淮河畔为王猩酋寻觅石子，真是闲情不浅。将这段记载证以王猩酋《雨花石子记》自序所言"己卯庚辰，东莞张次溪客金陵，余倩其觅秦淮"，再证以"中国史迹风土丛书"本《雨花石子记》张次溪所作后记中所述的"民国二十八年之春，余承安徽教育厅之命，视学皖南，道经金陵，小住十日"，可知1939年（己卯）、1940年（庚辰）时张次溪已在南京，而南下的缘由也显豁了。

之后的事情，时过境迁的张次溪没有再提及。曾任汪伪政权行政督察专员、伪淮海省教育厅长这样的重要经历似乎从未存在，叙事一下子就跳到了1946年："三十五年春，余北归，过津小住，先生虑余在津寂寞，为介盛云涛、刘子恒来访。盛、刘，先生弟子，又皆忠谨人也。"通过这两位弟子的帮助，张次溪终于见到了一直未能谋面的王猩酋，相与述说倾慕之情，又聊了许多。张次溪记述这次畅谈有云：

> 余叠经忧患，而壮志不磨，尝欲以一身任天下之重，先生为叹息久之，因曰："世乱如斯，非一二人所能为力也。"余盛气自豪，不以先生之语为然，先生则曰："徒自苦耳。"往复辩难，至中夜不已。

闲情不浅的张次溪竟有"欲以一身任天下之重"的抱负，这点甚少为人提及。另一位友人赵羡渔（名铭箴）1934年作《双肇楼丛书题词三十二首》时曾甚称赞青年张次溪的任侠之气，有"江湖明月闪晴空，侠气飞腾剑吐虹"（小注云"君喜任侠，尝慨然有少陵广厦之志，虽自恨力绌，而所惠已多"）、"风高龙马焕精神，慷爽瀛寰有几人"（小注云"君精力过人，尤谙世故"）、"风雨长天撑住好，满身侠骨凤城西"（小注云"君侠骨天成，草木衔感"）之类的句子。随着时间的流逝和能力的增长，"少陵广厦"式的少年壮志是很可能演变为"欲以一身任天下之重"的政治抱负的。遗憾的是，对张次溪来说，或许正是家国抱负成了他在政治上不幸走入歧途的诱因。

这是张次溪与王猩酋所见的唯一一面。可这时的他显然还不觉得自己曾碰破额头，依然"壮志不灭""盛气自豪"。这年冬天，张次溪的父亲张伯桢（号篁溪）故去，王猩酋曾来信慰问，"又以诸葛武侯遭祁山之变，悔不当初为诫，譬喻万千"。次年冬天张次溪仍在北平，王猩酋还曾派两个孙儿前来，请他为代谋生计。

张次溪抄录王猩酋在世最后一年的来信最多，悲悼之情溢于言表。从来信中，看得出王猩酋了解自己病况渐沉，但早看破生死，往往回过头来安慰张次溪，有时甚至举佛譬喻，似有棒喝意味。去世前两个多月，王猩酋曾来一信为张次溪剖析其时境况，最值得玩味。张次溪如是追述这封信：

> 四月二十四日，先生又与余一书，谓："张垣五月披裘，与蒙古为邻，兄雄心皆消除，我早已知世界如此，我前屡说败兴话，兄当不悦，今何如乎。佛有一切皆空，确是实理，我辈无可奈何，可以自解，倒是消遣法。"盖先生以余一向抱负至宏，不克实现，必有无穷烦恼，用是相慰也。

王猩酋即逝世于1948年旧历七月初三，张次溪文章的落款，则署"中华民国三十七年十一月十四夕，张仲锐挥泪书于张垣之东坡寄庐"（按张次溪原名涵锐，又名仲锐）。看得出，1948年初张次溪已离开北平，前往张垣（今张家口），终于"雄心皆消除"。当年闲情未能减壮志的他，抗战胜利后仍然"盛气自豪"，如今却终于消磨了雄心，想来定是遭遇了大变故。这回究竟跌了什么跟头，因为史料阙如，我们暂时不能了解，但此中有为王猩酋不幸料中之事则可肯定。张次溪沉痛地追述着亡友的苦口良言，显然这时他才触动颇深。

"东坡寄庐"，难道是取"江海寄馀生"之意？"雄心皆消除"，这只是个开头而已。

"以免人家以为你有择肥而噬的资产阶级思想"

容庚（字希白）与张次溪既是同乡，亦属老友。拍场、市肆中历年所见的他写给张次溪的信札数量不少。《容庚杂著集》（曾宪通编，中西书局2014年10月版）中也收入了容庚写给张次溪的两通信札，体现了他对张次溪的关心，也可一窥张在新中国成立初期的一些情况。今即以这两封信为例，稍做解说。先录下全文：

一

次溪兄：

收条及信收到。上星期我写信给杜老，关于你的事情今日下午在科学馆开会，他告诉我说他到从化休养了一个月，现在"三反"，你的事不便进行，迟早总有办法。你可放心，他当面也曾答应过你的。专此奉闻。并颂

俪安

希 六月十七晚

此信不要保留。

我近来很忙，作文事慢一步再谈。

二

次溪兄：

五月八日及六月七日来函今日始到，不知何故延阁至此。弟于四月十日参加广东文教技术参观团，往杭州、上海、南京、徐州、郑州、武汉六大城市参观，至五月十二日归来。月中曾寄上一函，六月初曾寄杜老一函，催问关于兄事如何解决。六月九日科学馆开会，杜老当面答复我说，他自北京归来即往从化休假一个月，现在"三反"时期，兄事尚需少缓，嘱我通知你。他对兄事是关心的，但有时急也急不来。即日我就发出航空信给你，不知何以又付之浮沉。中共既然托你作编辑工作，虽是一年，你又何妨声明，如有长期工作，你是改就长期的。或者先就短期的，如这边事情成功，推迟一年就业也未尝不可以，以免人家以为你有择肥而噬的资产阶级思想。中共编译局的事未［本］来是可以就的，如干得好，未尝不可以继续下去。同是国家的事情，彼此原无分别，杜老也不会怪你。你的托词总不会得体的，庚事更不会有。但你也处理不好，少亲近一些，酌量帮忙，何至谢绝，这样伤感情，令人不满。就是编译局也大可以批评你，你究竟想作的是什么。就是此间能用你，也要向师大人事处要资料，说不定资料袋里有多少不对的地方。推却编译局总是一个失着。我以为你应当到编译局表示愿就这个工作，作好就断不会作完不要你。杜老也断不会怪你。凡事要从整个国家着想，不要只顾私人的感情。此颂

俪安

弟　容庚上　六月廿七日

容庚谆谆相劝张次溪："以免人家以为你有择肥而噬的资产阶级思想"

宝古寄来三次画，都买了一些，有一次很满意。见到李孟冬请他仔细选择，然后寄来。

《容庚杂著集》编者将这长短两札的标题写作《致次溪书》，仿佛不知次溪姓张，又将长札置于短札之前。而细看两札内容，所写实为一事，虽然稍有日期误记（据短札来看"杜老当面答复"当是6月17日事，而十日后写去的长札却已误记为6月9日），但长札中提到的"不知何以又付之浮沉"的航空信应该就是指短札了。

今为便解说，移置如上，并根据《容庚法书集》（广东省人民政府文史研究馆、广东省东莞市人民政府编，中华书局2007年8月版）中的两札影本校改了一处误字。

两札都提到"现在'三反'"。"三反"运动从1951年年底持续到1952年下半年，则这两封信应写于1952年的6月。信中提到的"杜老"，当指杜国庠，他长期在广东文教界担任重要职务，时任广东省文教厅厅长。

张次溪的来信今尚未得见，但从容庚的回信中，还是能稍稍揣想出事情的情况。从"如这边事情成功""就是此间能用你"的话倒推，显然张次溪当时正请容庚、杜国庠帮他在广东谋职，而当时摆在他面前的选择显然不止这一个，另一个选择就是"中共"所托的"编辑工作"了（也即"中共编译局的事"）。张次溪请广东友人谋职在先，编译局找他做事在后，而他倾向回广东工作，或许正嫌"中共编译局"派给的只是短期工作，遂找托词婉拒了。找的托词，大概也就是担心杜国庠、容庚怪罪的话。

有关资料曾提及，1957年后张次溪在家养病期间，曾为马恩列斯编译局编辑《李大钊传》做了许多工作（《著作等身的史学家张次溪》，收入张磊编著《东莞奇人录》，香港中华文化出版社1994年8月版）。而容庚对于一些专有名词是弄不清楚的（最出名的一件事是他分不清共产党的"党委宣传部"和国民党的"党部"有什么区别），他笔下的"中共编译局"可能即指当时的中共中央俄文编译局（也即中共中央马恩列斯著作编译局的前身）。因为此前一年的8月，宣文书店刚刚出版了张次溪的新著《李大钊先生传（初稿本）》，或许编译局正以此为契机，请他进一步做李大钊史料的搜集工作。另外，张次溪后来还曾参加中国近代史资料丛刊《辛亥革命》（全八册，上海人民出版社1957年7月版）的编辑工作，而此书叙言说："我们接受中国史学会的委托，编辑辛亥革命的资料，开始在一九五一年。"大致也是同一时段。"中共编译局"会不会只是泛指中共旗下的编辑机构，也很难说。证据不足，均录此备考。

　　显然这时的张次溪在各种去向之间仍举棋不定。他是成名已久的学者，这时却只能在大学历史系做资料员，希望有份长期稳定的研究工作是情理之中的。他以旧文人身份作"新书"，曾招致许多人的批评（《光明日报》1951年10月22日曾发表扬子的文章《一本歪曲革命先烈的坏书——略评〈李大钊先生传〉》，1951年12月出版的《新建设》第5卷第3期上曾发表隋树森的文章《评〈李大钊先生传〉》，均对他的新著提出强烈批评），离开北京或许也可以远离纷扰。只是"雄心已消除"，积习却尚在，在处理各方面的关系时，他大概旧文人习气依然，有时或许一口回绝别人，"伤感情"而又"令人不满"。总而言之，这位还不懂得"夹着尾巴做人"的旧知识分子，还没能完全适应新社会的运作方式。容庚批评张次溪的话也真是严厉，虽说张次溪未必有"择肥而噬"的思想，但从后来的历史发展来看，若他真做了"伤感情"的事情，倒也真有可能装进北师大人事处的"资料袋"里。老友的批评防患于未然，亦是语重心长。

　　现在我们知道，张次溪终于没有回广东工作。他在北京师范大学历史系资料室又工作了几年，至1957年脑溢血后方回家休养。《顾颉刚日记》1959年7月12日曾记："又闻希白言，张次溪为白寿彝所裁，生活大成问题。"白寿彝时任北师大历史系主任，可见张次溪在那时或许是因病被解雇了。

但后来容庚和杜国庠还一直关心着张次溪的处境。有关资料又曾记载，1959年后，容庚曾向王冶秋推荐张次溪为广东省博物馆、北京市文管处撰写广东和北京地方史多种（《著作等身的史学家张次溪》）。还有报道称，杜国庠后来在中国科学院广州分院任职时，仍想设法把张次溪调回广东工作，可惜碍于张次溪曾任伪职的历史问题而未成，但杜国庠委派部属每月给张次溪邮寄二百多元的生活费以补贴家用，至1961年杜国庠病逝后，这笔生活费也就停发了（见《偏爱街巷觅新句，却向人间留佳辞》，载《南方都市报》2008年5月28日）。

张次溪与鲁迅《嵇康集考》手稿

我曾听藏书家赵国忠先生谈到一桩关于张次溪的轶事："听一位与张次溪多有交往的中国书店老店员讲，张次溪手上保留着鲁迅手稿，北京师范大学动员其捐献，他不肯，提出需付费，且要价不低，故在学校颇受排挤，郁郁不得志。记得琉璃厂遗产书店开张的时候，有一个柜子摆满了张次溪的收藏，只供展览不外售。那些鲁迅手稿是否归了那儿，也未可知。"这段轶事很是有趣，不禁激发了我的"考据癖"，结果很快就查清楚了，还真有一件鲁迅手稿与张次溪有关，而事情的经过不难厘清。

《历史研究》1954年第2期（1954年5月出版）曾发表鲁迅的手稿《嵇康集考》，后面还附上了一篇文章，对手稿的发现经过和内容做简要介绍。文章不长，引录如下：

关于鲁迅先生手稿《嵇康集考》

最近中央革命博物馆筹备处购得了鲁迅先生手稿《嵇康集考》。此稿在《鲁迅全集》中未刊载，《全集补遗》亦未著录。稿为洋纸横书，纸边有"泱泱社"字样，系一九二六年十一月十四日写成；经请许广平先生及其他友人审视，认为确系鲁迅先生手书，推测当系在厦门大学任教时所写。

许寿裳先生的《亡友鲁迅印象记》中说到鲁迅先生自"民二以后，我常见鲁迅伏案校书，单是一部《嵇康集》不知校过多少遍，参照诸本，不厌精详，所以或为校勘最善之书。……并作《逸文考》《著录考》各一卷附于末尾，便可窥见他的工夫的邃密"。这篇《嵇康集考》，写于《逸文考》《著录考》之后，此稿前一节"考卷数及名称"与《著录考》大同小异，互有详略；其第二节"考目录及阙失"，第三节"考逸文然否"则为《著录考》所无。不知鲁迅先生是否为《嵇康集》而写，还是为其他杂志而写，只好留待考证了。

这稿子约在去年秋季在北京发现。当时一位朋友告诉我，后门书摊某人说，在拍卖的一批书中，夹有稿子，看来像是鲁迅先生的手迹，后为别人"拍"去。我当时托他追询。过些时他来说，此稿为琉璃厂一位书商购得。后来辗转几次才到了革命博物馆筹备处。

兹商得革命博物馆筹备处同意，在《历史研究》上发表鲁迅先生的这篇可贵的遗著。

　　　　　　　　　　汪　和　　一九五四年三月

后来很快有人对上文所述作了补正，指出泱泱社系厦门大学学生所组织的文艺研究团体，鲁迅此文是为《厦大国学季刊》所写等等（见陈梦韶《关于鲁迅遗著〈嵇康集考〉》，载《历史研究》1955年第3期，1955年6月出版）。但关于手稿的具体发现经过，要等到三十多年之后，《鲁迅研究动态》1989年第4期发表徐文玉的文章《〈嵇康集考〉发现记》，才被详细地披露。

徐文玉当年是位书贩子，他的书摊小有名气。曾有人回忆道："北城地安门大街义溜胡同口外有徐文玉书摊。徐为北京人，极精明，公私合营后并入西单商场。"（石继昌《北京书摊话旧》，载《燕都》1987年第4期）徐文玉自己则说："我家住什刹海后门桥附近，解放前和解放初期从事个体旧书收售业，经常到各处市场浏览和收购有关书籍，与琉璃厂的书商常有业务往来。"

徐文玉言，1953年秋天，他与同行四人从德胜门晓市一个"打小鼓儿的"（当年打着小鼓走街串巷收购物资废品的小贩）手里买下了两筐书，翻检中发现旧书里夹着一叠署名鲁迅的《嵇康集考》毛笔手写稿，当时以为是抄件，没有在意，即将全部书籍和手稿"拍给"（一本不剩地全部卖给）琉璃厂松筠阁书商刘广震（按当作刘广振）。后来他看到刊刻的鲁迅手迹，觉得字迹与卖出的手写稿相仿，才想到可能会是真迹，后悔不迭。恰好民俗学家常惠（字维钧）此时来访，他便将这事相告。常惠听了很重视，马上报告了王冶秋，王冶秋要求他追询此事。

常惠先是找到了刘书商，得知他已以一元人民币的价格将该手稿转卖给了张次溪。关于接下来与张次溪的交涉，徐文玉写道：

　　常惠找到了张次溪。张已经将四页《嵇康集考》手稿用宣纸托过，显得平整厚实，并声称是他的家藏。常惠很仔细严谨，为了核对是否原物，还邀了我和同行验看辨认。我们一致证明是原件，并非张家的家藏，只是张从刘处购得后在手稿后托了一层宣纸而已。经我们认证无误之后，常惠又和张次溪洽谈价格，最后征得王冶秋同意，由中央革命博物馆筹备处以200元人民币从张次溪处购得……

至此《嵇康集考》手稿终于归了公家收藏。徐文玉还说，写介绍文章的"汪和"就是王冶秋本人，而"辗转几次"指的就是与张次溪反复洽谈高价购得手稿了。当时使用的还是第一套人民币，则这里的一元和二百元可能是一万元和二百万元的误记。在徐文玉的笔下，张次溪低买高售，又声称是自己的家藏，形象实在有点不那么正面。文章里没有记载北京师范大学在这件事上做出了什么反应，但张次溪的行为迹近"投机倒把"，当然是会得罪人的。关于手稿收归公藏的经过，已证明传说并非空穴来风。

徐文玉后来还曾向"打小鼓儿的"询问两筐旧书的来历，那人回答说，是从八道湾周作人家买来的。因此他就有点儿疑惑：这份手稿明明写于周氏兄弟失和之后，是怎么辗转到周作人手里的呢？

关于这个问题，我试检《周作人年谱》（张菊香、张铁荣编著，天津人民出版社2000年4月版），发现1953年8月13日曾记："张次溪来访，带来鲁迅的《〈嵇康集〉考》手稿及原文。"止庵先生近又见示这一天的周作人日记原文，实作："次溪来访，出《嵇康集考》原稿见示，系鲁迅手稿，原文亦未前见。"可见张次溪购得手稿后曾找周作人鉴定，而周作人"亦未前见"，那么手稿应该不是八道湾流出来的了。

话说回来，当时的卖家把文物转让给国家，多数是亏本卖出，实属不得已而为之。而张次溪竟然"虎口夺食"，赚了公家的钱，堪称特例，厉害厉害。另外，徐文玉是人称"极精明"的书贩，刘广振乃是琉璃厂经眼无数的"杂志大王"（赵国忠先生从中国书店听到的传说，或许最早还是从他老人家那里传出来的呢），张次溪竟然能从他们两人手下捡到"漏"，也真令人佩服。

仍热心于整理北京历史风物资料

北京的方方面面都是张次溪的研究范围。他早年就热心于北京历史风物资料的搜罗和整理，所编纂的《北平史迹丛书》《京津风土丛书》《燕都风土丛书》《中国史迹风土丛书》等专书的丰富和广博，实为同时代者所难及。由于时局和境况的变化，过去的编纂计划有的再也无法继续实现，但新的编纂计划却又在酝酿之中。

新中国成立之初，仅关于北京的历史风物资料方面，张次溪就至少编辑了三个目录发表：《辛亥以来纪述北京历史风物书录》（文前小引署1954年8月1日，收入张静庐辑著《中国现代出版史料乙编》，中华书局1955年5月版）、《纪述北京历史风物书录补》（文前小引署1955年12月16日，收入张静庐辑著《中国出版史料补编》，中华书局1957年5月版）、《纪述北京历史风物书录补遗》（文末署1958年10月，收入张静庐辑著《中国现代出版史料丁编》，中华书局1959年11月版）。目录的编辑往往是大规模整理史料的先声，张次溪显然仍保有继续编纂北京历史风物资料的宏愿。

过去我在王文宝的《中国民俗研究史》（黑龙江人民出版社2003年5月版）中看到这样的记述："笔者访问其子张叔文时，他

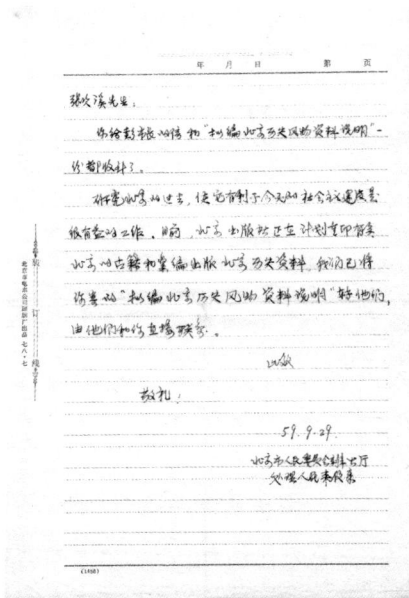

北京市人民委员会办公厅
给张次溪的回信抄件

说张次溪先生于1957年患半身不遂仍念念不忘其学术事业，曾给当时北京市长彭真写信提出编研北京方面的书。"惜乎不知具体情况。最近，我在布衣书局买到两份相关材料，才稍窥其详。这两份材料原是红学家周雷的旧藏，均为抄件，原被置于注有"《北京史丛刊》文稿补白"字样的文件袋里，但未见刊出。今原文照录如下：

张次溪先生：

你给彭市长的信和《拟编北京历史风物资料说明》一份都收到了。

研究北京的过去，使它有利于今天的社会主义建设是很有益的工作。目前，北京出版社正在计划重印有关北京的古籍和汇编出版北京历史资料，我们已将你寄的《拟编北京历史风物资料说明》转他们，由他们和你直接联系。

　　此致
敬礼！

59.9.29

北京市人民委员会办公厅
处理人民来信章

拟编北京历史风物资料说明

　　北京是祖国建都最悠久的城市，自从辽、金、元、明、清以来，已有一千多年的历史。所有先民遗留下来遗迹、风俗、艺术等等，都具有他的卓越风格，处处表现着劳动人民伟大的创造能力和他们积累的劳动成绩。从这些遗迹里面可以找到许多的珍贵资料，用来作我们建设新的事业参考。但是这些记述资料专书纪载的不多，大半都散在以往作家遗著里面。所以，在以往作家遗著中搜集资料汇为专书，是研究北京资料比较重要工作，也是修北京志的一个预备工作。

　　以往记载北京的资料专书，据我们所知道的几部较大的著述，如《帝京景物略》《春明梦馀录》《日下旧闻考》《顺天府志》《宸垣识略》《天咫偶闻》之外，都是些小本零篇，往往不为人重视，很容易散失。例如朱彝尊编《日下旧闻》时采用的书有一千三百多种，到现在我们见到他所引用的书不过十来种。假使当时能够将这些书编一个丛刊保留下来，也不致把一千多种的北京珍贵资料都湮没了。现在我们想就我们已

《拟编北京历史风物资料说明》抄件

经搜集下来的一些有关北京史料作基础编印一部专书，以供给对于北京有兴趣研究和爱好的同志作参考。

后一件原无标点，今酌加之。似还存在个别漏字，因无别本可供参照，姑一仍其旧。

这个文件袋里虽未装入张次溪致彭真信的抄件，但去信是在1959年9月29日之前不久，信中应是要做怎样的提议，这些都是很容易推想的。从《资料说明》的内文来看，关于整理这类材料的意义也跟张次溪过去的提法相当一致——如《资料说明》里关于朱彝尊的那段议论，张次溪几年前在《纪述北京历史风物书录补》小引里就说过类似的话："我们试看二百年前，朱彝尊在编著

《日下旧闻》及于敏中增补《日下旧闻考》时，搜集有关参考书不下千种，如《燕都游览志》《六街花事》《析津志》等书，到了现在，大多都已遗佚，是我们能看到的，仅仅有萧洵的《故宫遗录》、史玄的《旧京遗事》、刘侗的《帝京景物略》等寥寥可数的三五种而已。"《资料说明》无疑就是张次溪所作。三种书录已成，今又拟编资料，承继的意思也很明显。

北京市人民委员会（这是北京市人民政府在1954至1967年间的名称）办公厅的回信说得明白，他们把张次溪寄来的材料转给北京出版社，是因为该社正在计划重印有关北京的古籍和汇编出版北京历史资料。这项计划，正是后来的"北京古籍丛书"。

亲历"北京古籍丛书"初创阶段的出版界老人，无不推重邓拓的倡议和贡献。如赵洛在《漫话北京古籍》（载《北京出版史志》第二辑，北京出版社1994年3月版）一文中就说："特别应该提起，北京古籍丛书是1959年，邓拓担任中共北京市委书记主管文教工作时，嘱北京出版社标校出版的。"赵洛在文章中所引述的另一位老编辑周应鹏的话，也说："最先提出具体建议的是邓拓同志，他对王宪铨说，你们应该把历代记述北京的古籍整理重印，先搞一点调查。王宪铨回来传达后，我们感到这是一个好主意，立即行动起来。"检《北京出版社三十年历程（1956-1986）》纪念册中的《北京出版社大事记》，则将"根据邓拓同志指示，制定《关于重印北京古籍和汇编出版北京历史资料的初步计划》"并"开始出版北京古籍丛书"一事系于1959年7月。看来，在这个按部就班的计划起航之初，就遇上了张次溪酝酿已久的编辑设想，可以说是不谋而合了。

这不谋而合使张次溪的心力没有浪掷——北京出版社真的直

接联系他了。赵洛所引述的周应鹏的话正说道："当时我是史地组长，那时一个组也就四五个编辑，我和赵洛、梁正江分头去图书馆、研究部门，并拜访侯仁之等一些专家学者……我找得较多的是张次溪和谢国桢先生……"周应鹏自己在另一篇文章《"三家村"与北京出版社》（载《出版史料》丛刊〔复刊〕第二辑，开明出版社2002年6月版）里还提到，他1966年5月21日被勒令交出的有关"三家村"的一批材料中，就有"邓拓给李续纲、王宪铨介绍张次溪的信一件"（这批材料的收据后来出现在孔夫子旧书网，被我拍得）。李续纲当时是北京市人委主管文教事务的副秘书长，而王宪铨当时是北京出版社的总编辑。这信虽然早被交出，今未详所在，但邓拓给北京文化战线上的两位干部写这样的介绍信，必然是为了介绍张次溪为北京出版社的事业贡献力量，也正反映了有关方面对于张次溪的看重。

张次溪的贡献不久就反映在相关的出版物中了。1962年8月，北京出版社出版了《清代北京竹枝词（十三种）》，此书的出版说明即云："本书由路工编选，傅惜华、张次溪也提供了有关的藏书。"另据《周作人与鲍耀明通信集》（鲍耀明编，河南大学出版社2004年4月版）所附周作人日记，这年9月23日张次溪曾来访并赠以"北京竹枝词十三种"一册，亦可明此中关系。同年12月，北京出版社出版孙殿起著《琉璃厂小志》（从装帧上看，此书当时尚未列入"北京古籍丛书"；至1982年9月此书由北京古籍出版社再版时，封面设计方与该丛书其他品种统一），出版说明提及："原稿未及整理，孙先生即逝世；孙先生故后，经他的外甥雷梦水以及张次溪、陈怀谷、赵羡渔先生略加整理，分别门类，编成此书。"此书卷首使用了张次溪所藏的"一九一六年春节厂甸市集"照片，

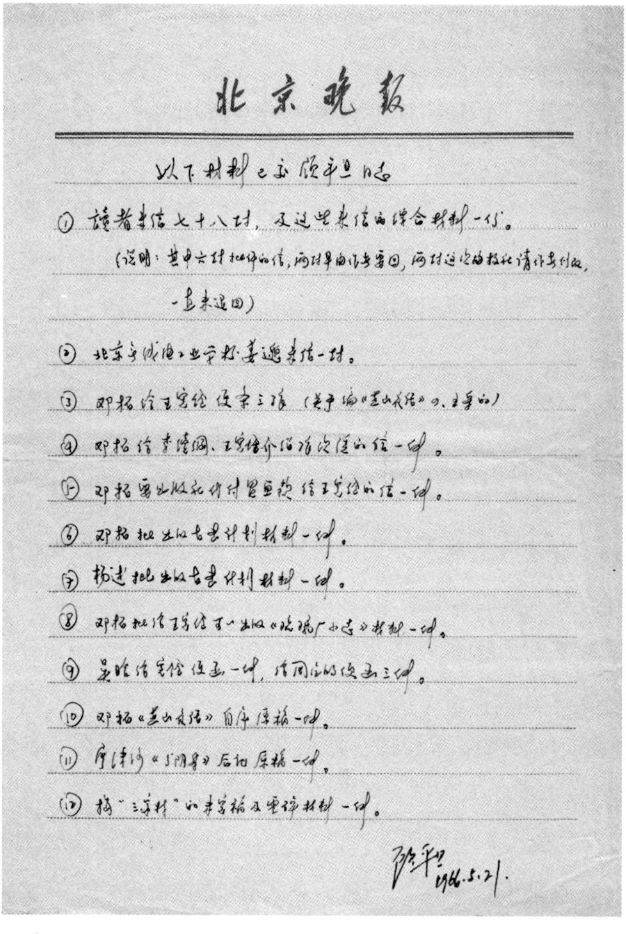

1966年5月21日周应鹏交出的一批"三家村"相关材料的收据

内文也辑用了张次溪用不同名字所写的文字多则。1963年9月，北京出版社出版《帝京景物略》时，出版前言又提到："这次根据张次溪先生藏明崇祯八年最早的刻本重印，没有删节。"还不仅仅如此，赵洛的文章直接就说此书是张次溪标校的。"文革"前编辑"北京古籍丛书"时，书上还不注意注明点校者的身份，若非赵洛记下详情，张次溪的贡献真得湮没了。

"张次老颇不理于人口"

在时人的鱼雁往还之中，也保存了一些张次溪的身影。《来燕榭书札》（大象出版社2004年1月版）中收录了黄裳历年来写给周汝昌的四十六封信，在1962年，他曾比较集中地提到张次溪。那时是有关方面筹备纪念"曹雪芹逝世二百周年"的前夕，关于曹雪芹卒年的论战正达到高潮。黄裳这时兴致高涨，在去信中常与周汝昌热烈地讨论红学话题。而庋藏红学文献丰富、又与周汝昌相熟的张次溪常被他谈起，就不足为奇了。

黄裳在1962年4月19日写给周汝昌的信中，提到纳兰手札、《棟亭夜话图》等珍贵文物，当时曾补问一句："又张次溪别有刻本《懋斋诗抄》，兄能见之否？"4月25日去信时，又云："刘群来信……又告张次溪有别本《懋斋诗抄》，为吴恩裕、周绍良围攻，隐遁他方，深夜始归。兄上次所言奇闻，或即指此乎？其实此亦无所谓，第一次发表权可以属之藏书人，然后大家再据以论之，亦无妨也。"按《懋斋诗钞》为曹雪芹的友人爱新觉罗·敦敏所撰。周汝昌在燕京大学图书馆发现的"八旗丛书"本《懋斋诗钞》钞本，当时已移藏美国哈佛大学中日图书馆（今哈佛燕京图书馆）；吴恩裕最早发现的恩华旧藏《懋斋诗钞》钞本，这时也已入藏北京图书馆（今中国国家图书馆）。未闻张次溪曾藏有《懋斋诗钞》的别本或敦敏诗作的其他版本。

但张次溪倒是因藏有敦敏之弟敦诚诗作的钞本《鹪鹩庵杂记》（吴恩裕曾将书名改称为《鹪鹩庵杂诗》，似未妥，今从周绍良、周汝昌说）而与吴恩裕、周绍良有过来往。1957年6月，他曾将《鹪鹩庵杂记》借给吴恩裕，由吴恩裕予以披露，而周绍良也曾来阅看过此书。周汝昌晚年还说，张次溪向他谈到将《鹪鹩庵杂记》付与吴恩裕发表一事时，"透露吴先生只给了六元报酬，语下不太心平气和"（《张次溪》，收入周汝昌著《北斗京华：北京生活五十年漫忆》，中华书局2007年6月版）。如此看来，"为吴恩裕、周绍良围攻"的说法，或是阅看《鹪鹩庵杂记》一事的讹传。

对于张次溪本人的议论也杂见于黄裳笔下。6月27日，黄裳在信里告诉周汝昌："近香港《大公报》陈凡兄过沪，详谈在京种种，甚快。……谈及张次老，亦有'迂'之同感，关于白石翁自述稿，即陈凡第一次在港为之发表者也。"7月3日去信又云："北京出版社之作风殊不可师，近来此种作风颇不少，而尤以整理古籍为然，次老文如能先加工一下再来，必可刊，现在再改，恐在编辑部已先有印象。此文实近于掌故，而绝无发明，仅记琐事耳。兄如有意为润色之，可寄示一观，但恐不易有如何进境耳。又闻北京来人言张次老颇不理于人口。袁督师墓曾为渠所霸占，有小地痞之称，北京出版社欺之，或因此也。不知有所闻否？"两信参照，可见后一信中所谈到的"北京来人"，或许就是刚经过北京到上海来与黄裳见面的陈凡了。从"亦有'迂'之同感"的话，可推知周汝昌的来信中恐怕也有评张次溪"迂"的话。

　　"张次老颇不理于人口"，这是从北京传来的"群众舆论"。这几件事值得具体分析一下。按，袁督师墓、庙实已于1952年移交广东省会馆财产管理委员会，后又移交崇文区文化局保管，袁督师故居及张园则于1958年由张次溪、张仲葛兄弟捐献给龙潭植物园。"小地痞""霸占"的话甚为难听，不知从何说起。关于"北京出版社欺之"，前文已提到，张次溪曾为北京出版社的《清代北京竹枝词（十三种）》《琉璃厂小志》《帝京景物略》等书做出贡献，也不知是因为其中的哪本书与北京出版社发生龃龉。"次老文如能先加工一下再来"所说的则应是另外一件事，大概是指张次溪当时投给《文汇报》的文章不合用。作为报纸编辑，黄裳是经常头疼于"投稿诸公不知报纸三昧，是以往往不合要求"（5月5日致周汝昌信中语）的。

　　张次溪为《文汇报》撰稿的种种幕后消息，也都出现在黄裳的笔端。7月22日，黄裳去信告诉周汝昌："张次老的齐白石文已在《文汇》'笔会'连载，当可少慰此老寂寞。"张次溪所写的《齐白石一生》从这年的7月15日至10月30日在《文汇报》上连载了八十期。此稿的缘起值得补叙一下——唐振常曾云："六十年代初，陈凡寄其所编两本印刷极为考究的《齐白石金石篆刻集》（按书名应为《齐白石诗文篆刻集》）及《黄宾虹画语录》来，叹其功力之深，而见《齐白石金石篆刻集》上刊有张次溪所写白石老人生平文，我问他张次溪何在？他笑说：'此人就在北京。对你们说是近在眼前。'我方请《文汇报》驻北京记者往访，这就是《笔会》长篇连载的《齐白石一生》的来历。"（《有怀陈凡》，收入《唐振常文集》第四卷，上海社会科学院出版社2013年1月版）黄裳远在上海，都看出张次溪的寂寞来了。

9月19日，黄裳又在信中向周汝昌提起："张次老书已与'笔会'主者洽谈，颇有兴趣。兄能为索来一观否？初步就大纲看，他们选了六节，即（一）特点，（二）变迁，（三）装潢，（四）书林轶闻，（五）琉璃厂散记，（六）近十年来之藏家，此为粗略之估计，可能不得当也。"从所选的这六节来看，"张次老书"似亦指孙殿起《琉璃厂小志》。但检阅当时的《文汇报》，则并未选载。

这之后，黄裳还曾谈到张次溪所写的一篇文章。10月30日黄裳去信有云："函悉，张稿即照转。"11月1日去信时，关于此文又写了一大通：

> 信悉，张次老文亦收，阅后仍觉不合时宜，目前全国报刊都在力挽"古"风，注意现实，则此文之不能出也明矣。此在报纸工作者所最深切感受之处，一般社会上恐尚不及知，此意务请代向次老说明。弟意此文似不妨试投中华书局之《文史论丛》或北京中华的《文史》。他们倒是专收这种考据文字的。弟藏有此书原刻，前序实刻"崇祯七年"，而中缺"太学石鼓"等一二处数页。此非不全，似从来即如此，曾见数本皆然。又有一"崇祯八年"序本，卷首大字序风格全同。至于说到后面一些翻刻本，倒是颇为少见的，未曾见过。
>
> 作者列名之事，亦是常情，于尚有《天下金石志》亦崇祯刻，风格与《景物略》全同。我旧有之，且有明末人朱批（孙国敉）及翁方纲绿笔批，在十年前即已卖掉了。此书更少见，只有抄本著录于藏家目录中。这一类的考订文字，极难写得好，要有见解，要不粘滞，要一清如水，要有文采。老先生很难办到的。此稿暂存我处，如何处理，候示。

很容易看出这篇"张次老文"是关于《帝京景物略》的。《文汇报》
上终究没有见到张次溪所写的这类文章刊出。今日所见张次溪有
关《帝京景物略》的文章有二，一篇是《〈帝京景物略〉的著者和
它的版本》（载《北京史论文集》第二辑，北京史研究会 1982 年 9
月版），一篇是《于奕正与〈帝京景物略〉》（载《燕都》1987 年第
2 期），均是身后刊出的遗作。但后者是以文言文写成的，且未涉
及版本问题，那么当时周汝昌转给黄裳看的应该就是前者了。又
《周作人年谱》1962 年 9 月 13 日记："张次溪来访，以所作《〈帝京
景物略〉作者考》见示。"当亦指前者。可见世风已变，以当时人
的眼光来看，"老先生"所写的文章已不再受欢迎，此文终于退稿。

"红楼休恨梦短"

1961 年 9 月，陈凡所辑的《齐白石诗文篆刻集》由香港的上海
书局出版，书中首次发表了张次溪笔录的《白石老人自述》。9 月
17 日，陈凡便在自己所编的香港《大公报》的"艺林"副刊上将
《自述》节录出一段，连同《自述》附录的张次溪文章《齐白石先
生治印记》，与陈凡自己的《齐白石诗文篆刻集辑后记》一同登载。
这是张次溪在"艺林"副刊的首次亮相。

此后，张次溪还曾几次为香港《大公报》的"艺林"和"大
公园"副刊撰稿，又有文章登载在香港的其他出版物上。他的这
些文章多是写些关于齐白石、林白水、溥伟等人的旧掌故，但也
有两篇谈及《红楼梦》的颇为有趣。

其中一篇是《香山访曹雪芹遗迹》，1963 年 6 月 16 日发表于
香港《大公报》的"艺林"副刊。张次溪也曾听到过曹雪芹死在

西山的传说，因此曾数次去西山寻找曹雪芹的坟墓，他在文中说：
"我于去年（一九六二）清明后四日，曾往香山健锐营一带，直到
万花山，访问了好几处地方，仍是毫无所得。"这次出游，他留下
了三首诗：

手携斗酒踏莓苔，难觅孤坟奠一杯。金玉随缘缘未了，
荒村昼哭有馀哀。

杏花风里踏春期，漠漠春阴叫子规。一代词人遗迹渺，
遍山新绿失曹碑。

烟岚深处去寻梅，何处吟魂曳屐回。天遣芳兰常伴汝，
歌声应许隔花来。

诗意都还好懂。最后一首诗的后两句，据张次溪自己解释，"是说
万花山有梅兰芳墓，雪芹倘果葬在香山，那就离梅墓不算太远，
两位文艺大师，一个是文场独擅千秋，一个是艺坛名垂百世，有
此点缀，真可算是西山佳话"。1962年的"清明后四日"是4月9
日，按俞平伯这年5月4日写给张次溪的信中曾说："手教及新什
均拜诵，知寻访芹溪旧迹，雅兴良不浅也。"（中国书店2016年秋
拍拍品）正在此后不久，可见张次溪抄示的"新什"正是这三首。
当时过目三首"新什"的人还不少，张文还记下了周汝昌的读后
所作：

绿遍青山点瘦筇，高怀独自问遗踪。依稀破刹金身冷，
灭没残碑玉屃空。太白有坟灵久附，中郎无后事深恫。废然
休说归途恨，更读红楼百感丛。

1963年的清明节前二日，张次溪又来到四王府附近，询问当地老人曹雪芹葬在象鼻子沟或地藏沟的传闻有没有根据。当年的乡人实在淳朴，没有沾染一丝附会编造以迎合来访者的歪风，只是告诉张次溪："这两个沟，倒是有的，都是山坳，离四王府很近，只是曹雪芹葬在哪里，现在还找不出确实的证据。"张次溪怅怅归去后，又作了两首诗：

　　桃开露井悄无言，象鼻沟西剩败垣。影入斜阳空怅望，断崖荒草没蹄痕。

　　不见倾脂水一湾，隔村遥对寿安山。花辞绮阁春还在，彩笔今传十二鬟。

张次溪解说了诗中的几个地名："四王府在象鼻子沟的西边，地藏沟则在四王府的北面……寿安山旧名退谷，现称樱桃沟，风景幽美，为香山胜境，我想雪芹生前，一定常去游览的。"可见雅意仍在，虽然有些一厢情愿。

　　张次溪还提到这一年正值雪芹逝世二百周年，有友人画《黄叶村著书图》以作纪念，他曾填了一阕《清商怨》以记其事，并将此词抄录于下。按此图为张伯驹夫人潘素为周汝昌所绘，而张次溪之词则是卷后题咏之一家。周汝昌在《黄叶山村入画图——纪念曹雪芹逝世240周年》（载《中国书画》2003年第10期）一文中曾引录张词，并刊出原迹，文字大致相同（张文中"休恨"作"休道"）而小注溢出。今据原迹录下：

　　山山风信向晚，王勃诗："况属高风晚，山山黄叶村〔飞〕。"忍冷烟凄惋。雪芹晚年居京西香山，贫不能举火。老屋村边，斜阳还缱绻。

红楼休恨梦短，算付与、雁声啼断。雪芹著《红楼梦》八十回，未成书而卒。唱遍旗亭，多情应泪泫。

题潘慧素夫人绘曹雪芹黄叶村著书图

东莞张次溪（钤白文"张次谿印"）

在"红学热"的年头，张次溪虽然身体不好，但仍积极寻访雪芹故迹、参与友朋题咏，真是"雅兴良不浅"了。文章的结尾张次溪感叹："二百年来，《红楼梦》一书，虽是深入社会各个阶层，得到广大读者的爱好，但曹雪芹本人，非但生前到了晚年，穷愁潦倒，落魄而死，而且死后连个坟墓都湮没难考，这真是不幸之极了。"则是雪芹不暇自哀而次溪哀之了。

另一篇《记齐白石谈曹雪芹和〈红楼梦〉》，则收入《散论红楼梦》（吴世昌等著，建文书局1963年10月版）一书之中。《散论红楼梦》这本书非常奇特，吴世昌曾很不满地说："香港建文书局用我的姓名出版《散论红楼梦》一书，其中多收入别人的文章。"的确，此书所收文章的作者有不少是大陆名家，除张次溪和吴世昌外，还有杨绛、吴恩裕、周绍良、陈迩冬等人，他们写的这些文章也大多没有在大陆发表过。

这个奇怪现象的谜底还得从吴世昌那里揭破。他收入此书的文章《曹雪芹与〈红楼梦〉的创作》在结集收入《红楼梦探源外编》（上海古籍出版社1980年12月版）时，篇末加了个小注："此文原为北京中国新闻社为海外华侨刊物组稿而作，刊于香港《文艺世纪》及建文书局一九六三年十月版《散论红楼梦》。"看来包括张次溪文章在内的不少大陆作者的稿子，想必都是由中国新闻社约稿或转载去的。建文书局多出版大陆作者的书，承印此书的大千印刷公司也是中资印刷企业，《文艺世纪》更是中国新闻社扶持起来的香港刊物，张次溪的这篇文章是否曾在这刊物上发表过，也很难说。可惜这刊物在大陆颇稀见，不易查对，不妨录此待考。

此文是张次溪为曹雪芹逝世二百周年和齐白石诞生一百周年而写。他说1931年齐白石曾经住在他家张园，这年秋天他们曾一同赴卧佛寺寻访曹雪芹旧迹，结果当地的老住户"都瞠目无所知"，二人只得"废然而归"。归来后，张次溪遂作《吊曹雪芹故居》五首以记其事，齐白石即因诗中"红楼梦断寺门寒"的句意画了一幅《红楼梦断图》送给张次溪。在这之后，齐白石便偶尔与张次溪聊起曹雪芹和《红楼梦》来。他的许多观点甚是有趣，比如他认为大观园应该在南京，曹雪芹晚年住在北京城内。

张次溪录下了不少齐白石的原话。如在谈曹家的家族情况时，齐白石说：

> 曹頫生有三个儿子，雪芹行二，有一兄一弟，长兄早亡，留下一个侄子，这就是《红楼梦》里贾政这一支。抄家固然是大伤元气，后来又经过另一场变故，多少再受了点影响，但还不至于一败涂地。只因为曹雪芹生长膏腴，不懂得节俭过日子，生性又极高傲，不事生产，经不起坐吃山空，最后就一贫如洗，穷困而死。但是曹家的长房和三房，仍能维持小康局面，只有雪芹这一房，算是家败人亡的了。

又说：

曹雪芹的兄弟，也并不像贾环这样的蜂目豺声（前人评语），下流无耻。看了《红楼梦》里贾兰和贾环的描写，大概曹雪芹对于长房是友于无间的，而对于三房却不免有点芥蒂了。

关于传说中曹雪芹续娶的表妹，齐白石说：

这位姓李的寡居表妹，嫁给曹雪芹后，没有多久，雪芹死了，她又居了孀，伶仃孤苦，在人家帮佣为生。

又说：

曹雪芹早年，家里确有像袭人这样的丫头，后来配给一个唱戏的，雪芹落魄后，她曾不断的周济过。有人因为这丫头能够念旧，造出了蒋玉函［菡］完璧归赵，花袭人破镜重圆的一段佳话。

齐白石告诉张次溪，这些话都是清光绪二十九年（1903）他在西安和樊增祥（号樊山）等人闲聊时，听樊增祥的一位旗籍幕友所说的。张次溪虽然对齐白石的说法不以为然，他觉得齐白石所说的"总仍沿袭了清代人'曹贾合一'的传统说法，这不能不说是他的偏见"，却还是追记了下来。这些话在今日坚持"自传说"的红学家看来，自然是值得追索的线索；而在普通读者看来，也是很有意思的谈助了。

"俱不可问"

张次溪毕生所收存的图书和资料至为丰富。据他的儿子张叔文说："父亲的藏书中虽然没有什么名贵版本，但除经史子集等各类书籍以外，近代学人书画信札、地图、报纸乃至讣文等资料，他都有收存。"(《北京史专家张次溪》，收入《京华奇人录》，北京出版社1992年12月版)周汝昌"文革"前去烂缦胡同张次溪住处拜访时，看到的景象也是：

> 大院子很有气势(几进院不得而知)，他在正房的一端的小侧屋内，很窄狭，一张床，一个小木桌，十分简素。但我曾细看，此小屋有门，又通往一间很大很大的书屋，屋内排满了简单的木架子，架上平放一眼望不到边的散装线装旧书(没有布套，即非函装式)。我心里想：大约其间有"宝"，真不知有多少好诗文史资可以发掘……(《张次溪》，收入《北斗京华：北京生活五十年漫忆》)

这次去张次溪家，周汝昌收获了一个直观感受："他言辞缜密，不谈自己的任何情况。"值得一提的是，到了"文革"结束，周汝昌在写信反诘吴世昌时，还曾提到过张次溪："张次溪的问题，我确实无所了解，他原名江裁，来示中尚予注明，可证阁下亦认为我并不一定对他的事早都清楚(现在也不清楚)。约在六三年秋间，他通过别人向我表示有研红资料愿意提供，我当然要表示欢迎感谢。他对我讲过的只是他的编制关系属于广东文史馆——我当然认为这是事实。至于他的历史问题，我无从了解，也不可能为此而去详细调查。阁下与他是旧交同事，对他还曾有过'冠盖满京华，斯人独憔悴'的慨叹，我想这应是阁下当时也尚不知其详之故，所以我并不想执此以为词，说成是阁下同情汉奸。"（周汝昌1977年8月19日致吴世昌信，转引自周伦玲《似曾题月获江枫》，载《天津日报》2014年12月19日）张次溪的历史问题竟然成了他人互相诘难的砝码，晚景憔悴的细节也不经意地流露出来，张次溪多年来的寂寞与凄凉可见一斑。这些年来，张次溪的"雄心"早已消除殆尽，虽然旧习气一时未尽灭，闲情也一度仍在，但跌宕的现实是最好的老师——种种挫折终于教会了旧知识分子"夹着尾巴做人"。

山雨欲来。"文革"前夕的1966年3月12日，穆欣在《光明日报》上发表《评〈赛金花〉剧本的反动思想——剖析三十年代的一个所谓"名剧"》一文时，曾"试把赛金花的鼓吹者开列一个名单"，已点了"编《灵飞集》的张次溪（名江裁，敌伪时期任伪淮海省教育厅长）"的名字。他的日子更不会好过了。至"文革"正式爆发，张次溪收藏的图书和资料都被红卫兵从家中抄走，而他也病逝于1968年9月9日，享年六十岁。周汝昌说："'文革'后我打听他的情况，有人说，他死得很惨。倘如此，一切俱不可问了。"

六十岁便匆匆离去，张次溪未享高寿。事实上，在1945年"时过境迁"之后，在他与王猩酋通信时流露出"雄心皆消除"时，虽仍值不惑，但他的个人境遇、身体状况、学术活动都在"天下之重"的阴影下开始了衰败，事实上早早地进入了晚年。及至人生在寂寞的下坡路上越走越快，到最后横遇浩劫，旧习气和闲情也终于消磨殆尽。本文正是想为这个意义上的晚年张次溪留下侧影。

　　"文革"之后，张次溪的藏书发还了。张叔文写道："记得1979年秋季里的一天，父亲的藏书在他落实政策后被退还回来。这些书和资料整整装满一辆解放牌大卡车，七八个朋友帮我忙了一天，才算把书取回来。一间十二平方米的小房里，书从地面一直堆到房顶，数量之多，可见一斑。"他记下的这批藏书的具体数量是一万七千馀册。香港掌故家高伯雨1979年6月3日在给北京书话家姜德明回信时，还曾谈到"次溪藏书未失，诚一可喜事"（见《听雨楼书简》，收入《拾叶小札》，复旦大学出版社2013年1月版），可见姜先生曾向高伯雨去信报告张次溪藏书发还情况。

　　张叔文整理了其父不少遗稿，又把一部分资料转给东莞地方收藏，而绝大多数图书和资料是散去中国书店了。近来我曾拜见张叔文先生，听他亲口回忆当年面对住房逼仄、身体抱恙等种种现实困难，如何做了好几年的心理斗争，不得已而将这些家藏旧物处理的经过。这些珍贵的图书和资料就这样通过中国书店散去四面八方，正如陈晓维先生所说的，"北京藏书圈中稍有资历者，都或多或少购得过几册张氏藏书"（《流水斜阳张次溪》，《澎湃·上海书评》2017年1月2日），而张次溪上款的友朋信札册页被拆成一页页售卖，至今还出现在大大小小的拍卖会上。张次溪这个名字应不至于被人遗忘，可是遗物四散，若想整体地研究张次溪，却难免"俱不可问"，也真是非常遗憾的事。

　　（原载《掌故》第三集、第四集，中华书局2018年1月、2018年10月出版）

汪慎生繪"紅樓夢脂圖"　　　　　張次溪藏

記齊白石談曹雪芹和「紅樓夢」

張次溪

編者按：三十多年前的一些見解，與目前研究所得的結果及實際情況不盡相合，語末需要在這裏說明的。

論齊白石大師談曹雪芹家世和「紅樓夢」，全是齊白石老先生生前的作品，他本人認為不受之於五四以後，卻是他本人舊的見解。近世二百年，老人與我談曹雪芹和「紅樓夢」……

……那邊還是在民國二十年辛未（公元一九三一）的那年秋天，我家張園……住了些日子。我家張園，原在左安門內新西里三號。……我談過的說法一相近，但很久……

……曹雪芹墓地的事，附近有法……坐落寺左近的故居……

（都蘆填園草半漫，往上一居傍前則崇墓燒督師遂堂）

紅樓夢斷寺門塞，
（注：雪芹一度寄居崇文門外臥佛寺）
留與人間帶淚看。」

其二云：
「廢刹殘僧餘殿角，
百年剝落叩幾回。
金身冷臥詞人游，
倦鳥離樓附凍枝。」

其三云：
「半生未展入時眉。」

其四云：
「風枝露葉向疎疎，
奇石吾家與古書，
晚歲彌珍念玉軸，
荒園頹壁寺門寒。」

其五云：
「少時跌宕酒花中醉，
晚歲奇窮百感生，
九州清晏金粉銷，
名山佳處鎸圖刊。」

都蘆填園草半漫，並題一絕…… 汪慎生畫了一幅《紅樓夢斷寺門塞圖》，我亦得一絹……

張次溪《记齐白石谈曹雪芹和〈红楼梦〉》，见《文艺世纪》1963年6月号

齊白石五子良已繪"紅樓夢斷圖"　　　張次溪藏

【补记一】

杨良志先生见告,"北京古籍丛书"的功臣赵洛先生已于2019年5月17日逝世。赵洛先生生于1925年,安徽太湖人,曾任北京古籍出版社总编辑。媒体好像遗忘了这位老人,兹补记于此,谨致敬意与哀思。

(2019年6月21日)

【补记二】

本文曾推测张次溪《记齐白石谈曹雪芹和〈红楼梦〉》一文可能曾在香港《文艺世纪》杂志刊出。今检"香港中文期刊论文索引",知此文确实原载于《文艺世纪》1963年6月号。谢其章先生并见示原刊照片,谨此致谢。

(2019年11月14日)

被撕去的柳存仁

——"标榜失当、恩仇不辨"的隐情

《龙榆生师友书札》（张瑞田编，浙江古籍出版社2019年8月版）收录了钱锺书写给龙榆生的四封信，其中的第二封引起我一些兴趣。原书释文的断句有点问题，先重断如下：

忍翁道席：

奉教喜悉尊恙获良医诊治，可以霍然脱体，斯文之幸，匪特自忻其私而已。《集刊》甫杀青，即有人纠吴君世昌文中标榜失当、恩仇不辨，因全部收回重排，迄今尚未发还，不图已污尊目也。八月后风气大变，敝所同人十之八九赴皖参加"四清"，李君健吾等皆去，晚暂留待来年。现在学习，正待开展文化革命，自惭疲鳖，穷气尽力，追随十驾，殊畏馁耳。叔子亦久无书，闻曾下乡劳动一月。大集编定，当如吾家田间先生，筑藏山阁伫之，待时而后问世，所谓景星庆云，见必以时。李竹嬾诗云："画成只恐人将去，茶熟香温且自看。"雅人深致，此物此志。一笑！即叩

　　冬安

后学钱锺书再拜

内人同候

九日夜

　　原释文标点作"即有人纠吴君世昌文中标榜'失当恩仇不辨因',全部收回重排",竟释出一句诗来,显然是因为不了解背后的故事。

　　信里提到的《集刊》是指中国科学院文学研究所编辑的《文学研究集刊》第一册,1964年6月由人民文学出版社出版。正如钱锺书所说,它在发行时遭遇了事故。王平凡口述、王素蓉记录的《文学所早期大事记》(原载《中国作家〔纪实版〕》2010年第11期)已指出:"1964年6月《文学研究集刊》第一辑出版,因故而未出售。"这册《集刊》刊载了钱锺书的《林纾的翻译》,所以信中有"不图已污尊目也"的客气话。

　　方继孝所著《旧墨五记:文学家卷(下编)》(国家图书馆出版社2009年4月版)中,有一篇《陈翔鹤对古典文学研究的贡献》,曾披露有关这一事故的两封信:

　　《文学研究集刊》编辑部1964年7月13日写给人民文学出版社的信中说:"我所在贵社出版的《文学研究集刊》第一册,闻已在新华书店开始发行,但经了解,其中吴世昌先生的《残本脂评〈石头记〉的底本及其年代》中提及的'柳存仁'(见《文学研究集刊》232页),又名'柳雨生',是大汉奸周佛海的部下,是个汉奸文人,日伪时期出席过东京和南京召开的大东亚文学家会议；负责过汉奸刊物《疯雨昙》（於按：原文如此，应为《风雨谈》）的主编，抗战胜利后逃往香港。"编辑部认为提及柳存仁"会产生不良政治影响"，所以向出版社要求将《文学研究集刊》暂停发行，他们虽然觉得"此事因由我们一时失察，过咎应由我们负责"，但仍"深感不安"地对出版社表示"不能不麻烦你们"。

　　负责主编《文学研究集刊》的陈翔鹤同年7月15日写给人民文学出版社许觉民的信中说，此事他们"也因失察而至出版后内部送书始被发现"，因此"这本刊物须于改正该第232页后方能发行"。至于具体改正办法，他说："本已同石如芳同志商量妥当，惟时间上石如芳同志认为非三、五个月方能完成。此事本因我们失察引起，责任应由我们自负。惟在时间上希望能得到你同石如芳同志的协助，务恳设法早日办妥，不必等到三、五个月。如果再须三、五个月，则为时太久，文章会失时效，而我们编辑部所负罪咎就会更多了！"

方著还附有图版。前一信的影印件上，可看出一句淡淡的批注："已通知□□（於按：此二字模糊难辨）所收回换页。石，64.7.14"。想必是这本书的责任编辑"石如芳同志"所写。从这些材料，可以看出吴世昌笔下提及柳存仁给《文学研究集刊》编辑部和人民文学出版社带来了多大的麻烦。

　　我好奇的是：吴世昌的原话是怎样提及柳存仁的？方著对此未做展开，我决定做进一步探究。

　　《文学研究集刊》第一册很容易在旧书网站买到。买来一册看，卷首有署名"中国科学院文学研究所"写于1964年4月1日的出版说明，略云1955年至1957年该所曾编辑《文学研究集刊》五册，后停止出版，现在感到有必要仍用旧名复刊。版权页标明了印数为10000册，可见复刊这一册蓄势待发的劲头。

翻到第232页，浏览内文，发现并未出现"柳存仁"三个字，同时又发觉这一页的书口比前后书页要略小两毫米左右。细审订口，发现这一页原来是贴在前一页上的。——看来这是"改正"本。那个"非三、五个月方能完成"的"换页"方法，原来就是把出了问题的原页统统撕掉，重印新页贴上。

"改正"本的第232页既不再出现"柳存仁"三个字，所以仍不知道吴世昌的原话怎么说。《残本脂评〈石头记〉的底本及其年代》一文后来曾收入吴世昌的集子，我又阅看了收录此文的《红楼梦探源外编》（上海古籍出版社1980年12月版）和《吴世昌全集》第八册（河北教育出版社2003年1月版）。经与"改正"本第232页比较，发现除个别字眼和标点上无伤大雅的改动外，这一页上确有几句重要的出入。《集刊》"改正"本的这一小段文字是：

　　　在拙著出版半年以后，十六回残本《脂砚斋重评石头记》的影印本在香港发行。我因为此书对于《红楼梦》研究十分重要，就设法托人在香港找得一部。我在十月初收到后检阅一过，曾作若干笔记。

《外编》本和《全集》本的这一小段文字则作：

　　　在拙著出版半年以后，十六回残本《脂砚斋重评石头记》的影印本在香港发行。承当地友人寄赠一部到英国牛津，我在十月初收到后检阅一过，曾作若干笔记。

对比下来，虽仍未出现"柳存仁"三个字，却已隐约看出问题所在。吴世昌所说的"拙著"是指1961年由英国牛津大学出版社出版的英文本《红楼梦探源》(*On the Red Chamber Dream: A Critical Study of Two Annotated Manuscripts of the XVIIIth Century*)，十六回残本《脂砚斋重评石头记》的影印本指台湾商务印书馆1961年5月出版的《乾隆甲戌脂砚斋重评石头记》。香港友人寄书之事发生在同年。我对柳存仁的履历一直关注，知道他是1962年才应邀去澳大利亚教书的，1961年还在香港罗富国师范专科学校任教，这位"当地友人"应该就是指他！

但我仍想找到《集刊》的"未改正"本。书海茫茫，"未改正"本必有流入市面的，当年龙榆生看到的应该就是。可旧书商们不知道这一关节，旧书网站并没有标出哪一本《集刊》是"未改正"本。然而我忽然发现一册吴世昌在1974年11月11日签赠"文革"新贵迟群的《残本脂评〈石头记〉的底本及其年代》单册，赶紧下单。收到一看，内容果然是《集刊》的抽印本，前后糊以封皮。再细看第232页，毫无被撕去再粘上的痕迹，而那一小段果然与"改正"本和《外编》《全集》本都不一样，确是"未改正"本：

在拙著出版半年以后，十六回残本《脂砚斋重评石头记》的影印本在香港发行。澳洲坎白拉大学的柳存仁博士当时适在香港，承他寄赠一部到英国牛津，我在十月初收到后检阅一过，曾作若干笔记。

在拙著出版半年以后，十六回殘本《脂硯斋重評石头記》的影印本在香港发行。澳洲坎白拉大学的柳存仁博士当时适在香港，承他寄赠一部到英国牛津，我在十月初收到后檢閲一过，曾作若干笔記。当时本拟写一篇較为詳細的論文，进一步批判胡适早年及在此本中的許多荒謬的說法，以免貽誤后人。但因我自己正准备回国事項，因循未果。现在把这些笔記重加整理，并参考回国以后所見到的有关《紅楼梦》专题研究的材料，詳加分析，重新考定这个殘本的底本及其年代，以就正于国內《紅楼梦》研究的专家。

232

《集刊》"未改正"本第232页（局部）

在拙著出版半年以后，十六回殘本《脂硯斋重評石头記》的影印本在香港发行。我因为此书对于《紅楼梦》研究十分重要，就設法托人在香港找得一部。我在十月初收到后检閲一过，曾作若干笔記。当时本拟写一篇較为詳細的論文，进一步批判胡适早年及在此本中的許多荒謬的說法，以免貽誤后人。但因我自己正准备回国事項，因循未果。现在把这些笔記重加整理，并参考回国以后所見到的有关《紅楼梦》专题研究的材料，詳加分析，重新考定这个殘本的底本及其年代，以就正于国內《紅楼梦》研究的专家。

232

《集刊》"改正"本第232页（局部）

原来只是这么提到了柳存仁。吴世昌只为表达谢意，挑刺者却盯着历史问题。钱锺书转述此事时说吴世昌"标榜失当、恩仇不辨"，更可见此事在文学所内被上纲上线到了何等地步，难怪编辑和出版社跟着不安和负咎。书印了一万册，被挑刺后，解决办法是收回撕掉原页贴上新页，这得耽误多少时间、浪费多少金钱？

顺便再把钱锺书写这封信的时间厘清。落款仅署"九日夜"，信里写的都是1964年的事，却没有"去年"的字样，可确定为当年某月9日所写。"八月后风气大变，敝所同人十之八九赴皖参加'四清'，李君健吾等皆去"，是指这年9月下旬学部文学所派出工作队赴安徽"四清"，李健吾此时刚调入新成立的外国文学研究所，他们所也同去了。至于"尊恙获良医诊治，可以霍然脱体"，张晖《龙榆生先生年谱》(学林出版社2001年5月初版本，上海古籍出版社2020年3月增订本)1964年的编年词中保留了这样的词题：《水调歌头·霜降前二日通过组织获一就诊于中山医院心脏科主任陶寿淇教授为悉心研究达一小时半之久断定病在胃溃疡次肺气肿及慢性支气管炎再次为高血压不存在所谓心肌梗死半年疑案始得辨明为之一快感呈此阕兼谢浦医师》。这年的"霜降前二日"是10月21日。不知何故，此词内容未见载于《忍寒诗词歌词集》，但词题所述与时间都和信中所述及信末"冬安"云云甚合。信又提到"大集编定"，从《龙榆生先生年谱》来看，当指"十一月二十二日（小雪日），先生写定入住医院以来半年所得词六十阕为一卷，题曰《丈室闲吟》"。综合来看，钱锺书的这封信似应写于1964年12月9日。

（原载《澎湃新闻·上海书评》2020年6月6日）

从杨绛笔下的"小趋"说起

一

杨绛先生的《干校六记》是记述知识分子苦难经历的名作，淡雅文笔的背后，有深意在焉。胡乔木称赞这本书"怨而不怒，哀而不伤，缠绵悱恻，句句真话"，十六个字堪称佳评。

在这本仅有六章的小书里，杨绛专门辟出第四章《"小趋"记情》来单述干校里的小狗"小趋"。关于"小趋"的来历，她写道：

> 我们菜园班的那位诗人从砖窑里抱回一头小黄狗。诗人姓区。偶有人把姓氏的"区"读如"趋"，阿香就为小狗命名"小趋"。诗人的报复很妙：他不为小狗命名"小香"，却要它和阿香排行，叫它"阿趋"。可是"小趋"叫来比"阿趋"顺口，就叫开了。好在菜园以外的人，并不知道"小趋"原是"小区"。

这位区诗人在后文中又出现了一次。过年的时候，厨房里烹狗肉给大家吃，区诗人也在：

> 据大家说，小趋不肯吃狗肉，生的熟的都不吃。据区诗
> 人说，小趋衔了狗肉，在泥地上扒了个坑，把那块肉埋了。
> 我不信诗人的话，一再盘问，他一口咬定亲见小趋叼了狗肉
> 去埋了。可是我仍然相信那是诗人的创造。

我最近读到一种"干校回忆录"——贺黎、杨健采写的《无
罪流放：66位知识分子五·七干校告白》（光明日报出版社1998年
9月版）。书中所载与钱锺书、杨绛夫妇一同下放干校的外文所同
事邹荻帆先生口述的《5·16部队》一文也提到了"小趋"的来历：

> 蔬菜班的小狗明星"小趋"是我从一户老乡家要来的。
> 老乡养一窝小狗，自己嫌多。我一抱回来，得到全班喜爱，
> 起名之时，颇费周折。那时所里有一位波斯文学士。他的波
> 斯文很好，中文却差一点，把我的名字念成"区荻帆"。于
> 是俄文张说："就叫这小狗小趋。"后来互不相让，排成了
> "阿趋"。

这位波斯文学士的中文确实是差了一点，他大概是把"邹"
看成了"趋"，进而错窜成"区"了。值得注意的是：邹荻帆自述
把"小趋"从老乡家里要来的是自己，而他本人也确实是位挺出
名的诗人。在他的口述后面，更有耐人寻味的地方：

> 1970年10月间要搞基建了，派我去砖窑烧砖。离开窝棚

搬到小平房，"小趋"也跟着我们，它住在木工棚里，和木匠辛万生住在一起。

读到这里我就疑惑了。杨绛说"我们菜园班的那位诗人从砖窑里抱回一头小黄狗"，而邹荻帆却说他去砖窑烧砖是在小趋被抱来之后。对比下来，有了一连串的问题：诗人究竟姓区，还是姓邹？"小趋"究竟是从砖窑里抱来的，还是从老乡家要来的？"小趋"的名字究竟是阿香起的，还是俄文张起的？

另外，叶廷芳先生的文章《杨绛先生印象记》（原载《文汇报》1997年12月22日）也提到了"小趋"：

我与杨绛等八九个人被编在"菜园班"。菜园是需要日夜看守的，所以连部（一个所为一连）为我们在菜地里盖了个简陋的"窝棚"，夜间由邹荻帆（即《干校六记》中的"小趋"）、张振辉和我三人合住，白天则由杨绛单独看守。

叶廷芳认为邹荻帆"即《干校六记》中的'小趋'"，这话有点说岔了——在《干校六记》里，"小趋"是小狗的名字，并不指具体的人。但很显然，他也认为"小趋"的名字来自邹荻帆。

与叶廷芳和邹荻帆合住在窝棚里的那位张振辉，是位著名的波兰文学专家。他是不是邹荻帆口述中说到的那位给"小趋"起名字的"俄文张"呢？《干校六记》里也说到了这个窝棚，说住在里面"顺带看园"的是"菜园的班长、一位在菜园班里的诗人，还有'小牛'"，菜园的班长指的似乎是当时刚刚自承为"五·一六分子"的叶廷芳，难道张振辉又是这位"小牛"？

二

　　杨绛善写散文，也善写小说，是讲故事的能手。她的散文作文技法也可从她所撰的小说文论中一窥究竟。

　　杨绛写于1980年的文论《事实——故事——真实：读小说漫论之一》（原载《文学评论》1980年第3期）说："小说是创造，是虚构。但小说和其它艺术创造一样，总不脱离西方文艺理论所谓'模仿真实'。'真实'不指事实，而是所谓'贴合人生的真相'，就是说，作者按照自己心目中的人生真相——或一点一滴、东鳞西爪的真相来创作。"又说："即使是所谓'自叙体'小说，大家公认为小说所根据的真人真事，也不能和小说里的人物故事混为一谈。人既不同原来，事也随着改变，感情也有所提炼。"还有许多精深的议论，不具引。

　　"'真实'不指事实，而是所谓'贴合人生的真相'"——这个杨绛心中的小说创作标准也或多或少地映射在她的散文创作中。

　　杨绛对吴学昭说，《干校六记》是"费了好大一番心思写成的"（见《听杨绛谈往事》），看来她在揣摩谋篇布局的详略手法和化实入虚时下了很大的功夫。《干校六记》里有意模糊掉了很多细节，譬如全书中很少指名道姓地提到具体的人，数得出来的，也就只有"默存""女儿阿圆""女婿得一""俞平老和俞师母""'小牛'""阿香"等这么几个。

　　《干校六记》详略之恰当也得到了当事人的肯定。《无罪流放》所载叶廷芳的口述就说："杨绛很了不起。干校那些对我们惊心动魄的事情，她在《干校六记》里只字不提！……干校那么乌烟瘴气，鸡飞狗跳，她一句都没有涉及，总是那么淡淡的一种情怀。"

吴学昭则说："如果对人没有起码的同情和友爱，创作技巧再高明，也难写出真正感人的作品。"杨绛的作品十分感人，创作技巧也极高明。

《干校六记》不一定是"事实"的，但却是"真实"的。

三

事实当然只有一个。杨绛与邹荻帆二人的说法不同，所以他们中至少有一人是记"错"了。仔细揣度前因后果和旁证，似乎邹荻帆的口述史更贴近"事实"，而两人都算"真实"。

这种在细节上的出入，我愿意理解为杨绛先生在创作散文提炼情节过程中留下的痕迹。但这不免又要涉及那个有争议的问题——散文能否虚构？记得之前在读《看图识字》一书时，对陆灏先生问黄裳先生的一个问题印象很深："你的散文中有没有虚构？"得到的回答是"难免"。杨绛先生如能对同一问题作答，答案恐怕也是"难免"吧。

我们毕竟不能把"缠绵悱恻，句句真话"改成"缠绵悱恻，难免虚构"。因为《干校六记》虽非严肃的自传，却是独特的散文，而散文在一定程度上的虚构是可以理解的。这种虚构不是单纯想要向壁虚造，它只是简化情节，免得说些不相干的话，蔓枝太多。当然，这种虚构要控制在可理解和可容忍的范畴之内，如果控制得好，就会达到化实入虚而又不改其内涵的效果。

试想，倘若《"小趋"记情》开篇完全使用报告文学笔法，那就不免要先交代邹诗人的名字怎么被误读，交代"小趋"来到菜园班前后的林林总总，"波斯文学士"和"俄文张"说不定也要粉墨登场。这势必影响到散文的主体内容——这章毕竟是要紧扣人与动物的真挚情感来展开。可见，散文在细节上的化实入虚，能够去除芜枝杂叶，凝聚中心情感，更加逼近情感范畴上的真实。

四

写到这里我又想到，迄今好像还没有人认真来做传记范畴的"杨绛作品本事考"。原因当然是多方面的。钱锺书、杨绛夫妇对待自己作品的态度，就很让"考据癖"们望而生畏。若按前述杨绛的"事实——故事——真实"公式来探讨，《围城》是小说，方鸿渐必不能是钱锺书，《洗澡》是小说，姚宓大概也不能是杨必了，尽管他们身上或多或少还有原型的影子。"猜笨谜"的索隐家们即使有所发明考出了结果，也会被"人既不同原来，事也随着改变，感情也有所提炼"的话所打败。

那散文的本事呢？纪实散文总还能在现实生活中找到原型。征得杨绛先生同意撰写又获得她称赞"忠实"的《听杨绛谈往事》一书中的一条图注就指出，《方五妹和她的"我老头子"》里方五妹的原型是钱家的保姆包三妹。《干校六记》的人物也皆非凭空捏造，前面已经指出"区诗人"就是邹荻帆，"俄文张"或许是张振辉。另据知情人告知：书中的"阿香"真名叫做莫泽香，她是东南亚归侨，当时也在外文所工作。阿香算是《干校六记》里占有相当篇幅的人物了，但她的原型究竟是谁却从未见人提起。这对杨绛生平和《干校六记》的研究来说岂不遗憾？

重读《干校六记》发生疑惑时，我当即就去寻找了几种杨绛传记来做查考。可惜这些传记能尽如人意者甚少。有一种传记述及干校时期时，居然整页整页地全引《干校六记》原文，满纸图懒省事气味，令人读来颇为不惬。杨绛先生在《听杨绛谈往事》的序言中说："不相识、不相知的人如有意写我的传，尽管对我的生平一无所知，只要凑足资料，能找到出版社，就能出书。"指的大概就是这类行为。

散文既然可以虚构（或者说，是"真实"的而不一定是"事实"的），有时或许"难免"，那么传记作者在引用它作资料时，当然也得有所鉴别，有所取舍了。每一个对事实真相有着严格需求的读者在读《干校六记》和其他作者的其他散文时，或许应该记取《红楼梦》里的这条脂批，才能够秉持住自己应有的阅读态度，进而洞悉作者文字背后不经意的"狡猾"："这正是作者用画家烟云模糊处，观者万不可被作者瞒蔽了去，方是巨眼。"

（原载新刊《万象》第十四卷第九期〔2012年9月号〕）

【补记】

近又从资料中得知"阿香"莫泽香是北京大学东语系梵文巴利文专业1960级学生，便向中国社会科学院外文所东方室专事梵学和中印文化交流研究的郑国栋老师提起。国栋老师说：其实钱锺书、杨绛二老在下放的时候周围围着很多年轻人，"阿香"因为去香港了，所以杨先生才会在作品里写到她。这一说法颇有趣。

（2018年5月10日）

第二分

"须信世无双，腾凤吹，驻銮舆，堪与瑶池亚"

"曼昭"是谁

　　香港天地出版公司2012年4月出版的《双照楼诗词稿》汪梦川注释本，"三十年以后作"部分收有《为曼昭题〈江天笠屐图〉》（第323页）一诗，全诗如下：

　　　　笠屐脩然似放翁，江天鱼鸟亦从容。盘空黑羽频捎月，跃水赪鳞欲化虹。别浦灯光深树里，归舟人语淡烟中。画图但溯儿时乐，嗟尔披吟泪满胸。

注释者的解题是："曼昭：真名待考。著有《南社诗话》。"

　　曼昭《南社诗话》（今收入杨玉峰、牛仰山校点《南社诗话两种》，中国人民大学出版社1997年3月版）里涉及汪精卫的几则，内容非常丰富。从字面上看，这位曼昭与汪精卫来往密切，关系不寻常。他知道"精卫在北京狱中始学为诗"的故事，说是"囚居一室，无事可为，无书可读，舍为诗外，何以自遣"。记述汪精卫"狱中见闻"一节，也洋洋洒洒数千言，皆外人所不能言。汪精卫重返被囚地，所拾取杨椒山手植树的枯枝，他也"于精卫书室中曾一见之"。他还自称曾各买几种汪诗版本"寄示精卫"，"得精卫复书"详解内情，看来汪精卫曾亲自告诉他不少底细。他又与汪氏的诸多友人颇有交游，"尝在广东东山陈树人寓，得见精卫手录诗稿"；汪氏"近作杂诗八首"，其中七首他因汪氏推辞"推敲未定"而未见，竟也能在"精卫三十馀年老友"杜贺石家里见到。他的识见亦颇高，《南社诗话》中"以精卫之自序勘精卫之诗，觉其所言，一一吻合"，颇能"知精卫作诗之本旨"。除对汪诗本事如数家珍，对南社诗风人事，更是知无不言言无不尽，令人颇为佩服。

我近读《朴园日记》（朱省斋著，谢其章编，海豚出版社2012年1月版）时，竟在《记笔墨生涯》（原载1943年9月《古今》第三十期）一文中发现了这样的句子：

> 那时候汪先生也在香港，有时也有文字在《南华日报》上发表，所以这一个时期《南华日报》的社论，博得读者热烈的欢迎。还有副刊也颇为精彩，尤其是署名"曼昭"的《南社诗话》一文，陆续登载，最获一般读者的佳评和赞赏。

朱朴（名朴，字朴之，晚号省斋）的这段话似有深意——他是否在暗示曼昭即汪精卫，曼昭《南社诗话》即汪精卫自己的手笔呢？话中的歧义，引起我万分的好奇。

我翻查了手头的几本资料，有所发现。掌故大家郑逸梅编著的《南社丛谈》（上海人民出版社1981年2月版）中所附《南社社友姓氏录》指出了汪精卫有如下笔名：

> 汪兆铭　字季新，号精卫，别署季恂、季辛、民意、扑满、守约、曼昭、王昭民、李一新、怀璧匹夫、家庭之罪人、枝头抱香者，广东番禺人。（第592页）

这里列出了汪精卫"曼昭"的笔名。

该书中所附《南社社友著述存目表》则指出汪精卫有如下著述存世：

> 汪兆铭　汪精卫文集　双照楼诗词稿　南社诗话　庚戌被逮供词　狱中笔札　曾仲鸣行状　革命与外交问题　重要声明（第636页）

《南社诗话》亦在其中。看来郑逸梅先生正认为曼昭即汪精卫。

再查陈玉堂编著《中国近现代人物名号大词典》全编增订本（浙江古籍出版社2005年1月版），亦载汪精卫有"曼昭"的笔名，并指出了出处："曼昭（见1943《古今》，发表《南社诗话》。汪精卫早年曾为南社社员）。"（第549页）再倒查"曼昭"，此书仅著录了汪精卫一人有此名号。

不过，我也未查到汪精卫用"曼昭"之名所写的其他文章。

"曼昭"二字取意于何？起先我想到汪精卫有"王昭民"的笔名，也有个"昭"字，但显然是"汪兆铭"的谐音。说来有趣，我在纸上乱写了好几个"曼昭"，一恍惚竟误看成了繁体的"雙照"

二字！这两个字还真有点像。

　　《双照楼诗词稿》的注释者汪梦川先生并不认为曼昭就是汪精卫。我在网络上看到他的论文《汪精卫与南社"代表人物"说》（原载《江汉论坛》2006年第4期）的完整版。文中他认为某些人对汪精卫的诗歌"在汪氏沦为'汉奸'以前，是众口一词的赞誉，其后则几乎是众口一词的贬损，其中的政治因素显而易见"。"众口一词的贬损"他举的是柳亚子的例子，说柳以曼昭为汪精卫而加以指摘，此处并附一注释，提供一段史料：

　　　　柳亚子言："季新在沪某报发表谈话，丑诋訾詈皆，言其热中。……顾季新晚节末路，视訾詈又何如？"（《磨剑室诗词集》第1836页）所谓"季新在沪某报发表谈话"，"谈话"应为"诗话"，乃指在《中华日报》发表《南社诗话》（沈畹之：《写在〈柳亚子选集·勘误、补正表〉后面》，中山大学出版社《南社研究》第二辑）。按《中华日报》所发表的《南社诗话》署名"曼昭"，就诗话内容来看，作者绝非汪精卫。

　　可惜他未举出"作者绝非汪精卫"的理由。但倒可见柳亚子也认为曼昭就是汪精卫。

　　郑逸梅和柳亚子都把曼昭和汪精卫等同起来，他们皆是深知内情者。如果一个人这么认为，或许是弄错了。但若几个人都这么认为的话，是否说明别有不为人知的充足理由呢？

　　曼昭《南社诗话》于1930年至1931年连载于香港《南华日报》，又于1932年至1933年连载于上海《中华日报》，还零星见于《蔚蓝画报》与《古今》。这些报章杂志，都或多或少地有着汪精卫的背景，又与朱朴有着千丝万缕的关系。朱朴关于此文的说法值得重视。1943年11月，《古今》第三十四期重新登载曼昭《南社诗话》的一部分时，朱朴专门写了按语，称：

> 自三十期本刊拙作朴园随谭之三《记笔墨生涯》一文发表后，本社即接得读者"南社旧侣"等来信，谓文中所述昔年香港《南华日报》所刊载曼昭先生之《南社诗话》，此间读者，多未得读，要求本刊重行登载，俾供共赏。查是文全稿，不佞当年虽曾珍为保存，但事变后因寒斋一再迁居，早已悉数遗失。兹偶于旧书箧中觅得民国十九年九月十五日不佞与故曾仲鸣先生合编之《蔚蓝画报》第一期（在北京出版者），见中有转载是稿之一部分，亟为转录，俾飨读者；虽一鳞半爪，不足以窥全豹，但吉光片羽，弥足珍贵也已。癸未重九　朱朴谨识

这段按语里倒没再提到汪精卫，但是说到此文全稿他当年"曾珍为保存"。报刊编者经手稿件如过眼云烟，若是普通作者的游戏之作，必不会"珍为保存"，这反而说明这份稿件来头不寻常。更值得注意的是，这次重新登载的曼昭《南社诗话》竟置于该期《古今》的卷首，似也寓有深意。

汪精卫的亲信曾仲鸣在为汪氏《小休集》作序时，更是征引了《南社诗话》很大的篇幅。他虽未提及作者究系何人，却指出《南社诗话》所述确实"深知汪精卫先生"。他也这么重视曼昭《南社诗话》，不能不引起一些猜想。

"钜公难得此才清。"曼昭《南社诗话》在香港《南华日报》

开始连载前，正是汪氏静居香港之时。很难说他会不会是在从政的闲暇时期，被勾起些诗情和回忆，才撰了些诗话以自娱。可以想见，作为政治人物，他在臧否诗家、评论诗文时若用真实身份发表似乎欠妥，或许因此，他才改用曼昭的笔名把《南社诗话》发表在与自己有关的刊物上。所以曼昭《南社诗话》关于汪诗的材料如此丰富，且都是从汪精卫那里亲自讨教或从汪氏友人处见到的，绝少抄书之处。虽然表面上好像另有其人，但极似假借第三人称的"障眼法"。

《为曼昭题〈江天笠屐图〉》的这首诗，倒可以说是证明"汪精卫非曼昭"的力证——一般情况下，人总不会无聊到为自己题画还署化名吧。但是否有可能是汪氏自题画作而有意为之，抑或他人为汪氏题诗误窜入汪氏诗集？很难说。

如果曼昭不是汪精卫，那么又会是谁呢？我一度怀疑曼昭是黄秋岳（名濬）。因《花随人圣盦摭忆》中曾述及汪精卫狱中见闻：

> 精卫先生居北京狱中可二年，时时就狱卒，得闻数十年来轶事，曾杂见于《南社诗话》。比语予，所闻字字实录，出自狱卒之口，质俚无粉饰，较之文人作史尤为可信。

曼昭《南社诗话》所记的汪精卫狱中见闻，此句则作：

> 精卫居北京狱中可两年，时时就狱卒得闻数十年来轶事。尝语予，倘笔记之，可成一小帙。且字字实录，出自狱卒之口，质俚无粉饰，较之文人作史，尤为可信。

　　后面的长篇内容，《花随人圣盦摭忆》与曼昭《南社诗话》大同小异，仅个别字稍加改动。如曼昭是听汪精卫"尝语余"，黄秋岳是听汪精卫"比语予"。这无法说明曼昭即是黄秋岳，只能视作掌故家转贩时的小修小改。

　　我很愿意相信曼昭就是汪精卫本人。可惜，就现有的材料尚不能下十分的定论。以上拉杂所述，仅是个人的探究而已。只是注释本仅言曼昭"真名待考"，似乎过于简单了。我觉得，至少要指出此处存在疑问——这样，正可以引起读者的注意，鼓励大家共同来探究这个问题。

　　　　　　　　（原载《东方早报·上海书评》2012年9月2日）

【补记】

　　此少作幼稚不堪，不料刊出后，广州陈晓平先生很快撰文响应（《"曼昭"就是汪精卫》，《东方早报·上海书评》2012年9月16日），运用外证进一步坐实了曼昭即汪精卫的猜测。再后来，此案仍众说纷纭，甚至在汪氏后人于海外出版了汪精卫《南社诗话》手稿本后仍聚讼不绝，则非我所能预料也。本集收入此文，仅为留存鸿爪，不想再就此饶舌。

　　　　　　　　　　　　　　　　　　（2024年3月6日）

"花随人圣盦"得名由来

　　黄秋岳（名濬）所著的《花随人圣盦摭忆》是享有盛誉的史料笔记。"花随人圣盦"是黄秋岳的室名，但其之所以得名却一直语焉不详。我手头这本中华书局2013年8月出版的精装本《花随人圣盦摭忆》，卷首李吉奎先生所写的整理说明即谓："其斋何由立名，不详。李慈铭之斋名有'桃花圣解庵'者，《摭忆》对李之生平及日记记述颇多，或系依傍其义。"

　　最近我在查阅旧刊物时，发现黄秋岳对于自己的室名由来原有说明。话要从《花随人圣盦摭忆》在《中央时事周报》上的连载说起。这一系列笔记见载于该刊，起始于第三卷第四十五期（1934年11月17日出版）。而这首次见刊时，卷首还缀有一段小引。现将这段小引录下：

　　　　《中央时事周报》主者刘厚安先生，来约为撰笔记。文书鞅掌，学殖就荒，惭何敢承。无己［已］，就夜幌秋灯间涉想所及，信笔纪之。谈故事，说诗文词，记游览，咸纳为一，以觊读者。小言期于覆瓿，不足存也。春间以《海埜词》语颜所居，今并取以为识。秋岳记。（原以"、"号断句，今酌改为新式标点）

　　这段小引不长，却包含很多重要信息。如《花随人圣盦摭忆》

花随人聖盦摭憶

秋岳

中央時事周報主者劉厚安先生、來約爲撰筆記、文書鞅掌、學殖就荒、慚何敢承、無已、就夜幌秋燭閒涉想所及、信筆紀之、談故事、說詩文詞、記游覽、咸納爲一、以貽讀者、小言斯於覆瓿、不足存也、春間以海棠詞話顏所居、今竝取以爲識、秋岳記、

居北都日久、旦夕所摭拾縈憶者、多爲燕市故實、比年頗開北平當寧、其知修飾壇廟宮觀、以致游客、獨未聞有修茸東西黃寺者、蓋黃寺在安定門北郊、淪爲營舍、已久矣、光緒三十二年曾往遊、及今猶憶其槐柳、兩黃寺以西黃寺爲勝、考西黃寺、清雍正元年因喀爾喀哲布尊丹巴胡圖克圖四十九旗扎薩克及王貝勒貝子之請、乃鑄像建寺、乾隆三十六年再修、寺中有樓、仿烏斯藏式爲之、凡八十一間、霧閣雲窗、居曲相通、天恐偶閒載、「乾隆時、聞班禪將入朝、詔仿西藏布達剌式建此、既至、日居於上、飲食溷浴、不在平地、樓上正中、陳設眩目」、雜七寶爲之、樓有御座、蒙以龍袱、令銀佛像者干軀、富麗爲諸寺冠」、今樓已顏圮、其毀也、實爲咸豐十年英法聯軍入京之役、當時聯軍駐兵此寺、樓上寶器、掠取一空、著八十年前、歐軍紀律至壞、不止焚掠圓明園之爲酷也、歐軍多有紀律弛壞、行爲殘酷者、至庚子猶然、余以庚子後年餘至北都、都人士猶

【44】

《花随人圣盦摭忆》小引

的陆续刊载，是因为"《中央时事周报》主者刘厚安"的约稿，这一点我还没有从别人的记述中看到过。刘厚安即刘光炎（1903－1983），厚安是他的字。他在《中央日报》工作多年，而《中央时事周报》也是由中央日报社编辑发行的。

黄秋岳又言："春间以《海垫词》语颜所居，今并取以为识。"按"垫"字同"野"，《海野词》是宋代曾觌的词集。检《宋六十名家词》中的此集，正收有一首《蓦山溪·坤宁殿得旨次韵赋照水梅花》提及"花随人圣"，词曰：

> 催花小雨，轻把香尘洒。帘卷水亭风，梅影转、夕阳初下。靓妆窥鉴，鸳鸯湛清漪，浮暗麝，剪芳琼，消得连城价。　玉楼十二，寒怯铢衣挂。曾是绿华仙，眷馀情、新词如画。花随人圣，须信世无双，腾凤吹，驻銮舆，堪与瑶池亚。

胡文辉先生在《陈寅恪诗笺释》中已拈出此词，暗示是黄氏室名的出处。现在发现了黄秋岳自己的话，可以定谳了。

照黄秋岳的说法，他取"花随人圣盦"为室名的时间是1934年春。这年发生了什么事情，令他取一首应制词里的话作为室名呢？

《花随人圣盦摭忆》的刊本颇多，但都是根据瞿兑之1943年在北平印出的本子再影印或整理的。瞿印本没有收入这篇小引，而其他版本又没有追溯原刊，所以这段文字就一直湮没无闻了。

（原载《东方早报·上海书评》2014年1月5日）

【补记】

1933年3月21日，杭州近郊超山山麓的报慈寺忽遭匪徒入侵，殿堂遭纵火焚烧，住持正法亦罹难，山麓梅花遭一大劫。黄秋岳闻之，遂有超山探梅之行。《花随人圣盦摭忆》云："去春闻超山寺僧新戕于盗，寺半烬，惊蛰后遂从杭州往游。"其所记梅花开放清寒旷妙之景甚详，又云："其后众异有二古体诗，余并次其韵，述超山寺僧被盗。"

按梁鸿志（字众异）《超山二首》收入《爱居阁诗》卷八，正为甲戌（1934年）所作：

> 梅花如知己，得一意已足。兹游独何幸，散策梅所族。孤根阅千载，万本嗟汝独。赏花动空巷，佞宋趋一鹄。石栏复铁网，爱护情殊酷。遂令澹宕姿，远意受微梏。来游色香海，于法不用触。云何攀折人，所见侪僮仆。此花真绝代，不解闷空谷。终为俗所怜，身全神已辱。
>
> 去年我来游，突兀涌宝坊。庭中四梅树，离立如我长。绿萼色尤殊，瞥见千回肠。再来仅隔岁，无地寻残妆。空门有贪夫，诲盗由慢藏。火攻固下策，热恼得所偿。荼毗一个僧，坡语非荒唐。梅花尔何罪，共烬难周防。何年得返魂，为我飘暗香。无言耿相忆，我亦姜尧章。

黄秋岳《超山二首和众异》收入《聆风簃诗》卷八，则云：

> 发君西湖诗，绕看苦不足。对花咏复叹，所感有万族。

花当答君问，圣句信妙独。苔枝非自妍，香色作众鹄。子成天水遗，曾见六陵酷。得存已大幸，岂敢避弓楛。老桑坐龟燔，孔雀被牛触。君看世网底，羁绁尽臣仆。囚山不须悲，皎皎在空谷。但盟铁石心，神全孰能辱。

我行限山北，禅房即花坊。不见香海楼，坏垣犹许长。山南花所都，溪流如羊肠。日晡怅延望，阻绝千蛾妆。前僧果何修，坐拥无尽藏。爱痴递成障，薶恼聊汝偿。后僧操歉音，卓锡来钱唐。自言官府力，戟梃教堤防。哀哉布金欲，负此净妙香。何当刊戒律，镌君双短章。

曾觌"花随人圣"原词是咏梅花的。黄秋岳和诗亦咏梅花，第一首和诗中"花当答君问，圣句信妙独"的句子尤其醒目，似对"花随人圣"做了发挥。和诗之年，恰是他取"花随人圣盦"室名之时。种种联系，可见这个室名或是因超山探梅而取。

宗亮先生早在十年前就提示了超山探梅之事，非常感谢！

（2024年3月11日）

《古今》创刊号笔名考

《古今》杂志的第四十三、四十四期合刊，是该刊的"两周纪念号"（1944年4月1日出版）。这一期上有两篇同名的《〈古今〉两年》，作者分别是该刊的社长朱朴与主编周黎庵。二文都回溯了

《古今》创办两年来的林林总总，而朱朴的文章对于"万事开头难"的故实着墨更多，他有一句话谈到《古今》刚创刊时的情形：

> 那时事实上的编辑者和撰稿者只有三个人，一是不佞本人，其馀两位即陶亢德周黎庵两君而已。创刊号中一共有十四篇文章，我个人写了四篇，亢德两篇，黎庵两篇，竟占了总数之大半；其他如校对，排样，发行，甚至跑印刷所邮政局等类的琐屑工作，也都由我们三人亲任其劳，实行"同艰""共苦"的精神。

照朱朴的说法，《古今》创刊号上的十四篇文章里只有六篇外稿，其馀八篇都是杂志社的三位同仁自己包办的。这也勾起了我一点小小的"考据癖"，想要细探一番《古今》创刊号上的诸多笔名背后都是何人。

先把《古今》创刊号（1942年3月出版）的目次抄在下面：

发刊词

爱居阁脞谈	梁鸿志
记周佛海先生	左笔
雪堂自传（一）	罗振玉
康有为与梁启超	经堂
郁达夫与王映霞	易伽
齐白石	许斐
四十自述	朱朴
蠹鱼篇（上）	楮冠

谈清代的太监　　　笠堪

谈神仙　　　　　　海鸣

香港追记　　　　　夏曼

革命之决心　　　　汪精卫

编辑后记

乍看之下，这十四篇文章作者署名各异，不过已大致能筛出一些来：梁鸿志的《爰居阁脞谈》、罗振玉的《雪堂自传（一）》、汪精卫的《革命之决心》三篇，均是"名人"手笔。一是特稿，一是遗稿，一是旧稿，总之都是外稿。

写《蠹鱼篇（上）》的楮冠就是黄裳，这已为大家耳熟能详。这篇文章也已收入《来燕榭集外文钞》（作家出版社2006年5月版）之中。

写《谈神仙》的海鸣，在这期创刊号的《编辑后记》里已写明即何海鸣。何海鸣后来还在《古今》第八期上写过《明乔白岩守南京记》这样的掌故文章，鉴于他早就辞掉了《庸报》和所谓"天津新闻记者协会"的职务，则他此时应该已在南京住下了。

至此六篇外稿已落实了五篇，还有一篇暂时未能确定。不要紧，再从内稿方向来看：

《古今》创刊号的发刊词可以确认是朱朴所作，因为他在《〈古今〉两年》里已经"不打自招"了："两年以前我在创刊号的发刊词中曾经说过以下的几句话……"《四十自述》也当然是他所作。

《古今》第二期、第三期的《编辑后记》都由朱朴所写，则第一期未署名的《编辑后记》恐怕也出自他这位社长的手笔。这里要附提一个情况——朱朴在《古今》第三期的《编辑后记》里曾说：

"我每月须往来京沪，不能倾全副精力从事于本刊，因此自本期起，特聘周黎庵先生为本刊专任编辑。"所以从第四期起，《古今》的《编辑后记》署名开始换作"编者"，恐怕从那时才改由周黎庵所撰。

那么周黎庵又为《古今》创刊号写了哪两篇文章？这也不难勘破。首先，笠堪是周黎庵，笠堪在《古今》上写的文章后来都收进周黎庵的文集《文饭小品》（上海书店出版社1997年4月版）之中。

其次，经堂也应当是周黎庵。经堂在《古今》上共发表过三篇文章，分别是创刊号上的《康有为与梁启超》、第二期上的《谈汪容甫》和第三期上的《记爱居阁主人》。《记爱居阁主人》一文，内容是经堂详谈自己跟"本刊朱社长"一块去访问梁众异的，显然他不是朱朴，而只能是陶亢德、周黎庵中的一位。而《谈汪容甫》一文开篇又提到"五六年前的一个夏日，我曾渡过扬子江到扬州去小游半天"及他在扬州所见的"酒菜馆中破缺的名窑瓷器"与"途旁的废垣残园"，这又跟周黎庵《蓊门集》（庸林书屋1941年6月版）里所收的"少作"《镇扬游踪》对上了。故经堂也是周黎庵。

行文到此，朱朴所作的四篇文章已"侦破"了三篇，周黎庵的两篇已经全部确定，还馀下四篇文章，里面一定有陶亢德所写的两篇。

作《访问周佛海先生》的左笔是杂志社中人，因为他是"承本刊朱社长的介绍"才特往拜见周佛海的。前文已考出了周黎庵的两篇文章，等于已排除了他。加之左笔与陶亢德一样有自称"记者"的习惯，那么左笔显然就是陶亢德。

夏曼的《香港追记》在《古今》上一共连载了三期（还有第二期的《胡文虎与星岛日报》、第三期的《香港的杂志》）。虽然陶亢德和朱朴都在香港待过，对于香港的出版环境都算熟悉，但夏曼显系陶亢德。这是因为在这三篇文章中作者对于邹韬奋有过着墨，而态度平和；提到《大风》杂志时，又显得对编者及编务颇为了解。这自然是与邹韬奋相熟、又曾参加《大风》编务的陶亢德了。而且夏曼在行文中也常常自称"记者"，再次出现陶的行文习惯。

现在还剩下易伽的《郁达夫与王映霞》、许斐的《齐白石》两文未曾辨析。依我之见，前一文恐怕是朱朴的手笔，后一文则是外稿。这还是由这一期的《编辑后记》来做判断的。

易伽的《郁达夫与王映霞》文后附录了郁达夫的《毁家诗纪》，从实质上说还是内稿，因为该文的发表经历按《编辑后记》所说是这样的：

> 郁达夫先生之《毁家诗纪》一文，上海方面最初刊出者为民国廿八年三月二十日出版之《时代文选》创刊号，该刊出版后，初版再版，顷刻售罄，后来未睹该文者纷纷致函本刊朱社长，请求三版，朱社长苦无以应，本期中适有易伽君之《郁达夫与王映霞》一文，因将《毁家诗纪》附录在后，俾偿前阙。

《时代文选》正是朱朴所主办，《毁家诗纪》在《古今》创刊号上再刊，也显然是他自己起意。易伽的文章仅短短一页，实质是为其后所附录的《毁家诗纪》做个"前情交代"，自然是专为转载《毁家诗纪》而写。周黎庵、陶亢德各自所写的篇什前已考出，朱朴却还剩了一篇没有落实，那么，易伽的文章当正是朱朴所写，"适有易伽君之《郁达夫与王映霞》一文，因将《毁家诗纪》附录在后，俾偿前阙"的话自是故弄狡狯。而且这位易伽在《古今》上适时出现了这一次后，就再也不见踪影了，似乎这个名字是专为转载《毁家诗纪》而拟。（"易伽"或许谐音"一家"？）

　　仔细琢磨这个《编辑后记》，还可发现很有趣的事情。比如其中看似是把这一期上大部分的文章揄扬了一遍，但实际上夸的不是外稿，就是跟"外人"有关的内稿。比如后记里就没有提到经堂的《康有为与梁启超》、朱朴自己的《四十自述》、笠堪的《谈清代的太监》和夏曼的《香港追记》，难道是这些文章写得不好吗？显然不是，恐怕只是因为朱朴不愿对外多夸杂志社的"包办"功劳。不过，许斐的《齐白石》一文却被《编辑后记》专门拿出来说了——"其他各文如楮冠先生之《蠹鱼篇》，许斐先生之《齐白石》，何海鸣先生之《谈神仙》等文，亦各有特色，值得一读"，似能证明此文是约的外稿。杂志初创时有稿源紧张的艰辛，编辑者"包办"文章之馀，若对于难得的外稿不多加推介，得罪了作者，是说不过去的。可惜，许斐在该刊上也只此一见，其人究竟是谁尚待再考，请俟来日。

（原载《南方都市报》2014年4月20日）

【补记】

　　1941年步入晚期的《宇宙风乙刊》曾刊出署名许飞或翰飞的

一系列"翰飞戾天楼随笔"，1942—1943年《万象》又刊出署名许翰飞的"戾天楼名人传记"，所写均人物掌故。考虑到《宇宙风乙刊》的编辑团队和《古今》早期的编辑团队部分相同，且《古今》颇使用了一些《宇宙风乙刊》的存稿（如黄裳先生曾说《蠹鱼篇》本是给《宇宙风乙刊》的投稿，不料未及发表，杂志就停刊了，后来由周黎庵编入《古今》创刊号），显然写《齐白石》一文的许斐与许飞、翰飞、许翰飞为同一人。

宗亮先生于此事也做了重要提示，再次感谢！

（2024年3月11日）

"无一不是真情，无一不是事实"

吴商确是柳雨生的笔名

谢其章先生所著《书蠹艳异录》（中华书局2009年10月版）里有《〈好文章〉作者小考》一文，曾记述书友钿敏先生关于《好文章》这个1948、1949年出版的作者多用笔名的小杂志的作者群的判断。其中有一句说：

> "吴商"必是柳雨生的化名，他那篇《沦陷日记》内容就是柳雨生的当年活动纪录。（第187页）

钿敏先生的判断基于他当年及多年来的读刊经验，谢先生亦采信之，但可惜都没有详细论证，似觉不惬。

最近在翻阅民国旧刊物的过程中，我发现了吴商确是柳雨生的证据。

《古今》休刊之后，金性尧又主持出版了三期《文史》杂志，据他自己说，"撰稿人和内容大致和《古今》大同小异，有的还是《古今》存稿"。《文史》的命运不佳，出了一期之后曾停刊，后来才复刊出了第二期、第三期，这些在金性尧的文章《〈文史〉琐忆》（原载新刊《万象》第五卷第三期，2003年3月出版）里都有交代。

我的发现就在《文史》复刊第二期（1945年6月20日出版）上。这期《文史》辟有"日记特辑"，刊载的数种日记中正有署名柳雨生的《雪庵日记》。细看这篇《雪庵日记》，发现它竟然正是吴商《沦陷日记》的另一个版本。

柳雨生《雪庵日记》仅收录了1945年1月8日、1月10日、1月13日、1月17日、1月18日五天的内容，篇幅只一页多一点，篇末署"中华民国三十四年五月，于病榻请心其（人名）钞毕"。而吴商《沦陷日记》则存有1945年1月1日—2月12日的日记。两种日记在日期上有交叉。

这交叉部分正好可以用来做比对。先摘1945年1月8日的内容，柳雨生《雪庵日记》该日记载：

> 晨起窗外俱白，大雪纷舞。街道泥湿，清道夫绝迹。忽忆启明先生有《两个扫雪的人》诗（民国八年一月十三日作），今日已无如此勤洁之人矣。
>
> 李君及潘女士结婚，今日送来喜柬，为作一联云"百年佳耦称鸿案，一代文章属大家"。

而吴商《沦陷日记》该日记载：

> 晨起窗外俱白，大雪纷舞。街道泥湿，清道夫绝迹，忽

忆周启明有《两个扫雪的人》（民国八年一月十三日作），见《初期白话诗稿》。今日盖已无如此勤洁之人矣！

中学旧同事田君，在浦口为飞机遭难逝世。

自棋盘街至七浦路吉祥寺，洋车一百廿元。自石路南京路口双人三轮车至新闸路胶州路，六百元。

两种日记同一天所记的第一段主要内容几乎一致，可以作为吴商即柳雨生的证据了。但比较一致的部分文本尚有小出入，其他内容更是互有详略，鉴于这两种日记中都经过转抄，显然各自有过删改。

同年1月10日的柳雨生《雪庵日记》谈《海报》所载当时的物价指数"一百圆约值战前八分"，这一部分吴商《沦陷日记》也有，文字也基本一样，不过写为两段，不像《雪庵日记》糅在一起。

柳雨生《雪庵日记》1月10日内容还较吴商《沦陷日记》多出一句话："夜赴陶家借回李氏《焚书》一册。昨读《秉烛夜谈》，盛赞卓吾老子也。"《雪庵日记》未收1月11日所记，吴商《沦陷日记》1月11日却记下了"昨夕读李氏《焚书》，觉不易尽。惟知翁所引文字，颇已触目及之"。可见虽互有详略，内容却还是严丝合缝。附带一说，日记里的"陶"当即陶亢德，"知翁"当即周作人，明眼读者必一目了然。

1月13日，柳雨生《雪庵日记》与吴商《沦陷日记》记邮局罢工之事的文字几乎完全相同，唯《雪庵日记》言"近日久不接任何邮件，书局亦然"，《沦陷日记》却作"肆中亦然"——谢其章先生曾疑"肆中"即太平书局，此异文可为注脚。该日吴商《沦陷日记》另记与朋友吃饭之事，又记载："闻养农言：办杂志者'配给纸'每令之价近又大涨，将至万八千元一令。"柳雨生《雪庵日记》未录饭局琐事，亦未录"闻养农言"，却多出了关于纸价的另一番感慨：

> 纸价近又大涨，为《风雨谈》再四思维，今日电话中国科学公司停止排印矣，心为怅然。念此刊创刊于民国三十二年四月，呕耗心血，友朋扶持，都成泡影。

更抄录了"《风雨谈》发表作品之姓名"数十人，也是吴商《沦陷日记》所未收的。

1月17日柳雨生《雪庵日记》记：

> 《风雨谈》新年号征文今日多数退还，颇有《红楼梦》后半部现象。如樊仲云、张资平、周毓英、雷妍、傅芸子、杨丙辰、秦墨哂等，俱初次以稿来者也。芸子兄所写一年来爱读书为袁小修《柞林纪谭》《环翠堂新编狮吼记》等。皆珍籍。

吴商《沦陷日记》该日只录了生活琐事，关于《风雨谈》的内容全部未载。谢先生曾推测："当时柳主政太平书局，还主编《风雨谈》杂志，可惜这些内容不曾载入，……柳的日记估计后来有所增删才拿到《好文章》发表。"甚是。

柳雨生《雪庵日记》1月18日这一天记读狄平子《平等阁笔记》所感颇详。这些内容在吴商《沦陷日记》中也有，却分载于1月18日、1月19日两日。只不过柳雨生《雪庵日记》中一大段摘抄

《平等阁笔记》中欧阳竟无论"支那"一名由来的文字，与所引瞿兑之《人物风俗制度丛谭（甲集)》中的一句，在吴商《沦陷日记》中均未录入。

对比得差不多了，吴商即柳雨生可确定无疑。署名柳雨生的《雪庵日记》和署名吴商的《沦陷日记》，所根据的应都是柳雨生1945年的日记，但先后转抄又都有摘录性质，故微有出入，互有详略。尤其吴商《沦陷日记》刊于时过境迁时，又因为时局原因删削了不少，敏感的人事多被略去，恐怕远未呈现柳雨生日记的原貌。

《文史》第一期上所登载的"日记特辑要目"，已预告了即将刊出的内容，柳雨生《雪庵日记》就在此目之中。这个要目所预告的日记中，我特别想看的陶亢德《居闹市室日记》一篇却不知何故未能面世，真遗憾。

（原载《南方都市报》2014年7月27日）

【补记】

如今阅览沦陷时期报刊渐多，发现柳雨生当时的日记体文字还有不少，均富有史料价值。

（2024年3月11日）

朱朴之感慨万千

香港创垦出版社1955年8月出版的《周佛海日记》，就两百来页，仅包含周佛海1940年全年的日记，卷首有曹聚仁的引言《中日战史别页》，卷末有朱朴的后记《感慨万千》。日记部分已收入了蔡德金所编《周佛海日记全编》（中国文联出版社2003年8月版），但朱朴的后记倒有点说头。文章不长，录出如下：

感慨万千
朱　朴

《周佛海日记》出版，主事人要我写一篇后记，我考虑再三，虽然义不容辞地答应下来了，可是不禁感慨万千！

据我所知，周佛海日记一共有五六册，这是第一册。听说最精采的是最后一册，那是胜利之后他琅珰入狱引颈待毙的那一段时期里写的，那时他正是大梦初醒，百感交集，衡情度理，里面所写的应该是一字一泪，令人不堪卒读的。

一九四七年双十节我离开北京到香港来，一九四八年我回去上海一次，曾专诚往访他的夫人杨淑慧女士和他的儿子幼海。据幼海告诉我，说他的父亲在南京老虎桥监狱里接到我从北京寄去的一封长信后曾大哭一次。我问他怎么会知道的？他说是看了他父亲最后的日记才知道的。我向他索阅那本日记。他说所有的日记都早已被"军统"拿去了。

这一本日记如何能从大陆流播海外，又如何复转到香港，真是一部传奇，其珍贵自不待言。我们现在虽不知道其馀的几本周佛海日记究在何处，但是我敢武断地说十之八九已被销毁"灭口"，一定是不复存在于这个世界上的了。

佛海是我生平知己之一，尤其是日军侵华期内我唯一的朋友。他在政治上的行为我不谈，将来自有定论的。我现在只能说周佛海生平是一个很有血性而非常憨直的人，虽然不幸成为时代的牺牲者，可是至少至少，他在这一本日记里所写的，无一不是真情，无一不是事实，他的"孤臣孽子"之心，读者可于字里行间，隐约得之的。

十几年前，我曾为周佛海出版一本《往矣集》，并且在上面写了一篇《序文》，我记得在里面曾有"孤臣孽子"一语，以形容那时佛海的心境的。《往矣集》是上海古今出版社出版的，原书早已不存。古今出版社曾出版《古今》半月刊五十七期，内容专谈文史，当时执笔者都是南北文坛知名之士，表面上由我主办，虽曾薄邀虚誉，其实后援全是佛海，我未敢掠美，特此声明。我记得好几次日本宪兵因怀疑《古今》半月刊的态度来找我麻烦，一度曾由佛海宴请上海日本宪兵司令及各区队长为我解释，得以一时无事。可是最后卒由上海日本海军当局派人来向我要求"合作"，我不得已乃宣告休刊，仓皇离沪北上的。想不到十几年后的今天，我竟又在他的日记上写这篇《后记》。世事如梦，真是感慨万千啊！

香港创垦出版社活跃在1950年代中期，出过一批书籍，主办过著名的《热风》杂志，该社的创办和参与者正有徐訏、曹聚

仁、朱朴（那时他已渐改用朱省斋的名字了）等人。据说《热风》
1953年刚刚创刊时已把这部分《周佛海日记》连载过。

朱朴对周佛海日记的所知和猜测大多不确。1940年的这一册
不是日记的第一册，日记的大部分也没有被销毁。具体情况很多
人谈过，兹不赘述。

朱朴说周幼海告诉他，其父在狱中接到他寄去的长信后曾大
哭一次，据说这来自周佛海"最后的日记"的记述。按周佛海的
这部分日记早已以《周佛海狱中日记》之名刊布（中国文史出版
社1991年9月版），说是"全文收录"，也已编入了《周佛海日记
全编》，但我细检这部分却压根没找到朱朴的身影。相似的记载倒
有一条，见1947年1月23日："接金雄白、孙曜东、汪曼云联名由
上海狱中所来之信，系去年十一月十一日所书，辗转今日始接到。
余系十一月七日宣判，渠等深致愤慨，来缄慰藉。自困于缧绁之
中，尚不忘旧日相遇之德，末世有此，实属难得，盛情殊可感，
为之低回者久之。"（《全编》下册，第1044-1045页）不知周幼海
是记错了呢，还是故意说岔以安慰朱朴？

后记的末段所含信息最多。朱朴先是说，《古今》当年"表面
上由我主办，虽曾薄邀虚誉，其实后援全是佛海，我未敢掠美"。
这可有些不符合实际。十年之前，朱朴自己写《〈古今〉两年》（原
载《古今》第四十三、四十四期合刊）时还说："就我个人的经验
来说，生平对于任何事务向来比较冷淡并不感觉十分兴趣的，可
是对于《古今》，则刚刚相反。一年多来如果偶尔因事离沪不克到
社小坐的话，则精神恍惚，若有所失，何以如此，自己也不得其
解。……就中帮助最多而最力者要推周佛海先生。两年以来，他不
仅不断的为《古今》撰文使得《古今》能够获得读者更热烈的欢迎，

并且每逢《古今》遇到困难的时候，他总不吝赐以精神及物质的帮助。"读此可知周佛海确曾给过该刊大力的支持，但编务还是朱朴自己负责的。如今朱朴对于周佛海的功劳"未敢掠美"，更把自己的主办也说成了表面功夫，这得看作是基于种种原因、经过"拿捏"后的说辞。

关于《古今》的告终，朱朴此时亦有新说，他说是因为当时日本海军当局派人来向他要求"合作"，才不得已休刊的。这与当年他自己的"官方说法"完全不同。《古今》第五十七期休刊时朱朴在《小休辞》里交代的原因可是说，起先办起杂志来是因为爱子夭折，以此遣愁寄痛；如今追念亡儿之情日甚，"益形销沉"，"就连本刊也感觉到厌倦了"。

《小休辞》自然是托词，当年曾负责《古今》具体编务的金性尧（文载道）就不采信其说法。不过金性尧虽在局中，倒也不甚了解实情，亦颇可怪。直至晚年，他于此间缘由才有了个大概认识的过程：他在新刊《万象》第五卷第三期（2003年3月出版）上写《〈文史〉琐忆》时，尚说《古今》的休刊很可惜，"但休刊的原因，到现在还不明白，连解散费都是苏青给我出主意的"。但没过多久，他写《悼黎庵》（写于2003年11月9日，载新刊《万象》第六卷第一期，2004年1月出版）谈到周黎庵虽躲过了"反右"却不免被打成历史反革命时，却说自己"起先不晓得他的具体罪名，后来才知道因曾任伪行政督察专员之故，这时我才明白《古今》停刊的原因"。可是为何周黎庵任过伪官就是《古今》停刊的原因呢？金性尧没能说清楚。而且金性尧之后用《古今》积稿所办的《文史》杂志也是命运多舛，无故休刊又莫名复刊，也因此没少跟袁殊和罗君强这些不同背景的人物打交道，此中缘由他自己又是

"不明白"的，却不得不引起读者的思索。

多年之后朱朴的说法，无论是跟他早年《小休辞》里的交代还是和金性尧莫名的"明白"都不相同。头脑简单的读者可能会想不明白"汉奸杂志"竟也会有被日本当局逼停的可能性，但这绝不是不可能的：朱朴当年曾公开斥责过"阴谋利用外力以压迫本刊者"（《〈古今〉一年》，载《古今》第十九期），而金雄白记述当年日本海军当局控制《申报》《新闻报》等上海报章的情况又生动而翔实，以此度之，《古今》又如何呢？

朱朴回首往事时感慨万千，而我们看了他的追述，面对历史的错综复杂，又何尝不感慨万千？

（原载《南方都市报》2014年9月14日）

苦茶老人为桑弧书扇事

在网上买到两页桑弧写于1969年1月16日的《补充交代》。这交代原有两份内容相同的，大概当时曾另抄以便归入不同用途的外调材料，我所得的是其中的一份。

在《补充交代》中桑弧谈了四件事：一是曾想协助周信芳撰写回忆录，二是托唐大郎向周作人求扇面，三是试图改编蒋星煜的小说《唐太宗与魏征》为电影，四是想帮蒋月泉把刘澍德的小说《归家》改编为评弹。这些事情不是显示了"罪恶企图"，就是暴露了"反动本质"，该"彻底批判"，因而交代出来。

桑弧写于1969年1月16日的《补充交代》（局部）

但四件事其实只有第二件办成了，而过去似乎没有听说桑弧跟周作人有什么来往，所以这事有意思。这条交代说：

> 解放初期，唐大郎和龚之方二人创办《亦报》，唐大郎曾经约文化汉奸周作人在《亦报》上投稿。我由于喜爱周作人所写的字，我曾经托唐大郎写信给周作人，要他给我写一个扇面。后来唐大郎替我办到了，我当时还觉得很高兴。这件事也充分暴露出我的反动本质。

这恰好跟唐大郎的一篇文章对上了。友人祝淳翔先生见示1950年7月20日《亦报》上高唐（唐大郎）所写的《苦茶趣语》一文：

> 苦茶老人于去岁自沪北归，即为《亦报》写作弗辍，十山、鹤生之文，至今为读者传诵也。友人有欲得老人书扇者，嘱余代求，余驰一函丐之。才三四日，得其返件，并示一书，涉语甚趣，录其言云：

高唐（唐大郎）《苦茶趣语》，
见《亦报》1950年7月20日

"手书诵悉。扇面一枚，已涂讫，同封寄奉。拙书不成字，昔日当教员，列为第二名，因为刘申叔写的更不行。今申叔久归道山，第一名之荣誉，恐当归于不佞矣。扇面邮寄时稍着湿，今寄还，或恐不免又有损伤耳。"

两相对照，所写为一事甚明。可惜扇面写了什么，今日是否尚存，已不得而知矣。刘师培（字申叔）书法之恶，周作人在《知堂回想录》里还曾提起，说是全然不顾八法，"只看方便有可以连写之处，就一直连起来，所以简直不成字样"，又说"当时北大文科教员里，以恶札而论，申叔要算第一，我就是第二名了"，跟写给唐大郎信里的话差不多。我曾在国家典籍博物馆看到展出的刘师培手稿《左盦文稿》，觉得字尚清晰，倒不连写，但缺乏章法，纯属"儿童体"。

　　别看唐大郎这时向周作人求字不费吹灰之力，而在仅仅一年前，他还要费点周折。那时他说，"秋翁那里，有一位朋友，与苦雨翁相熟，曾经代秋翁求过一点墨宝，秋翁答允我可以替我代求"，且"秋翁说的那位朋友，也同我相识，也许这位朋友，他肯为我奔走一场的"（高唐《求字》，原载《铁报》1949年5月14日）。"秋翁"就是与唐大郎齐名的平襟亚，他们与周作人共同相识的这位朋友大概是陶亢德。陶亢德后来介绍周作人为《亦报》撰稿，唐大郎才因此与老人熟悉起来，而老人确也乐于奋笔，故唐大郎代桑弧求字能够一举成功。

　　（原载《澎湃新闻·上海书评》2018年8月19日）

高唐（唐大郎）《求字》，见《铁报》1949年5月14日；旁边一读者《何必誉苦茶》一文也颇值咀嚼

【补记】

上文曾提到唐大郎1949年曾想托一位朋友向周作人代求墨宝，我推测这位朋友大概是陶亢德。今天重阅周作人的文章，发现了进一步证据。

在《横浜桥边》（原载《亦报》1950年6月29日）一文中，周作人提起孺牛（陶亢德）携吃食、齐甘（徐淀）携大酒壶一同来家吃饭的事情，因之讲到了另一顿饭："有一回还打过高唐先生的秋风，由孺牛拿来两瓶法国的好酒，也在楼上慢慢的吃了，那几天齐公不见，所以不记得请他喝一杯。查日记这是去年六月初的事，比大酒壶却还要早两个月了。"我因检已披露的周作人日记整理本，1949年6月5日记道："下午亢德来，以英书《东方医生与西方医生》一册见借，又携来法国勃阑地酒二瓶，因前有人曾托写字，亢德向其索取为酬也。"稍早前的5月23日，还有"下午为亢德写字二纸"的记述。情节与时间俱与唐大郎文章接榫。可见日记里"曾托写字"的正是唐大郎，他请陶亢德为之"奔走一场"，如愿以偿得到了周作人的墨宝，即以法国好酒二瓶为酬。拙文的推测完全正确。

（2019年2月15日）

"身后萧条，遗孤稚弱，饔飧不继"

红豆馆主溥侗生卒年考

红豆馆主爱新觉罗·溥侗的生卒年份在各种出版物里的记载有出入。2009版《辞海》把溥侗的生卒年定为1871—1952，而2012年8月商务印书馆影印出版《红豆馆拍正词曲遗存》时的出版说明却将溥侗的生卒年定作1877—1950。再翻查各式各样的书籍，发现溥侗的生年居然有1870年、1871年、1874年、1876年、1877年等五六种说法，卒年也有1950年、1952年等记载，众说纷纭，令人莫衷一是。

红豆馆主的生年

要解决前人的生平问题，从其直系亲属的说法入手较为便捷。我了解到溥侗共有一女三子：长女毓锜（字书田）、长子毓崃、次子毓巇（字子山）、三子毓峎（字子良）。除1947年已去台湾的毓巇暂未能查到相关著述外，其馀三人我均查到了他们对父亲的回忆：

一、爱新觉罗·毓嵒《回忆家父红豆馆主的京昆艺事》，载中国戏曲志·江苏卷·南京分卷编辑室编《南京戏曲资料汇编》第一辑，1987年1月出版。

二、《爱新觉罗·毓峷》，载蒋芫苇、隋鸿跃著《爱新觉罗氏的后裔们》，上海人民出版社1997年5月版。

三、《"红豆馆主"溥侗轶事——访溥侗之子毓子良》，载郭招金著《末代皇朝的子孙》，团结出版社1991年8月版。

毓嵒在文章中说，溥侗"生于清光绪三年（1877）八月十六日"。毓峷则认为"父亲溥侗生于1871年"。毓子良没有明确地谈到父亲的生年，但访谈中他曾提及其父是1950年"以77岁高龄在上海逝世"的，又提到祖父病故在光绪六年（1880），而"那年父亲才7岁"，则很容易推知他所认定的溥侗生年是1874年。关于父亲的生年，子女三人的说法居然全不一致。

看来只能求助于可靠的资料来提供证据了。我找来《爱新觉罗宗谱》（学苑出版社1998年9月影印本）细加翻查，果然发现了相关记载，明确提到溥侗是"光绪二年丙子八月十六日酉时生"（见甲一册第9页）。这里的"光绪二年"不可能是毓嵒回忆里"光绪三年"的误植，因为光绪二年确是丙子年。将光绪二年丙子八

《爱新觉罗宗谱》关于溥侗的记载（片段）

月十六日换算成公历，则是1876年10月3日。

《爱新觉罗宗谱》是参照清代玉牒修成的，其史料价值和权威程度毋庸置疑。而三位子女的说法均属事后追述，记忆不确切在所难免。若无特殊理由，溥侗的生年理当依从《爱新觉罗宗谱》的权威记载，确定为1876年。

红豆馆主的卒年

《爱新觉罗宗谱》的最后一次编修印行是1930年代的事情，溥侗当时仍健在，所以该书不能帮助解决他的卒年。看来还得看看子女们关于父亲的去世又怎么说。

毓崎说：

> 抗日胜利前，家父曾回到南京，住在甘贡三老先生家中。后家父病体严重，于解放前夕去上海就医，1950年6月病故于上海。当时，在上海乐园殡仪馆开了追悼会，前来吊唁者大多是家父生前弟子、曲友及文艺界人士百馀人。这天下大雨，梅兰芳先生冒雨赶来，此时家父棺椁已上盖，应梅先生恳切要求，开棺让梅先生与家父见了最后一面；梅先生悲痛万分，含泪与家父悼别。(《回忆家父红豆馆主的京昆艺事》，《南京戏曲资料汇编》第一辑第175页)

毓峑文章中提到父亲病故经过和时间时，行文与毓崎的文章几乎完全相同，显系因袭，不再赘引。

毓子良则说："父亲是1950年农历六月二十六日去世的，享年

红豆馆主逝世

"迫",竟致一病不起，于九日清晨逝世，年七十五岁，由洵之友人江某等料理丧事。（行）

戴近晚京红豆界名宿湖口来失馆界一，浚笛颜（），西阔倒迥上盛早年，投在名死别致，恼北号遂体漸停樂閣唉瞰畿館

1950年8月10日上海《新民报晚刊》所载溥侗逝世消息

77岁。"还说父亲去世时大姐已出嫁，大哥也在外地参加工作，而二哥已赴台湾（《末代皇朝的子孙》第114页）。这么看来，唯有他在上海陪伴父亲度过最后的日子，他的说法来自亲历（至于他疑心父亲的猝逝是出自他人谋害的事，与本文关系不大，这里不谈）。把1950年的农历六月廿六换算成公历，是1950年8月9日。

顺便再举一证。我曾在《龙榆生题识与方志彤太太》一文中引用过龙榆生1954年所填《临江仙·春暮有怀德意志女子马仪思》词，此词"故人天末已飞仙"一句后有小注云："溥翁下世忽已三年矣。"以1954年春倒推三年，也只能推出1950年。

三位子女连同生前好友龙榆生都认为溥侗去世于1950年，只是具体日期略有出入。溥侗既是社会名流，则他的去世在当时的报刊上可能会有报道。祝淳翔先生帮我查阅了这一时期的旧报纸，果然在1950年8月10日上海《新民报晚刊》的第二版"文娱新闻"栏中找到了相关消息：

红豆馆主逝世

票界名宿溥西园（别号红豆馆主），早年在北京京剧界颇负盛名，惜晚年失节，一度投伪，近年来潦倒沪上，以教戏糊口，最近贫病交迫，竟致一病不起，于九日清晨逝世，年七十五岁，遗体暂停乐园殡仪馆，由溥之友人江某等料理丧事。（行）

这里明确指出：溥侗正是1950年8月9日清晨去世的，这个记载与亲历其事的毓子良说法一致。溥侗逝世的日期可以确定了。

回过头来看，毓綺的说法其实并未明言是农历还是公历，宽泛地说来也不算大错。当然了，父辈去世时儿女们已长大成人，既是他们自己曾亲历的事，记错的概率就小多了。

至此，红豆馆主爱新觉罗·溥侗的生卒年份皆已查实考定：他生于光绪二年八月十六日（1876年10月3日），卒于1950年8月9日，享年七十五岁。

（原载《南方都市报》2014年8月10日）

关于龙榆生写给赵景深的两封信

既然确定了溥侗确切的去世日期，那么长久以来因为溥侗卒年记载问题而造成的一些错误就可以据之纠正了。

已故张晖先生所著《龙榆生先生年谱》（学林出版社2001年5

月版）中，正存在因溥侗卒年被错置而导致的错误。错误与书中所收的两封龙榆生写给赵景深的信件有关，为了说明问题，我据该书抄下两封信的全文，并稍做解说。

第一封信是：

景深先生：

　　不奉教又四年矣！尊寓有无迁徙？四明里门牌亦不复记忆，无缘走访，惘惘如何！弟自上海解放后不久，即滥竽文管会。去岁参加博物馆之筹设，即留馆掌理图书资料，每日皆到馆工作。敝寓复兴中路五五三弄复兴坊五三号，附近有北新书局，不知先生仍常至彼否？昨得章生柱扬州师专来书，谈及北新书局计划出版古典文学注解小丛书，不知究竟如何？先生或主持其事，如有可以效劳之处，亦愿以馀暇为之，不特稍助药饵之资，亦冀于文化方面略图贡献耳！贵校历史系苏乾英教授，为暨南旧同学，特托代达近怀，并希赐复为幸！此致
敬礼！

　　　　　　　　　　　　　　　　　　　　弟龙榆生
　　　　　　　　　　　　　　　　　　　十一月十三日
　　文管会送聘特用此姓氏，故而以字行。（第165页）

张晖将这封信的写作时间定在1951年的11月13日。从该信的内容来看，恐怕不对。龙榆生在信中曾问候"贵校（按指复旦大学）历史系苏乾英教授"，检《复旦大学教授录》（王增藩主编，复旦大学出版社1992年10月版），明确记载苏乾英是"1952年华

东各大专院校院系调整时，被分配到复旦大学历史系任教"（见该书第265页）的，则此信当写于1952年高校院系调整之后。《龙榆生先生年谱》曾记1954年7月陈毅市长谕徐平羽转嘱上海博物馆，允许龙榆生专心撰述而不必随例上班之事（第157页），而此信中既有"每日皆到馆工作"的话，则应写于1954年7月前。《年谱》并引龙榆生《干部自传》中的两段："直到一九五二年三月'三反'结束后，我才完全解除了精神上的苦痛，恢复了工作。领导方面派我参加上海博物馆的筹建，文管会的研究室也撤销了。"（第164页）"一九五二年十月，上海博物馆开馆。因为早经成立了图书资料室，我被派往图书资料组组长，直到现在。"（第167–168页）以这两处对看信中所说的"去岁参加博物馆之筹设，即留馆掌理图书资料"，应可确定这封信写于1953年的11月13日。

第二封信是：

景深先生：

久未承教为念。红豆馆主下世两月馀矣，身后萧条，遗孤稚弱，饔飧不继。弟每过其宅，辄为之泫然，恨无力以济之。偶与知好商量，果得剧界倡导，联合同道为演义务戏一次，以所入赡其遗族，并为刊纪念小册，庶使艺坛尊宿魂魄稍安。知兄于馆主亦深敬佩，可否约集艺人票友，一为发起，并之梅博士相助何如。便示数行，谨当约期趋候。匆颂
撰安！

弟龙沐勋拜启

十月廿四日昧旦

（第168页）

　　此信徐重庆先生已先在《从龙榆生的一封信想到红豆馆主》（原载《书窗》1999年第4期）一文中披露。当时他只笼统地说信是1952年所写，恐怕是通过信里"红豆馆主下世两月馀矣"的话，结合他文中所认为的溥侗卒年1952年而认定的。而张晖沿袭之，将此信确定在1952年的10月25日所写。（没定在24日，或许是注意到了龙榆生落款时所写的"昧旦"？）但现在既已确定溥侗卒于1950年8月9日，那就该明白徐重庆、张晖二位先生的判断有误——这"红豆馆主下世两月馀矣"的"十月廿四日"，当是1950年的10月24日。

　　对以上两封信的写作时间做过纠正之后，可看出第二封信的写作时间原在第一封信之前。也就是说，落款署"龙沐勋"者写在先，改署"文管会送聘特用此姓氏，故而以字行"的"龙榆生"者写在后。时间理顺了，逻辑上也合理了。

　　把这两封信比较起来看，还能看出些问题。后写的这封信里，龙榆生的语气不但更为恳切，感叹"不奉教又四年矣"，更特地说到"希赐复为幸"。"不奉教又四年矣"！1950年10月24日到1953年11月13日才三年多，那么赵景深在1950年收到龙榆生寄给他的信后回信了吗？"历史旧嫌，至今不恕于人口"（夏承焘《天风阁学词日记》1954年8月11日语）的龙榆生，尚且自顾不暇，竟还热心为"晚年失节"的溥侗料理后事，在那样的年代，若旁人无以助之，似也可以理解。只是今天看来，不免要为人情冷暖发一番感慨。

（原载《南方都市报》2014年8月24日）

龙榆生墓拜谒记

龙榆生逝世于1966年11月18日。其后情况，张晖《龙榆生先生年谱》（学林出版社2001年5月版）记述说：

> 先生逝后，家属遵照遗嘱《预告诸儿女》中安排，将遗体即行火化，骨灰由夫人持护。一九七〇年五月七日，夫人因高血压受惊致动脉破裂逝世，年七十二。双亲骨灰由长子厦材谨护，于一九八〇年三月奉至北京香山万安公墓安葬。碑文由吕贞白书写："西江词人龙七陈夫人淑兰及次女美宜、三女新宜之墓"。墓属木区余组。（第232页）

这个清明节我想去拜谒龙榆生墓，便再次检读了这段记载。

汪晖在《明暗之间——记石承先生》（原载《读书》1996年第1期）一文中曾忆及自己早年受章石承先生之托到万安公墓给龙榆生扫墓的事情。他回忆说："那时没有公共汽车通那里，需要坐车到一处，而后步行走过去。"那该是1983年的事。

看了入口处的示意图，才能大致明白"木区余组"是什么意思：原来公墓分为金、木、水、火、土等区域，每个区域又依一定的顺序分组，如"木字区"下的组别就依《千字文》分为天组、地组、元组、黄组……而"余组"的"余"，实是"闰馀成岁"的"馀"。

经由示意图和标识物的提示，我很快到达了木区馀组。可是并未在其中看到墓址所在——难不成粗率漏过了？木区馀组很小，在其中怎么也找不到，让我想起汪晖所忆他当年只从龙榆生女儿龙顺宜那里问到个大概的方向，就在离公墓关门还有两个小时的时候"沿着一块块墓地慢慢地辨认"，故几近绝望才能"在一块极小墓碑上意外地看到一行小字，上面写着'江西九江龙七之墓'"。谁能想到如今明明按图索骥，竟然也会扑空。

无奈之下，我只好对木区进行了逐组搜寻。又找了约莫二十来分钟，终于在离木区馀组不远的木区九（午）组找到了龙榆生的墓。见墓前摆有两个小花圈，知龙家后人已来扫过墓了。

龙榆生的墓碑曾有人拍过照片上传到网上，不过照得模糊。这次亲来细看，发觉碑文并非如汪晖所记的仅仅八个字而"再无别的标记"，也比张晖在《年谱》中所录繁复。碑文如下：

西江忍寒词人龙七　一九〇二—一九六六

陈夫人淑兰　一八九八—一九七〇

及次女美宜　一九二六—一九七二

三女新宜　一九二九—一九五三　之墓

男厦材真材英材
女顺宜雅宜静宜

八〇年十月立

龙榆生墓

　　"西江"就是江西，龙榆生是江西万载人。陈淑兰夫人的籍贯倒是江西省九江府德化县（今江西省九江市柴桑区），汪晖误记碑文为"江西九江龙七之墓"或肇因于此。这次来扫墓，缅怀之馀，得以据亲眼所见明了前人文献记载的微瑕，亦有新收获。

　　　　　　　　　　　　（原载《南方都市报》2015年6月21日）

【补记】

　　偶然发现，《龙榆生先生年谱》后来版本关于龙榆生身后安葬情况的记述相比初版一刷本都有改动。2002年5月学林出版社初版第二次印刷本的这段文字作：

> 先生逝后，家属遵照遗嘱《预告诸儿女》中安排，将遗体即行火化，骨灰由次子真材谨护。一九七〇年五月七日，夫人因高血压受惊致动脉破裂逝世，年七十二。双亲骨灰由长子厦材谨护，于一九八〇年三月奉至北京香山万安公墓安葬。碑文由吕贞白书写："西江词人龙七陈夫人淑兰及次女美宜、三女新宜之墓"。墓属木区余组。(第232页)

2020年3月上海古籍出版社增订本的这段文字作：

> 先生逝后，家属遵照遗嘱《预告诸儿女》中安排，将遗体即行火化，骨灰由夫人持护。一九七〇年五月七日，夫人因高血压受惊致动脉破裂逝世，年七十二。一九七八年九月，先生夫妇骨灰由长子厦材、幼子英材、邵慎平夫妇护送至上海公平路码头，由外孙女邵弘度乘船经青岛转乘火车护送至北京。一九八〇年三月，安葬于北京香山万安公墓。碑文由吕贞白书写："西江词人龙七陈夫人淑兰及次女美宜、三女新宜之墓。"墓属木区馀组。(第234页)

（2024年3月6日）

"写的时候很匆促，内容也极为芜杂"

"鸡皮鹤发老妪忽作新嫁娘之愧"

1982年胡乔木说服钱锺书和夏鼐担任社科院副院长的事情，在杨绛先生的《我们仨》（生活·读书·新知三联书店2003年7月版）一书中有很生动的描写。不过钱锺书研究者范旭仑先生对杨绛所述颇不以为然，曾在博客"钱默存先生年谱"上撰写《谎话编造得像煞有介事就决不会真有其事》（2008年2月22日）、《〈谎话编造得像煞有介事就决不会真有其事〉增补》（2011年9月12日）、《〈谎话编造得像煞有介事就决不会真有其事〉增补之二》（2015年1月26日）等三文，胪列有关史料，颇讥刺地点评说："像一切教育程度不高的人，我们对于白纸上写的黑字非常迷信，哪里想到作者撒谎的本领会变得这样伟大！"

杨绛大略说"乔木同志先已和夏鼐同志谈妥，对锺书却是突然袭击"，而范旭仑却这么评述她的记述："简括地说，《我们仨》是部小说体的自传，'改头换面地叙写自己的经历，提升或满足自己的感情'，如作者自己说的，上半部写实，后半部想象。想象并不完全凿空，譬如水泡碰破了总剩下一小滴水。"这话有道理，范旭仑所征引的材料早前确曾证明胡乔木说服钱锺书担任副院长并非"突然袭击"，实有一系列的沟通。后来夏鼐的日记刊布，1982年6月7日的日记明确写到钱、夏二人应胡乔木之约前往社科院院部，彼此都"不知何事"，结果胡乔木"亲自劝驾"，要他俩挂名担任副院长。两人一番推辞，胡乔木一番说服，结果"钱老即松口"，夏鼐也只好听从安排（《夏鼐日记》卷九，第140页，华东师范大学出版社2011年8月版）。显然杨绛所述不确：胡乔木没先和夏鼐谈妥，对二人都是突然袭击，而先松口答应的反而是钱锺书呢！日记可比二十多年后旁人的回忆准确。

关于此事，我还可揭出一条材料。《胡乔木谈文学艺术》（《胡乔木传》编写组编，人民出版社1999年9月版）一书所收1982年6月至7月《关于七律〈有思〉的通信》中，其一钱锺书致胡乔木信曾云：

> 昨日奉尊命，不敢固辞，耽误大计。然终有鸡皮鹤发老妪忽作新嫁娘之愧。（第234页）

后则述为胡乔木改诗之事。此信落款虽只署"锺书上　八日夜"，然编者已在目录注明此信写于1982年6月8日。这正是胡乔木"亲自劝驾"之后一天！这样我们就看懂了钱锺书信里的话——"昨日"这"不敢固辞，耽误大计"的"尊命"，正是要求他担任社科院副院长的任命。

胡乔木劝钱锺书做副院长和钱锺书为胡乔木改诗这两件事，

时间连在一起，关系非常紧密。胡乔木先请钱锺书改诗，后来又觉得钱锺书把他的诗改得面目全非而不大高兴，这大概跟钱锺书起初推辞不愿做这个副院长时给他带来的不大高兴差不多，很有些要对方识趣的意思。这样我们就又看懂了钱锺书6月18日再复胡乔木信中所说的话："我只能充个'文士'，目光限于雕章琢句；您是'志士仁人'而兼思想家，我上次的改动就是违反了Pope *An Essay On Criticism* 的箴言：'A perfect judge will read each work of wit / With the same spirit that its author writ.'"

（2015年4月21日）

夏鼐所记"坎曼尔诗签"

1972年第2期的《文物》杂志曾刊登郭沫若的名文《〈坎曼尔诗签〉试探》，他论定新疆发现的两张抄有唐诗的旧纸——所谓的"坎曼尔诗签"——完全是唐代的文物，不但要证明"诗签"的抄写者"坎曼尔"是兄弟民族中的一位进步的知识分子，还要顺便驳斥苏联学者"中国的北界是万里长城，西界从来没有超出过甘肃和四川"的谬论。

"坎曼尔诗签"后来被学者杨镰证明是个重大的骗局。从1987年开始，杨镰到新疆博物馆对了解"诗签"发现过程的文物工作者进行了调查，终于把两名作伪者（他隐去真名，称二人为L与S）揭发了出来。原来"诗签"本身确是旧纸，但上面的汉字居然是1960年代初L请S新抄在旧纸上的。杨镰将事情的经过原原本本地写进了《〈坎曼尔诗笺〉辨伪》(原载《文学评论》1991年第3期)一文中。

最近读《夏鼐日记》(华东师范大学出版社2011年8月版)时，发现夏鼐也记述了这桩造假案。1981年2月5日是春节，有位新疆的维吾尔族学者库尔班到夏鼐家拜年。夏鼐记述说：

> 〔库尔班〕谈到《坎曼尔诗笺》，他说仍不能确定为何处征集来之物，并非若羌所出土(他即参加若羌发掘)，原仅有察合台文字，汉文乃一位施惠昌同志(原在博物馆)所写，他承认他描过使字体更清楚。据说原有淡墨文字，此说未必可靠。李征拿去在火旁烤过，使变旧，有些地方被烤焦，后拿到北京，给郭老看，郭老即写文章，实则原物仍有问题。(卷九，第8页)

这个说法与杨镰经调查所得出来的结果相近，甚至还可以相互佐证，但夏鼐竟在杨镰的文章面世十年之前就了解了真相，还知道了作伪者的真名(显然李征即杨镰笔下的L，而施惠昌即杨镰笔下的S)。可见考古界的有识之士早就洞穿这个骗局了。

(原载《羊城晚报》2013年9月8日)

杨宪益的《零墨续笺》序

杨宪益先生1940年代给《新中华》等几家报刊上写考证文章时，曾缀以"零墨新笺"的标题，结了集就叫《零墨新笺》（中华书局1947年11月版）；后来自印续集，则叫《零墨续笺》。境随时迁，这类文章中辍了约三十年，到1979年他才又做考证文章发表在《读书》等杂志上，冠名为"译馀偶拾"，间或掺入旧稿。

好玩的是，1983年6月三联书店正式出版《译馀偶拾》时，新写的篇什却并未收入，而只合《零墨新笺》和《续笺》为一集。据杨宪益自陈，文字没做改动，只从《续笺》里抽掉了一篇。

最近我在国家图书馆阅览了《零墨新笺》和《零墨续笺》，取《译馀偶拾》对勘一过，发现被抽掉的一篇原是《再论汉初真番的位置》，属于与人商榷的论辩文字，大概因时过境迁而被抽去。而《零墨续笺》的序言亦未收进《译馀偶拾》，今抄录以存史料：

序

这里收集的都是日本投降后二三年间所写的一些读书笔记，写的时候很匆促，内容也极为芜杂，近二三年来，因致力于统一战线工作，这些旧稿也从未加整理；日子一久，散失的也很不少，近日因为收到一些稿费，于是就决定将这些旧稿印出来；一共只印一百本，送送朋友，因为抗战期间，中华书局曾为我出版了一册《零墨新笺》；所以这一册就叫作

《零墨续笺》。临付印前，自己翻读一过，感觉内容有许多地方很不妥当。过去我是走清儒及王国维冯承钧的老路的，很受些实验主义的影响；今天看起来，许多地方的观点是颇成问题的。此外关于过去所作的一些结论，今天我也有了新的看法；例如过去我以粟特为西史的 Goth 民族；现在我认为粟特为 Skythai, Skythica 的对音；此与汉译 Scotland 为"苏格兰"同例；这样，我国有关粟特史料就可以补上古代斯鸠塞民族与后日俄罗斯民族历史中的一段空白。虽然内容有许多地方应该重写，然而目前还没有时间整理，只好俟诸异日了。是为序。

解放后一年宪益记

难怪该书如此难觅，原来当年只印了一百本！

用杨宪益晚年的话来说，"致力于统一战线工作"实是"热心处理民主党派和政协事务"（《回忆钱锺书兄》，载《博览群书》2000年第7期）。反思自己受到的清儒、王国维、冯承钧和实验主义的影响时，似乎也折射出了彼时的气氛和思想的变化。不过，《零墨新笺》明明出版在1947年11月，他却记作"抗战期间"，相隔未久，如何会误记的？真有点奇怪。

虽然印了这书送给朋友，但杨宪益对于书中的某些疏漏和穿凿还是有清醒认识的，只是理当重写却没有时间，"只好俟诸异日了"。不过，以今天的眼光看，认为"粟特"是 Goth（即哥特）的对音固然失之穿凿，而认为是 Skythai 或 Skythica（即序中的"斯鸠塞"，今通译斯基泰）的对音似也并不正确。他1981年给《译馀偶拾》写序时，也还表示"内容上的错误是大量的"，但也没有再做大的修改。

杨宪益后来没能把考证文字做得更丰富、更扎实，他的《译馀偶拾二编》也终未问世，看来"译馀"亦无暇了。如他在自传里所说的那样："假如我一生中的这个丰产期能持续得更久，我很可能成为一位历史学家，成为与中国古代史有关的各种课题的权威。但是，后来的事态发展使我离开了学术研究的领域。"（此据薛鸿时译文）杨宪益的精力被琐碎的工作所消耗，命运被不断的运动所裹挟，在学术上没能取得更大的成就，是件憾事。

（原载《南方都市报》2015年5月17日）

"负盛名、达老境，真不易自处也"

"露泥脸与现羊脚"

"六合丛书"又出了新品种，袁一丹女史的新著《此时怀抱向谁开》（上海文艺出版社2020年4月版）是其中之一。这几天，我正和朋友们一起研读此书。

胡文辉先生素来留心1948年年底胡适离开北平到南京时当众大哭的事情（他曾撰《胡适之的眼泪》，载"历史的擦边球"微信公众号2019年12月30日）。袁著所收文章《沦陷下的顾随与周作人》中引用的一条材料刚好提及此事，引起了他的注意。

经我复核，袁著所写出处有小误，这条材料是顾随1948年12月18日（袁著误作8日）的日记：

> "华北"报载，胡适之在南京北大同学会涕泣陈词，自谓无颜见会知堂老人，所谓露泥脸与现羊脚者耶！负盛名、达老境，真不易自处也。矧丁兹多乱之秋耶！

新旧两版《顾随全集》(河北教育出版社2014年3月版，卷二，第222页；河北教育出版社2000年12月版，卷四，第587—588页)所载的这段文字均如此。

粗看这段话，似乎胡适到了南京之后还曾特意提起周作人，有无颜相见的复杂心情。"'华北'报载"当指《华北日报》之类的报章，我过去曾为胡文辉先生查检过《申报》的有关记载(见《胡适之的眼泪》)，这次又特意复核了《华北日报》的有关报道，对胡适"涕泣陈词"的记录均甚详细，但绝对没有提到周作人，令人生疑。

再一琢磨，突然想到"露泥脸与现羊脚"之说实出自周作人笔下。周作人的文章《中年》写道：

> 我们少年时浪漫地崇拜许多英雄，到了中年再一回顾，那些旧日的英雄，无论是道学家或超人志士，此时也都是老年中年了，差不多尽数地不是显出泥脸便即露出羊脚，给我们一个不客气的幻灭。(收入《看云集》，开明书店1932年10月初版，第102页)

由此乃悟，当是顾随日记的标点出了错误，"知堂老人"四字当下属。应作："……自谓无颜见会。知堂老人所谓露泥脸与现羊脚者耶！……"

据我翻查，他人笔录的顾随《〈中庸〉说解》中，也曾经引录有关"泥脸""羊脚"的句子，注明出自周作人的文章，并注"羊脚疑是希腊神话"(见新版《顾随全集》卷七，第67页)。"泥脸"不知有没有更早的出典，"露出羊脚"想来当是英文里"show the cloven hoof"之类的话，犹言露马脚、现原形。周作人早先在《雨天的书》（新潮社1925年12月初版）的自序二里写过"燕尾之服终不能掩羊脚"，后来在《小说的回忆》（收入《知堂乙酉文编》，香港三育图书文具公司1961年2月版）里写过"作者似乎无意中露出了一点羊脚"，都是一样的用法。

但还有疑问。胡文辉先生指出，"见会"一词不大通。想来日记是竖写，原文应是"见人云"？新版《顾随全集》卷十虽截取了数页日记影印，确系竖写，但没有影印这一天。因辗转托赵林涛先生请顾之京女史复核原件，很快就得到回复：质疑和推断都是对的。这段话正确的文字应是：

> "华北"报载，胡适之在南京北大同学会涕泣陈词，自谓无颜见人云。知堂老人所谓露泥脸与现羊脚者耶！负盛名、达老境，真不易自处也。矧丁兹多乱之秋耶！

真相大白：胡适并未在南京公开提起周作人，顾随只是用周作人的话来形容胡适而已，其用意，参以周作人的原话自可明白。袁著说这段话是顾随"再度为周作人抱不平"，实属误解，是被整理的错讹连累了。

这个小错讹，长期未得纠正，又易令人误会，因作校正如上。

（原载《南方都市报》2020年5月17日）

夏鼐的蝇头小字批注法

前些日子有机会见到了《夏鼐日记》的主要整理者、社科院考古所研究员王世民先生。王老1950年代从北大考古系毕业后便去了学部考古所，在夏鼐先生领导下工作了多年，他告诉了我许多夏鼐先生的治学往事。

王老拿出一本甘孺（罗继祖）著《永丰乡人行年录（罗振玉年谱）》（江苏人民出版社1980年10月版）给我看，并说夏鼐曾向他借去过这本书细读，书中勾画、批注皆夏鼐所作。我拿来一翻，果然内文有各式各样的笔迹，用铅笔划出重要的人名、地名和书名，而用红蓝圆珠笔来写批注。批注均是两三毫米见方的蝇头小字，要么写在两行字的夹缝中，要么写在天头或空白处。经王老同意，我把批注内容大致抄录了下来——

原书第8页提及《寰宇访碑录校议》"附刊于行素草堂金石丛口本孙书之后"。"口"字显然应是代表缺字的方框，夏鼐将其添为"书"字。

第60页提及哈同等人欲资助罗振玉出书，"然哈与其用事者某皆绝不知学"。夏鼐在"其用事者某"旁夹注"姬觉弥"。

第81页记陈松山去世，罗振玉等人"胪其节行呈内务府请恤"。夏鼐在"内务府"旁括注"溥仪小朝廷之内务府"。

第95页记罗振玉作《〈恒农专录〉跋》，"订正以前以为专出灵宝之谰言，而从洛阳谢某及山左估人宗某之言出于孟津"，并记

1964年偃师骷髅沟刑徒墓坑所出砖与《恒农专录》之专为一式，"其地北距东汉洛阳城遗址约二百五十公里"。"约二百五十公里"显误，夏鼐圈改为"约二公里半"；针对罗继祖因为孟津距洛阳较近，仍折中其祖之说以为刑徒墓地分偃师、孟津两处的意见，夏鼐在天头批注："端方所得者即洛阳（偃师）出土，孟津出土说不可信。"

原书第107页录《贞松堂集古遗文》自序，有"顾、刘、吕、黄、李、王、薛诸家之所训释，得失相半"句。夏鼐圈掉"顾"字后面的顿号，在其馀各姓左侧加划专名线，并注明他们分别是刘敞、吕大临、黄伯恩、李公麟、王俅和薛尚功（俱为历代金石家）。

全书末页还有"8　81　95　107"的小字，显然是提示书中哪些页数有批注的。

这天向王老请益，收获颇多。返家后我又翻检《夏鼐日记》，果然发现他1985年1月21日的日记记载："下午在家，阅甘孺《永丰乡人行年录》（罗振玉年谱），闻系罗氏之孙罗继祖所写，为罗氏辟谣，然作者带遗老气，口口声声称'逊帝'。"（卷九，第430页）从日记来看，夏鼐第二天上午便读完了这本书，24日把书还给了王世民，而这年6月19日他即溘然长逝。晚年夏鼐读书仍勤奋快速，并仍能写蝇头小字批注，实在令人感佩。

（原载《江海晚报》2014年9月9日）

鲍勃·迪伦歌曲早期译介

消息传来，鲍勃·迪伦（Bob Dylan）荣获了2016年诺贝尔文学奖。我也说说我了解的迪伦歌曲早期译介故事，凑凑热闹。

迪伦是1960年代的象征。可是中国大陆那时候并不能与西方同步接受迪伦的音乐，也很难想象当时的中国普通百姓能有机会听到迪伦的歌曲。1976年，当吉米·卡特接受美国民主党总统候选人提名，翻用迪伦的歌词"he not busy being born is busy dying"（出自迪伦的歌曲"It's Alright, Ma [I'm Only Bleeding]"）时，恐怕连新华通讯社的资深译员都不大晓得这位迪伦是怎样的一位音乐家。

所以中国大陆对于迪伦歌曲的译介要到1980年代才逐渐多起来。最有名的"Blowin' in the Wind"首当其冲。我所见到的以下资料，可以给"迪伦在中国"的接受史做注脚。

较早介绍这首歌曲的，要数章珍芳所编的《美国歌曲选》（文化艺术出版社1982年5月版）。这本书收录了刘诗嵘译配的"Blowin' in the Wind"，歌名爽快地译成《答案就在眼前》，若非附标了原文，真叫人不敢遽然相认。曲末的简要说明有云："这首歌名若直译可作'乘风而来'，意思是歌词中提出的一些社会问题答案本来是很明确现成的。"（第249页）虽说迪伦的答案并非全然是"在空中飘"的，但这么翻译和说明就侧重于"在地上跑"了。鉴于那时候中美关系刚正常化没几年，中国的音乐爱好者还需要本着了解的目的去寻觅"有进步倾向的歌曲"（此语亦出自曲末简要说明），解释上的一些倾向大概不可避免。

《英语世界》1983年第4期上，刊有柴明翻译的"Blowin' in the Wind"歌词，便把歌名译作比较直观的《答案就在风中飘》。歌词前的说明简要地谈了谈迪伦的写词作曲才能和这首歌曲的内涵，又说："此歌词意蕴藉，曲调优美，不久前北京电台曾在外语歌曲节目中向广大听众播出，现我刊特发表此歌词谱，以飨读者。"这句话如今看来就有想象空间了：当年北京电台的这个节目除了迪伦的歌曲，还会介绍哪些外国歌曲呢？杂志上所附的歌谱是工整的手写体影印上版，正是那个时代的风格，看着十分舒服。

值得一提的是九叶派诗人袁可嘉先生对于迪伦的译介。1985年2月，袁可嘉的《美国歌谣选》在外国文学出版社出版，全书在最后选译了迪伦的两首歌。袁可嘉把Bob Dylan译成了似乎略带他浙江家乡口音的"包勃·迭兰"，两首歌分别是《时代改变了》（即"The Times They Are a-Changin'"）和《就在空中飘》（即"Blowin' in the Wind"）。在《时代改变了》歌词的说明里，袁可嘉写道："本歌作者包勃·迭兰是美国六七十年代著名歌谣作家和演唱家，曾被誉为美国群众不满情绪的代言人。译者在1980年秋访问旧金山时，曾在剧院听他演唱下面两首歌谣，听众反应强烈。七十年代后他转向宗教题材的歌曲创作。"（第156页）原来袁可嘉先生早在1980年就听过迪伦的演唱会了。

在有关迪伦信息的网站boblinks.com上，可以顺藤摸瓜地查询到迪伦历年来演唱会的信息。根据资料显示，1980年11月9日至11月22日，迪伦在美国加利福尼亚州旧金山的福克斯·沃菲尔德剧院（Fox Warfield Theatre）连开了十二场演唱会。袁可嘉应该就

Blowing in the Wind

Bob Dylan
柴 明 记谱

4/4 1＝F

‖: 5 55 6 66 | 5 3 2 1· 5 | 5· 5 6 54 |

How many roads musta man walk down, be-fore they call him a
How many years musta moun-tain ex-ist, be-fore it's washed to the
How many times musta man look up, be-fore he can see the

5 - - - | 5 55 6 66 | 5 3 2 1· 5 | 5· 55 4 44 |

man?　How many seas musta white dove sail, be-fore she sleeps in the
sea?　How many years can some peo-ple ex-ist, be-fore they're allowed to be
sky?　How many ears must one man have, be-fore he can hear people

2 - - - | 5 55 6 66 | 5 3 2 1· 5 | 5· 55 6 54 |

sand?· How many times musta can-non ball fly, be-fore they're for-e-ver
free?　How many times can the man turn his head, and pretend that he just doe-sn't
cry?　How many deaths will it take till he knows, that too many peo-ple have

5 - - 54 | 4 43 3 2· 12 | 3 3 2 1· 4 |

banned?　The an-swer, my friend, is blowing in the wind, the
see?
died?

　　　　　　　　　　r1. 2.　　　　3.

4 43 2 1 7 | 1 - - - :‖ 1 - 14 4 43 3 2· 12 |

an-swer is blowing in the wind.　wind. The an-swer, my friend, is

3 32 1· 4 | 4 43 2 1 7 | 1 - - - | 1000 ‖

blowing in the wind the an-swer is blowing in the wind.

67

"Blowin' in the Wind"，柴明记谱，见《英语世界》1983 年第 4 期

是其中一场的观众（他于这年9月赴美访学）。关于迪伦在沃菲尔德剧院的表演，文化史家戴维·道尔顿（David Dalton）曾说："沃菲尔德演唱会的观众们激动不已，每个去看的人都说那次表演棒极了。这次演唱会上很多拉扯迪伦的人都没有被阻止。"（见戴维·道尔顿《他是谁？——探寻真实的鲍勃·迪伦》，郝巍译，广西师范大学出版社2015年6月版，第333页）与"听众反应强烈"六字对看，实可追想袁可嘉当时心中所受到的触动。

网站上更能查到这十二场演唱会所演唱的具体曲目。但令人疑惑的是，迪伦在这十二场中其实并没有演唱"The Times They Are a-Changin'"。看来袁可嘉是有心要把这首歌作为"有较高艺术水平"的"反映美国人民革命传统和斗争精神的作品"（语出《美国歌谣选》后记）给收录进来啊，哈哈。难怪大力帮助袁可嘉编译《美国歌谣选》的许芥昱先生会说"Yuan's interest in folk songs of protest is still with him today"（语出 *The Chinese Literary Scene: A Writer's Visit to the People's Republic*, by Kai-yu Hsu. Vintage Books, 1975, p. 229）呢。之后袁译《就在空中飘》收入邹荻帆选编的《月照波心一颗珠——诗人译诗选集》（花城出版社1985年5月版）时，诗末所缀的说明稍有改动，说是"一九八〇年冬译者曾在旧金山观看迭兰演唱此歌，听众反映热烈"，才更符合实情。

用今天的眼光看，那个时候译介迪伦歌曲的眼光不免狭隘。今天我们听迪伦可以不必拘泥，多听听他那些偏门的、只唱爱情的、带点宗教的、不那么"反映美国人民革命传统和斗争精神"的歌曲都没问题，因为"时代改变了"。

（原载《南方都市报》2016年10月16日）

"我当年在上海就见到好些明版白棉纸书惨遭此劫"

来燕榭的那部《藏书纪事诗》

沈津先生曾谈过这样的掌故：

　　上个世纪的"文革"中，上海某新闻单位抄了某位颇有名气的文人（已去世，姑隐其名）家后，将不少书移交上海图书馆，其中有一部叶昌炽《藏书纪事诗》，很普通的线装本，但是打开一看，却是极为诡异，原来有些页面的天头上粘贴了一些清代藏书家的藏印，如□□□条，那就有一至二方□□□的藏印，都是将各种原书上的钤印割下，再移至《藏书纪事诗》中，这实在是一种恶劣的破坏行为，可以想见不少明清刻本或抄本经过某人之手，多被开了"天窗"。(《藏书印及藏书印的鉴定》，收入《书海扬舲录》，广西师范大学出版社2016年11月版，第235页)

黄永年先生也曾不指名地批评一位爱把题跋"紧写在正文或目录之后"的藏书者：

> 此君还有个毛病，即为了要收集名人的藏书印记，在卖出前用刀片将书上的名人藏印割下来，我当年在上海就见到好些明版白棉纸书惨遭此劫，这就更为正派人所不取了。（《我怎样学会了鉴别古籍版本》，收入《学苑与书林》，上海书店出版社2006年1月版，第242页）

结合起来看，对相关知识稍有了解的明眼人，都不难悟出这两段记述指向黄裳先生。

上海嘉泰2007年春拍曾现身一叶黄丕烈手书《毛诗传笺跋》，后有黄裳先生题识："此题跋一叶，买得于菰里瞿氏。书已不存矣。缪艺风、吴伯宛所辑《士礼居题跋》，以此跋冠于卷首，余以订入此书，以存荛翁故迹。旧藏黄跋诸种，均已易去，箧中仅馀此叶及赠月霄一诗矣。裳记。"拍卖说明即称："此件黄裳先生订入自己所藏《藏书纪事诗》一书卷五。"黄裳后来在《海滨拾遗记》（《东方早报·上海书评》2012年1月8日）里还提起这页黄丕烈题跋，说"跋仅一叶，无所附丽，乃装入自校补本《藏书纪事诗》中，与祁尔光、吴尺凫、顾千里、鲍以文诸家手迹为侣"，他所藏的这部"校补本"《藏书纪事诗》内容之丰赡可想。

近阅陆灏先生新著《不愧三餐》（中信出版集团2018年8月版），看他提到2010年前后去看望黄裳先生时，说起拍卖会曾上拍一部有黄丕烈题跋的书，于是黄裳便从泛黄的报纸包裹中取出了这部《藏书纪事诗》——"抽出其中一册，随手一翻，就是一页黄丕烈题跋的手迹：'你看，我这个比拍卖的那个如何？'又抽出一册，随手一翻，这是谁的墨迹；又一册，这是谁的印章。"陆灏先生于是披露："黄先生曾花了十多年时间，搜集《藏书纪事诗》中提到的藏书家手迹和印章，一一粘或夹在书里相关位置。"（《"自喜老夫脑力未衰"》，第195页）那叶黄丕烈跋当年显然并未真的拍出，仍在这部《藏书纪事诗》里。

明白了以上这些关节，就让我回想起黄裳先生的文章《书痴》

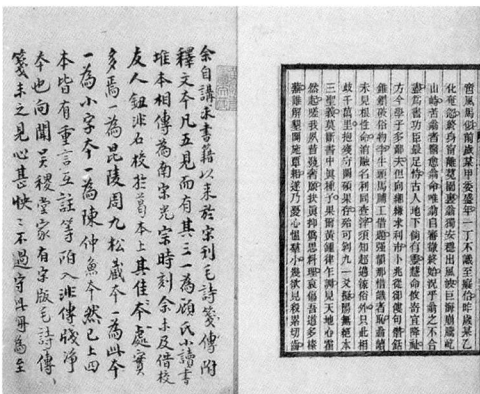

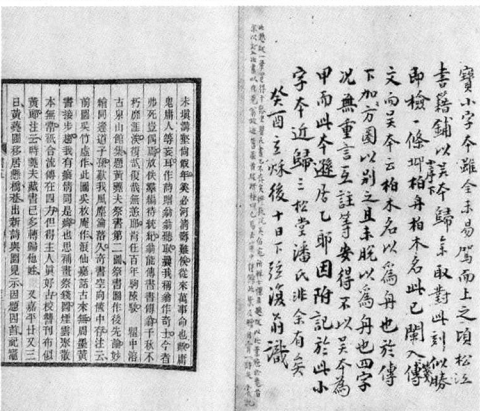

黄裳藏《藏书纪事诗》
书影

（收入《榆下说书》，生活·读书·新知三联书店1982年2月版）。这文章是在来燕榭藏书尚未发还的1979年年底所写的，起先谈着叶昌炽的《藏书纪事诗》，到中间话锋忽然一转，说起藏书印的种种故事来了。那时他未说破自己这部《藏书纪事诗》的秘密，当年的读者读到此处，大概只觉得作者信手拈来，哪里会想到他老人家其实是在悬想故物呢？

　　"割书取印"就是毁坏文物，确不可取，但今后不大可能再发生这样的事情了。这部《藏书纪事诗》大约还留存在黄裳先生家属手中，倒很值得影印一下。

（原载《南方都市报》2018年8月26日）

关于白坚晚年情况的补充

　　高田时雄先生新著《近代中国的学术与藏书》（中华书局2018年4月版）中，收有《李滂与白坚》一文，考论李盛铎旧藏敦煌写本流入日本一事之背景，涉及了李滂、白坚二人的生平。李滂的生平，有艾俊川先生所藏"李滂文书"可资参考，而白坚的生平材料就略单薄些。虽然钱婉约女史也曾写过一篇《白坚其人其事》（原载《中华读书报》2013年12月4日），但对白坚后来的事迹并没有过多地着墨。

　　高田先生已指出，白坚是四川西充人，晚年改用白隆平之名。西充县今为四川省南充市下辖县，我试检《南充地区书画名人录》

（四川省南充地区文化局编印，1987年8月出版），即检得"白隆平"
一条，抄录如下：

> 白隆平［中华人民共和国］(1882–1968) 原名敦庞，号坚
> 甫，又号白山、白坚，西充县凤和乡人。光绪时廪生，曾参
> 与维新变法和四川保路运动。1949年前多居北京，从事于考
> 古、文物鉴别、收集工作。中华人民共和国成立后，居重庆，
> 为市政协委员、文史研究会会员。工书法，善行书，尤精章
> 草，笔势雄健，章法奔放无拘，于不经意中见气势。西充县
> 文化馆现藏其草书立轴两幅及《西充县志》手抄本1–15卷。

这则小传与高田先生所引用的桥川时雄《中国文化界人物总
鉴》(中华法令编印馆1940年10月版) 中的那则小传写作时期不
同，侧重也不同，存在一些出入（如生年相差了一年），但在信息
上可以互补。如说白坚原名敦庞，似未见别处提及。又指出白坚
卒于1968年，也可为其人生涯补上尾巴。

这则小传中还说，白坚在中华人民共和国成立后居于重庆。
已知的两次1949年后白坚有关文物的活动，确实都是从重庆启程
的。孔夫子旧书网还曾上拍过一张白坚手书的收据，内容是：

> 今将旧藏苏子瞻为孙莘老作《云山竹石卷》壹件售与和
> 平画店，价人民币伍仟圆正，如数收齐。此据。
>
> 　　　　　　　　　　　一九六一年五月廿九日
> 　　　　　　　　　　白隆平（钤朱文"隆平之章"）
> 　　　　　　　　　　住重庆龙门浩上一天门55号

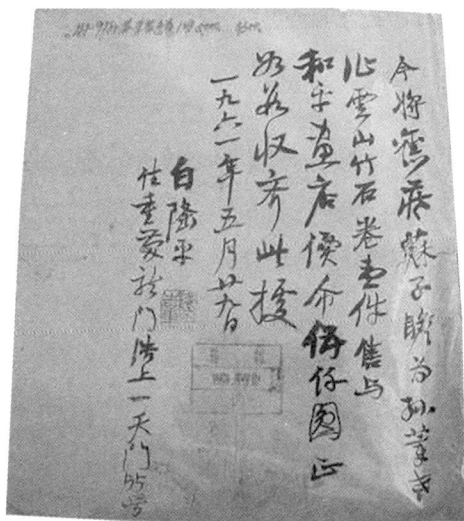

白坚手书收据，见孔夫子
旧书网

收据中的"人民币"，原写作上"人"下"巾"的合字。《云山竹
石卷》是"苏子瞻为孙莘老作"，显然就是今所习称的《潇湘竹石
图》。和平画店则是许麟庐在北京所开办的，他正是《潇湘竹石图》
由白坚转手给邓拓的介绍人，可见这次转手在实际操作上应是由
白坚先转手给和平画店，再转手给邓拓的。至于画的具体价格，
也与其他记载相符。从这张收据中，连白坚在重庆的详细住址都
能够知道了。

关于1949年以后的白坚，我还找到一些零散的材料。于桑主
编的《赵苍璧传略暨纪念文集》（群众出版社2004年1月版）中，
有一篇段大明等十人合写的《深切缅怀我们的老领导》，文中提到
赵苍璧这位公安部老部长在1950年代初期曾担任设在重庆的西南
军政委员会公安部副部长，任职期间，"在隐蔽斗争战线上，成功

破获了蒋特'3·26'案件、王树深案件，美特谷中源案件，日特
白隆平案件等一批特务间谍案件"（第172页）。1950年代初期在重
庆隐蔽斗争战线破获的日本特务案件，主犯正叫白隆平，应该就
是这位一直与日本人关系密切的白坚了，可惜并无公开资料述及
此案详情。虽然《南充地区书画名人录》中说白坚曾"为市政协
委员、文史研究会会员"，但有篇介绍白坚晚年弟子赵纯元情况的
网帖，却又提及赵纯元拜师学艺时白坚"因政治历史问题正赋闲
在家"。高田先生写道："可以预想，新中国建国，对于一直以来立
场与日本极亲近的白坚，意味着严峻时代的到来，但具体情况并
不清楚。"以上材料，都可为此言作注脚。

（原载《南方都市报》2018年6月17日）

【补记】

关于白坚生平，后来又有陈晓维先生《白坚的一次东洋之行》
（收入《掌故》第七集，中华书局2020年8月版）、赵纯元先生《先
师白隆平先生轶事》（《掌故》第八集，中华书局2021年7月版）两
篇文章述说甚详，敬请读者参阅。

（2024年3月11日）

记纪庸手稿《由〈改编本辞源〉说到工具书的出版》

商务印书馆旧藏的档案近年来时见散出，6月的北京海王村拍卖公司2021年春季书刊资料文物拍卖会上又出现了一批，其中第690号拍品为纪庸（号果庵）先生的手稿，过去未见，为我举得。手稿中颇有一些线索可资挖掘，因扫描以奉"纪念纪庸"网站公布，这里稍做说明，供参考。

手稿的具体情况

这件拍品其实是一整份的商务印书馆存档案卷，有存档原封一份，内装纪庸手稿两大页，又商务印书馆回函底稿一通二页、清稿一通二页。

存档原封上印有"编审部案卷"字样，用毛笔写有"纪庸"，"名户"一栏用毛笔写了"2791""0022"两个数字。

纪庸手稿两大页，题名为《由〈改编本辞源〉说到工具书的出版》，署名"季用"，并注明"无锡社桥文教学院纪庸"，用钢笔写在空白的"政治常识"科目的"公立文化教育学院入学考试试卷"背面。文稿未誊清，颇有涂改。第二大页结尾不够，还以另纸贴上补写了一行。

商务印书馆回函底稿一通二页，用毛笔写在"商务印书馆信稿纸"上。旁边有蓝色油墨印制、数字以毛笔手填的编号："版

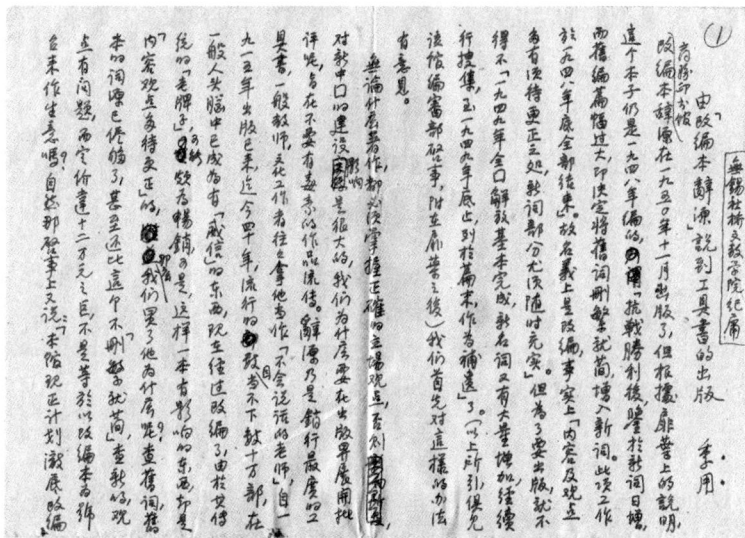

纪庸《由〈改编本辞源〉说到工具书的出版》手稿（局部）

著51卯字第597号"。签拟稿人的签名看不懂，但可看出日期是
"51/4/17"。

　　回函清稿一通二页，系用铅笔写在"商务印书馆出版部用笺"
上。"出版部"三字原为"函授学校"，被用蓝色油墨删除线划去，
改印"出版部"三字。信纸右侧旁边有蓝色油墨印制、具体数字铅
笔手填的编号："版著51卯字第597号"（第二页误为"第497号"）。
信稿上原印有通用的印刷时间"中华民国　　年　　月　　日"，
也为蓝色油墨改印为"一九五一年四月十八日"。清稿与底稿内容
基本一致，只落款由"部"变为更准确的"商务印书馆出版部谨
启"，想曾另缮一份寄给纪庸本人。

　　去稿和回函的内容另有录文，这里不做评述。读者细读后，

必会对纪庸意见的尖锐和商务回信的婉转留下印象。从回函还可看出，纪庸去稿原是寄给《人民日报》书报评论编委会的，后由该会转给商务印书馆，因商务印书馆的编审部迁往北京等原因，迁延至1951年4月12日才在上海《大公报》上就纪庸等人意见做了一个总的检讨，4月18日又具体回信给纪庸。

署名"季用"的其他文章

手稿最值得注意的地方是署用的笔名"季用"，此前从来不知道纪庸有这个显系出自谐音的笔名。我由此想到，他可能在其他地方也曾用过此名，于是在各数据库中搜寻，竟然找到许多署名"季用"的文章。详目如下：

《饥饿的世界》，原载上海《大公报》1947年7月21日

《我看跳舞》，原载上海《大公报》1947年8月27日（《读书文摘》第一卷第二期〔1947年9月20日出版〕曾转载此文）

《谈老》，原载上海《申报·自由谈》1947年12月29日

《论浪费》，原载上海《申报·自由谈》1948年3月6日

《量珠小记》，原载上海《申报·自由谈》1948年3月25日

《"横通"礼赞》，原载上海《申报·自由谈》1948年4月23日

《用钱之道》，原载上海《申报·自由谈》1948年5月10日

《儒与侠》，原载上海《申报·自由谈》1948年5月15日

《吮痈篇》，原载上海《申报·自由谈》1948年5月24日

《论传统》，原载上海《申报·自由谈》1948年7月8日

《所谓"科学"》，原载上海《申报·自由谈》1948年8月1日

《独醒篇》，原载上海《申报·自由谈》1948 年 8 月 4 日

《说色厉内荏》，原载上海《申报·自由谈》1948 年 8 月 14 日

《朱自清的散文》，原载上海《申报·自由谈》1948 年 8 月 21 日

《蟋蟀》，原载上海《申报·自由谈》1948 年 8 月 26 日

《说女宠》，原载上海《申报·自由谈》1948 年 9 月 17 日

《诗的看法》，原载上海《申报·自由谈》1948 年 9 月 28 日

《京苏行脚》，原载上海《申报·自由谈》1948 年 10 月 15 日

《轧烟志感》，原载上海《申报·自由谈》1948 年 10 月 23 日

另外，在核对商务印书馆编审部《检讨〈辞源改编本〉的报告》（原载上海《大公报》1951 年 4 月 12 日"读书与出版"副刊）时，我在同一版面上还发现署名"季用"的"小意见"《通俗读物应该系统地编写》。以上加起来，一共二十篇。

这批文章中，《蟋蟀》一文旧时在《两都集》中有同题文章，新篇所引证的材料多与旧篇相合，比较起来看很明显；《京苏行脚》一文述说自己在苏州和南京之间的行迹，又说自己是北平人（纪庸祖籍直隶蓟县〔今天津蓟州〕，曾常住北平），则颇与其行迹合榫。整体看来文笔亦合。请纪庸哲嗣纪英楠先生、哲孙雨文先生和纪庸研究者黄恽先生过目后，他们都认为应该是纪庸的文章。

以前不太知道 1947—1948 年间纪庸有过什么散文作品，还以为他此时不太写了。这批文章填补了这段时间的空白，使我们明白他还在辛勤地创作。至于纪庸用"季用"笔名还写过什么文章，这一时期还用过什么其他笔名，都值得进一步追索。

（原载"纪念纪庸"网站，2021 年 8 月 1 日）

"今年特别寒冷，闻欧美亦然，似全世界如此"

丙午北京寒冬

钱锺书《容安馆札记》第七六一则的开头，提到自己1966年的一场小疾：

> 丙午正月十六日，饭后与绛意行至中山公园，归即卧病，盖积瘁而风寒乘之也。嗽喘不已，稍一言动，通身汗如濯，心跃然欲出腔子。《明文授读》卷十五李邺嗣《肺答文》云："风自外干，涎从内塞。""未发云云，辄闻喀喀。""积邪大涌，蕴逆上溢。""胸椎欲穿，背笤不释。"不啻为我言之。如是者十二日，始胜步武，杖而行于室中。今又一来复矣，仍痷瘸无生意，杜门谢事。方疾之剧，如林黛玉临终喘甚，"躺着不受用，扶起来靠着坐坐才好"（《红楼梦》九十七回），每夜劳绛卧起数回，真所谓"煮粥煮饭还是自家田里的米，有病还须亲老婆"也（冯犹龙《山歌》卷□［五］）。昔王壬秋八十老翁，

《容安馆札记》第七六一则首页

终日闷□〔睡〕，自云"有林黛玉意思"（《湘绮楼日记》民国
四年九月廿四、廿五日），余今岁五十七，亦自拟孾儿呻吟
气绝状，皆笑枋耳。病榻两梦圆女，渠去年八月赴山右四清，
未返京度岁。二月初六日书。起床后阅《楚辞》自遣，偶有
所得，率笔之于此。……（商务印书馆 2003 年 7 月版，下册，
第 2235–2236 页）

其后接写心得数页，不录。友人张治先生指出，上引文字是钱锺
书读书生涯心境转折点的写照，因为身体原因，他从此不断重温
故书，千头万绪汇于其中，《管锥编》的构思即由此开始。

钱杨两位先生当时五十多岁，住在北京东城干面胡同的学部
宿舍。如果步行去中山公园，要花四五十分钟；稍做逗留再回家，
就两三个小时没了。钱先生虽言"积瘁"，此时足力似尚健，发病
之因大概要归结到"风寒乘之"，我便感兴趣于这天北京的天气。

"丙午正月十六日"是 1966 年 2 月 5 日。我从时人日记中检
得两则气温记载。一是周作人，他住在西城的八道湾，离干面胡
同六七公里，是日他记："晴，另八度。"（《周作人 1966 年日记》，
周吉宜整理，载《现代中文学刊》2018 年第 6 期，第 6 页）这是
指 -8℃，"另"是"零"不规范的简写。二是竺可桢，他当时正在
协和医院治病，医院距干面胡同不到一公里，且就在从钱家去中山
公园的路上，他的气温记录是："晨七点窗口 -2°，户外 -5°.5……。
下午一点半 -1°，NE 风力 1–2 级。"（《竺可桢全集》第 18 卷，上海
科技教育出版社 2010 年 12 月版，第 31 页）二人所记相差不多，看
得出这天虽然已是立春后一日，但还是不太暖和。钱先生大概觉
得既已开春，便可以好好走走，结果受寒生病了。

　　根据气象史料，1966年年初是北京最冷的冬天之一。北京历史上的最低气温−27.4℃就是这年2月22日在北京郊区大兴县东黑垡的中央气象台观象台测得的。因为天寒地冻，所以周作人这个年初在日记里常与前一年的天气做比较，还大发感慨说"今年特别寒冷，闻欧美亦然，似全世界如此"（1月28日，《周作人1966年日记》，第6页）。2月25日周作人又记："阴，另十四度。如此天气昔所未有。"（同上，第7页）这一天，正是钱锺书病情稍复，"阅《楚辞》自遣"稍作札记的"二月初六日"。

（原载《澎湃新闻·上海书评》2022年1月26日）

洪业为《闭关吟》所写的题辞

　　孔夫子旧书网挂有洪业写给邓之诚的题辞墨迹小纸一长条，索值巨万，有"凡尔赛"性质，存图备考可也。这个商品的销售页面时隐时现，名字变来变去，价格忽高忽低，图片的史料价值却弥足珍贵。先录文于下：

　　　　庾信文章老更成，凌云健笔意纵横。恶风白浪何嗟及，拟绝天骄拔汉旌。
　　　　文如先生与业以同日被执，同日得释。难中知其有诗百馀首，出后写作一卷相示，且命作序。业不知诗，不能文，然又不敢方命，遂乞醵于少陵，得四句，姑作题辞可耳。

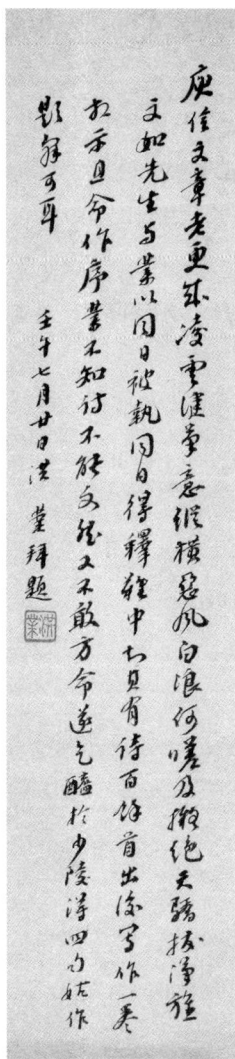

洪业为《闭关吟》所写的题辞墨迹（嘉德四季第59期拍卖会〔2021年9月〕第2886号拍品）

壬午七月廿日洪业拜题。（末钤"洪业"朱文印）

壬午是1942年。此前一年冬天到这一年的夏天，邓之诚曾为日军逮捕，狱中得腹稿，出狱后写作一卷的诗集，乃是《闭关吟》。

洪业是研究杜甫的专家，这首杜诗集句很是精彩。还须参照他在《我怎样写〈杜甫〉》一文中的回忆：

> 有一天我向日军狱吏请求：让我家送一部《杜诗引得》或任何本子的杜诗一部入狱，让我阅看。这是因为我记得文天祥不肯投降胡元，在坐监待杀的期间，曾集杜句，作了二百首的诗。我恐怕不能再有任何学术著作了。不如追步文山后尘，也借用杜句，留下一二百首写我生平的诗。可恨的日军，竟不许可我的要求。（原载新加坡《南洋商报》1962年1月1日，第6版；此文印单行本及收书时多讹脱，文题中的书名号多脱漏，今据原出处引用）

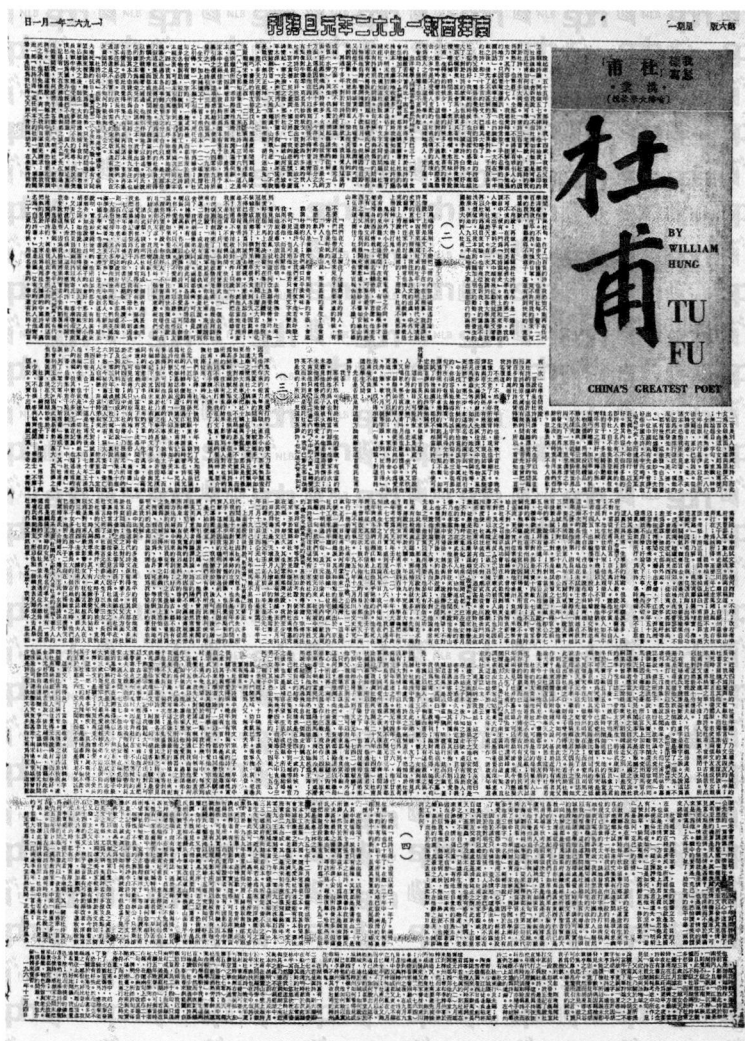

洪业《我怎样写〈杜甫〉》（原载新加坡《南洋商报》1962年1月1日）

可见洪业在狱中欲集杜诗而不得，出狱后为邓之诚集了这四句题辞，也算一遂心愿。

邓之诚《闭关吟》稿本、《五石斋吟草》稿本及其清稿本曾在北京泰和嘉成拍卖有限公司2015年春季艺术品拍卖会上现身（为第1227、1228、1229号拍品），拍卖商复由各处商借《槐居唱和》五石斋铅印本等其他各式稿本、印本、照片之类珍贵文献，一并原大影印为《邓之诚诗集三种》二册，共印三百五十部，是富有文献价值的私印本。

《闭关吟》稿本及其五石斋铅印本均影印收入了《邓之诚诗集三种》。先检稿本图影，未见此题辞。再检铅印本图影，卷首果收入了排字的洪业题辞，但与手迹相比，字句略有改动。手迹"被执"，铅印本作"为日军所执"；手迹"出后"，铅印本省作"后"；手迹"不敢方命"，铅印本作"不能方命"；手迹"廿日"，铅印本作"二十日"。

翻阅《邓之诚诗集三种》，还发现了更有趣的地方。该书后记有云：

> 又：据旧藏者言，《闭关吟》手稿本中尚有洪业煨莲先生手书题词一纸，去岁某公司拍卖未果，归书时已遍觅不获。洪氏与邓氏为同入狱者，今佚此纸，不无遗憾，特识于此，以状书稿之原貌。

看来那个闪烁的销售页面卖的正是这张在拍卖时神秘消失，"归书时已遍觅不获"的题辞。我查到《闭关吟》之前曾登上中国嘉德2014秋季拍卖会（为第2482号拍品），当时流拍，显然题辞恰在

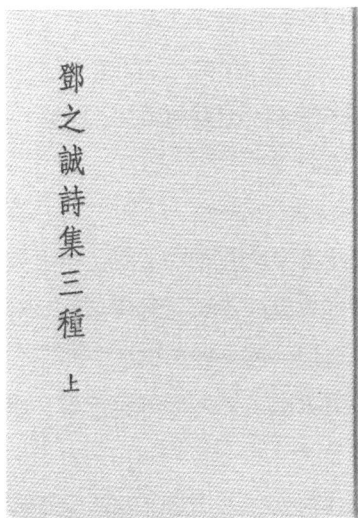

《邓之诚诗集三种》

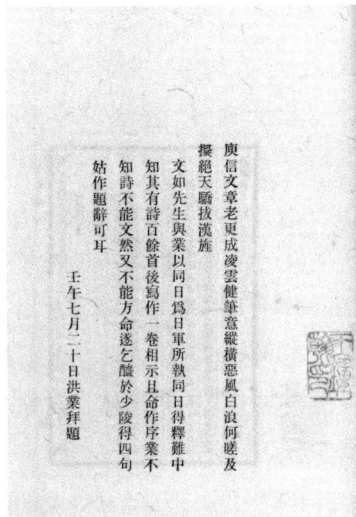

《闭关吟》五石斋铅印本卷首的洪业题辞（此册为王锺翰先生旧藏，收入《邓之诚诗集三种》）

那会儿被"不无遗憾"了。更有意思的是，我还查到这张题辞竟然在2021年9月的嘉德四季第59期拍卖会上出现了，被胡乱冠了个《杜甫〈戏为六绝句〉》的名字（为第2886号拍品），结果也流拍了，难怪现在还挂在孔网。

《闭关吟》稿本现为友人深柳堂主收藏。我问他：为何不砍个价，合成全璧？他回答："不能惯着小偷，坚决不买。"其正气令我敬服。

（原载《澎湃新闻·上海书评》2022年1月26日）

《北大师大清华三校同学整理日文图书纪念册》

周运先生的新著，厚达六百馀页的《乘雁集》（上海文艺出版社2021年11月版）后半部分用"开拖拉机的方法"（陈寅恪语）对周作人的买书、读书情况做了初步梳理，还分析了抗战胜利后收缴敌伪图书等连带问题。我为这本书贡献了个别材料和意见，感到非常荣幸。

《乘雁集》第375页提及的敝藏《北大师大清华三校同学整理日文图书纪念册》特别珍罕，在这里补说几句。这本《纪念册》我从孔网买到，是尺寸为130×90mm的横向小开本，用厚牛皮纸作

《北大师大清华三校同学整理日文图书纪念册》

封面和封底，内文二十页，以丝带系为一册。封面除印有"北大师大清华三校同学整理日文图书纪念册　1949暑期"册名外，右上还有"北平圕日文书库整理图书完成纪念　1949暑期"的徽记。因时日已久，已稍有破损，幸未伤及文字。

《纪念册》开头有王重民写于1949年9月14日、贾芳写于同年9月15日的两篇序言，已为《乘雁集》具引。总结两篇序言的意思，是说随着抗战的胜利，虏获了四十多万册颇具参考价值的日文图书，存于太庙，需要清理出一套正副本来由北平图书馆公开阅览，再将复本分配给其他文化机关。于是由华北高等教育委员和北平图书馆制定计划，前后两次共聘请北大、清华、师大三校同学六十九人，临时职员八人，全部工作人员计前后九十五人，利用暑假自7月15日至9月15日连续编制卡片，如期完成。

序言之后为"国立北平圕日本书库职员通讯录"，具体记明姓名、性别、年龄、籍贯、职别、出身和通讯处。这里按原排序将姓名抄录于下：王立达、李书琴、姜书文、陈霖生、黄希饶、郑颖达、鲍景慧（以上临时职员）、李燕来（助理员）、周丰一（采访员）、袁荣礼（编目员）、张自励（编目生）、张增耀（助理员）、贾芳（主任管理员）、苏瑞成（编目员）、张可贤（助理员）。

之后是"同学通讯录"，亦记明姓名、性别、年龄、籍贯、校别系别年级和通讯处。仍然抄录姓名：丁瑜、于志恒、王述五、王荫先、方平权、吴一飞、邵孈、林元芳、宫森岩、马行汉、孙廷焕、张修梅、张维藩、张竞敏、张鹤龄、陈兆龙、汤人俊、黄厚培、喻喜春、杨虎山、杨季雨、杨振芝、万希芬、万瑞兰、董葆珊、赵相印、赵新月、郑绪昌、蒋维屏、刘中丽、魏宗文、庞宝光（以上北大）、于本墀、王家彦、王爱昆、王淑彤、宋文珊、杜怡斌、李淑芳、李铁藩、武尚清、周启宇、高竞一、许炳川、张玉芝、梅树民、常梦九、冯家驷、曾祥发、贺士元、傅铁麟、陈安国、贾惠君、贾懋谦、董春泉、端木慧、赵芳兰、郑云英、郑慧斌、蔡世霖（以上师大）、王宾、宋万里、李基天、施永锡、敖平、夏传瑞、赵龙、刘诚权（以上清华）、许宗海、何士恒、孙仲明、孙文亮、苏惠、王振升、杨仲仁、赵启元、蔡文彬、路恒发。末尾这十人很特殊，没有所属学校，年龄也不像学生那样年轻，籍贯却都是北平市，或许是平馆职员以外的其他工作人员。

综上，此册共记录职员十五人（内临时职员七人），有明确校别的同学六十八人，及末尾特殊的十人。数字与序言所说小有出入。

不厌其烦地抄录人名，是因为其中也隐含着许多沧桑人事。平馆日本书库的职员中，周丰一之名最为大家熟知，我却更关心就读北大东文系日文专业时高他一级的编目员苏瑞成。这个专业抗战前仅毕业七人，苏瑞成和周丰一是其中之二，分别毕业于1936年和1937年。苏瑞成后在伪北大任教，1943年且曾陪同知堂老人南游，再后来与周丰一一样到北京图书馆工作。

临时职员郑颖达也引起我的注意，他籍贯填的是福建闽县，出身填的是"庆应"，一看就不一般。一查，果然是郑孝胥的文孙，多年后到北大东语系工作。他的父亲郑禹曾任伪满的奉天市市长，抗战胜利后一度隐匿行踪，1954年被逮捕处决。友人孟繁之先生见告，郑颖达还是历史学家邵循正的内弟。

再如学生中有位林元芳，性别男，时年二十六岁，就读"北大政四"，籍贯台湾台北，很惹人注目。细检资料，方知此人后于1950年离开北京，在香港滞留半年后回到台湾（参见郭培明《250

鄺凱達	男	28	福建閩縣	臨時職員	慶應	本市景山東街西老胡同二一號
鮑景慧	男	31	浙江紹興	仝　上	北平民國學院畢業	二區趙登禹路五二號
李燕來	女	29	江蘇湯山	助理員	輔大畢業	蒙福祿館七號
周豐一	男	38	浙江紹興	採訪員	北大畢業	內四八道灣十一號
袁榮禮	女	40	河北徐水	編目員	中法大學畢業	宜外南橫街二十號
張自勖	男	28	北平市	生	明德中學	西直門內北草廠十二號
張增耀	男	30	北平市	助理員	大同中學	宜外校場小五條九號
賈芳	男	41	北平市	主管任員	篤志學校	西四黃城根甲四四號北平圖宿舍

“国立北平圖日本书库职员通讯录”中的一页

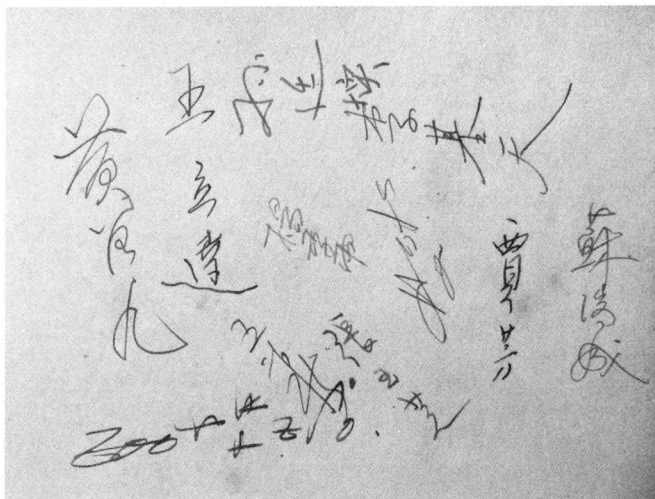

纪念册同人签名中的一页

年头一回——台湾林元芳先生回泉寻根记》，载其著《访在世纪边上》，远方出版社1999年10月版，第178页），这种经历在参与此次整理日文图书的成员中应是绝无仅有的。

《纪念册》最后留有好几张白页，当时参与整理的不少同人在上面留下了手迹。二十几个签名中，苏瑞成、郑颖达、林元芳等人的名字赫然皆在，实在宝贵。

（原载《澎湃新闻·上海书评》2022年1月26日）

"小掌故一段，足供谈助"

张次溪的戊戌藏品

《戊戌变法运动六十周年纪念展览目录》戋戋小册，白色封皮上印有红色仿宋体书名和"北京图书馆群众工作组编 1958.11."字样。我从沪上所得的这册，似与一批顾廷龙旧藏同时散出，封面却有"翰才先生赐存 张次溪呈 一九五九、七、廿六"的钢笔题赠。秦翰才藏书多归上图，此册倒也可能曾偶然滞留于顾老案头。

"1958.11."是此册编印时间，《目录》对展览时间并无提及。我检黄炎培、郑振铎等人日记和当年报章（希文《戊戌变法六十周年纪念展览》，上海《新民晚报》1958年10月14日第6版、10月15日第6版），方知展览正式开幕于1958年9月26日。

从《目录》看，展览分"戊戌变法的时代背景""戊戌变法的经过""戊戌变法的影响"三部分，展出照片、地图、书籍、手稿等三百馀种。展品来源多样，附有索书号的显然是北京图书馆自藏，此外还有北京大学图书馆、上海历史文献图书馆、江苏省博物馆等单位及张次溪、康同璧、陈垣、张静庐、郑舜微等个人所提供。有一种特殊情况是"赠"，如徐凌霄赠光绪刻本杨深秀《雪虚堂诗钞》（按当系《雪虚声堂诗钞》）、浙江省文物管理委员会赠光绪铅印本兰谿不缠足会编《劝女子不缠足集说》。北图今天已成国图，检国图"联机公共目录查询系统"，这两种书都有，可能就是当时得赠的。

个人中，张次溪提供的展品最多，这显然是他赠此册给友人的原因。这里把《目录》中所有注明"张次溪先生藏"的条目原样汇抄于下：

> 孔子改制考（儒考诸子）
> 　　　　康有为述　张篁溪笔记　抄本一册
> 大同书　甲、乙篇
> 　　　　康有为撰　板权页题"孔子二千四百七十年己未三月"（1919）　上海　长兴书局铅印本　一册
> 大同书
> 　　　　康有为撰　《不忍》杂志第一、二期（1913年2月3日）　板权页题"孔子二千四百六十四年正月、二月"　二册
> 万木草堂故址之图
> 　　　　汪公岩绘　癸巳　彩绘本
> 万木草堂旧址大门（康有为在广州讲学的地方）照片
> 　　　　汪公岩绘　据张次溪先生重摹本复制
> 冷风热血图（康有为1894年在桂林讲学图）绘本

汪公岩绘

公车上书记

题"沪上哀时老人未还氏"记 光绪二十一年 （1895） 刻本 一册

南海先生四上书记

清 徐勤编 光绪二十一年（1895） 上海 时 务报馆石印本 一册

改并浏阳城乡各书院为致用学堂公启

谭嗣同撰 《湘报》第十一号

湖南时务学堂遗编初集

民国间排印本 一册

康工部五上书稿 附法国和中国照会（据《知新报》译 日本《时事新报》，附图）

唐［康］有为撰 清刻本 一册

戊戌政变记 八卷

梁启超撰 民国25（1936）年 上海 广智书 局铅印本 一册

湘绅公呈

缪润绂辑 光绪二十四年（1898） 刻本 一册

康有为上书 头本（唱本）

不著撰人名氏 坊印本 一册

康有为人人乐（唱本）

不著撰人名氏 坊印本 一册

查抄康有为（唱本）

不著撰人名氏 坊印本 一册

　　绣像康梁演义

　　　　　不著撰人名氏　坊间石印本　四册

　　万木草堂丛书目录

　　　　　张伯桢编　刻本　一册

　　通缉富有票各逸匪姓名单

　　　　　刻本　一册

　　康南海

　　　　　梁启超撰　（题孔子诞生2452年）1908年　上海

　　　　　广智书局铅印本　一册

　　绵竹杨先生事略

　　　　　黄尚毅著　1913年绵竹县行政公署石印本

　　　　　一册

　　哀烈录　五卷

　　　　　康有为编　广州商民印刷公司铅印本　一册

　　　　　（其中有康烈士广仁传一篇）

　（第12、13、14、20、21、24、26、27、30、31、32页）

与戊戌有关的部分已这么丰富，张次溪那全部一万七千馀件藏品的珍贵可想。得赠《目录》的秦翰才也是有史料癖的，我能想象他收到小册子时"过屠门而大嚼"的快乐。

　　　　　　　　（原载《澎湃新闻·上海书评》2022年2月23日）

康有为殿试策小掌故

"戊戌变法运动六十周年纪念展览"里引起我兴趣的还有陈垣提供的展品。刘乃和《陈垣与北京图书馆》一文曾回忆："1958年，北京图书馆纪念戊戌变法六十周年，并举办展览。征展品于援师，援师将珍藏的康有为殿试卷、黄遵宪撰《人境庐尺牍》墨迹册页和徐继畬《瀛环考略》二册原稿本等，交馆展出。"（《文献》第十四辑，书目文献出版社1982年12月版，第234页）对看《目录》，她的记述非常准确，陈垣提供的正是这三件。

康有为殿试卷在《目录》中很特殊，它本身有一段简介："康有为参加过几次考试，被顽固大臣和试官看作'狂生'予以阻难。在1895年（光绪21年）的会试中，康有为中了进士。"其后竟还有长得多的一篇"康有为殿试卷说明"，在这一小册里绝无仅有：

康有为系光绪廿一年乙未科二甲第四十六名进士。是科阅卷大臣系徐桐、薛允[允]升、廖寿恒、陈学棻、李文田、徐用仪、汪鸣銮、寿某。

今卷面及卷内浮签有"二甲第四十六名"等字，即李文田笔迹。

殿试策例要每行到底，系道光以后风气，道光以前不如此。

此卷末尾倒数第二行，差两字不到底，盖因有两个"幸

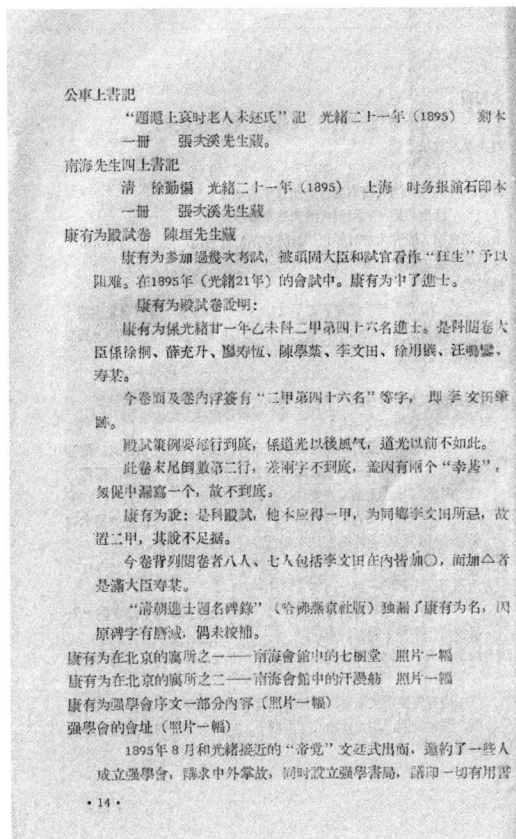

公車上書記
　　"題屬上哀時老人未还氏"記　光緒二十一年（1895）　刻木
一冊　張次溪先生藏。
南海先生四上書記
　　清　徐勤編　光緒二十一年（1895）　上海　时务报館石印本
一冊　張次溪先生藏
康有为殿試卷　陳垣先生藏
康有为参加過幾次考試，被頭周大臣和試官看作"狂生"予以阻難。在1895年（光緒21年）的會試中。康有为中了進士。
康有为殿試卷說明：
康有为係光緒廿一年乙未科二甲第四十六名進士。是科閱卷大臣係徐桐、薛允升、廖寿恒、陳學棻、李文田、徐用儀、汪鳴鑾、寿某。
今卷面及卷内浮簽有"二甲第四十六名"等字，即李文田筆跡。
殿試策例要行到底，係道光以後風气，道光以前不如此。
此卷末尾倒數第二行，荛爾字不到底，蓋因有兩个"幸甚"，匆促中漏寫一个，故不到底。
康有为說：是科殿試，他本应得一甲，为同鄉李文田所忌，故置二甲，其說不足据。
今卷背列閱卷者八人，七人包括李文田在内皆加○，而加△者是滿大臣寿某。
"清朝進士題名碑錄"（哈弗燕京社版）独漏了康有为名，因原碑字有腐减，偶未校補。
康有为在北京的寓所之一——南海會館中的七樹堂　照片一幅
康有为在北京的寓所之二——南海會館中的汗漫舫　照片一幅
康有为强學會序文一部分内容（照片一幅）
强學會的會址（照片一幅）
1895年8月和光緒接近的"帝党"文廷式出面，邀約了一些人成立强學會，搜求中外掌故，同時設立强學書局，諸印一切有用書
・14・

"康有为殿试卷说明"

甚"，匆促中漏写一个，故不到底。

　康有为说：是科殿试，他本应得一甲，为同乡李文田所忌，故置二甲。其说不足据。

　今卷背列阅卷者八人，七人包括李文田在内皆加○，而加△者是满大臣寿某。

　《清朝进士题名碑录》（哈佛燕京社版）独漏了康有为名，

因原碑字有磨灭，偶未校补。(第14页)

其中的寿某乃指寿耆，不知何故隐去其名。

陈垣在1959年3月26日写给柴德赓的信中说："适北京图书馆送来《戊戌纪念展览目录》一册，第十四页有康有为殿试策小掌故一段，足供谈助，特以螣函另邮呈寄。"(信稿，收入《陈垣来往书信集（增订本）》，生活·读书·新知三联书店2010年11月版，第596页)指的就是上面引录的"说明"。为一篇小掌故特地寄送一本书，足见重视。联想到刘乃和还说陈垣"曾为展览会审查展品"，这篇小掌故是否即由收藏者陈垣自己拟稿，亦未可知。

另据《目录》介绍，《人境庐尺牍》乃是黄遵宪写给梁鼎芬的书札墨迹册页，信中提到了强学会的情况（第22页）；《瀛环考略》则是《瀛环志略》的稿本，共二册，此本徐继畬于道光二十四年（1844）写成（第4页）。

陈垣1971年病逝后，所藏书籍和文物辗转由国家图书馆和首都博物馆收藏（参陈智超《殊途同归：励耘三代学谱》，东方出版社2013年4月版，第145—146页）。循此提示，我检知康有为殿试卷、《人境庐尺牍》《瀛环考略》稿本今天都收藏在首都博物馆，长期出现在常规展览。虽然它们时常被参观者看到，也曾经被研究者提及（如《首都博物馆论丛》曾发表杨洋关于《人境庐尺牍》的两篇论文），但多未交代它们是陈垣的旧藏，也就未能深入表彰前辈辛勤保藏文物的贡献，殊觉未惬。

（原载《澎湃新闻·上海书评》2022年2月23日）

陈垣赠瞿兑之的《大同武州山石窟寺》

去年我还辗转得到铅印本《大同武州山石窟寺》一小册。

大同武州山石窟寺就是今日通称的云冈石窟。此册卷首置有两页四面蓝印石窟照片，内文收入两篇文章：《记大同武州山石窟寺》，注明出处为"录《东方杂志》第十六卷第二第三号"（按此二期杂志出版于1919年2月15日、3月15日），作者为"众议院议员陈垣"（援老当时似尚看重自己的这层身份）；《支那山西云冈石窟寺》，注明出处为"译《国华》第百九十七及百九十八号"，作者为"工学博士伊东忠太"。没有版权页，只在最后一页伊东文章末尾缀了一段"编者识"：

> 陈援庵先生既发表其大同石窟寺记于《东方杂志》，同人正谋另刊单行，其喆嗣孟博君复在日本《国华》杂志抄得伊东氏此文。此文专就建筑方面研究，与陈先生文之专就历史方面考据者意各不同，然皆足为游大同石窟寺者之一种极好参考。因依黄君孝可所译并录于后，以公同好。（第48页，原无标点）

孟博乃是陈垣的长子陈乐素，他年少时名博，又排行老大，故称。

陈垣的这篇文章是他生平所写的第一篇佛教论文。据我所知，《东方杂志》之前，此文曾在山西的《来复》周刊上发表；而此册后来又以手写石印方式印过一次，书名改题《山西大同武州山石窟寺记》，复增益施工计划书、图表和《云冈唱和集》。二事附记于此，留待有心人再发掘。

这个铅印本不多见，我得的这册封面更有毛笔所题的"陈援庵所赠 十年十一月 宣颖"字样。宣颖即瞿兑之，他得赠此书的"十年十一月"即1921年11月。翻阅田吉《瞿宣颖年谱》（复旦大学博士学位论文，2012年4月），可知瞿兑之在此前一年的夏天刚刚从上海来北京谋职，到北洋政府交通部工作；1921年夏秋冬间，尝数至大同、归绥（今内蒙古呼和浩特）；翌年春再游大同，调查云冈石窟。我复检北洋时期的政府公报，知1920年9月22日瞿兑之被派兼在交通部秘书室办事（《政府公报》第一六五八号，1920年9月25日出版，第7页），任期当至1922年7月19日被任命为国务院秘书为止（《政府公报》第二二九一号，1922年7月20日出版，第1页）。得赠此书的1921年，更是途经大同的京绥铁路（今京包铁路）竣工通车的年份，作为北洋政府交通部的主要工作人员，瞿兑之显然忙于此事，前后多次来此地公干。

瞿兑之勤于记事，娴于吟咏，这几年他关于大同的作品颇多（《大同纪游》一文收入《补书堂文录》卷一，五古《大同》二首、七绝《再游大同杂题》四首收入《补书堂诗录》甲录卷一，另有集外诗文若干）。具体涉及云冈石窟的记述，则见于其文《少年游》（原载《旅行杂志》第五卷第十号，1931年10月出版，署名瞿铢庵；后收入赵君豪编《卧游集》，五洲书报社1941年5月版），说是壬戌（1922）之春，"京绥铁路属余往大同调查武州石窟"，因"城中往云冈约五十里"，故而骑马前往，"亦深会策骑之趣也"，看来此行兴味不浅。文中录诗一绝，是《再游大同杂题》的第一首，翻阅《诗录》，乃知其未及征引的第二首是专咏云冈石窟的："漏月嵌星一柱通，斧痕依约见神工。当年锦镜林渊地，石壁横空倚朔风。（石壁上有凿痕，盖《水经注》所云山堂水殿。）"（《补书堂诗录》甲录卷一第12下页）

　　这本小册子上没有留下陈垣的笔迹，有些遗憾。但书中两篇文章之间节录吴伯与《游石佛寺并引》的补白页（第24页）上，瞿兑之用毛笔满满当当地抄录了清人曹溶关于云冈石窟的一首排律：

云冈寺宴集
曹溶
见道光《大同县志》

　　邀客坐平沙，寒阴半雪花。旃檀罗十寺，罄管幻三车。堤柳飘金梵，风毛映玉砂。野清围列骑，径曲隐吹笳。石鼓喧宵汉，冰泉砺齿牙。法幢随雾雨，宝座即谽谺。佛国游堪借，军容静不哗。遥天开帟幕，中席进琵琶。鼎沸亲煎茗，盘空映削瓜。兴馀攀铁锁，深处乞胡麻。醒酒穿林麓，贪欢置网罝。镝声鸣卧虎，矛影散秋蛇。未碍西来法，聊舒远放嗟。古今人孰在，铭刻意徒奢。水绕孤城直，山分大漠斜。要荒齐奉版，驼马各归家。境胜酬官冷，闲多缓鬓华。敞衾亲瑗瑓，彩笔付蒹葭。当轼悬捎兔，移灯照晚鸦。碧云犹徙倚，不信出尘赊。

　　瞿兑之后来又撰有专文《大同云冈石窟志略》，刊载于《国闻周报》第六卷第四十二、四十三两期（1929年10月27日、11月3

日出版，署名兑之）。文中不忘提及陈文的导夫先路之功："民国以来，中外人士对于云冈之记载公布问世者接踵而兴。其以华文发表成专编者，厥推民国七年出版新会陈垣氏所著。"（第四十二期，第1页）《诗文选录》部分亦选入曹溶的这首诗（第四十三期，第5—6页）。学如积薪，瞿兑之是善于蕴蓄的。

（原载《澎湃新闻·上海书评》2022年2月23日）

【补记】

中国嘉德2022春季拍卖会会上拍了瞿兑之撰《大同云冈石窟》《大同游记》《大同游记续》诸文手稿及所抄录日本人有关云冈石窟的文献若干，为第1928号拍品。这更是他善于蕴蓄的珍贵实物了。

（2022年6月22日）

"题了一首廖莹中字，没有古本可对的呀"

"造假三奇人"馀事

《记造假三奇人》是陈巨来《安持人物琐忆》（孙君辉编，上海书画出版社2011年1月初版，又上海书画出版社2019年3月修订精装版）中最精彩的篇章之一，三人为汤临泽、周龙昌、郑竹友。汤临泽翻砂仿制吴湖帆所藏明代紫砂壶竟一般无二，晚年得意扬扬揭秘自己在青铜器上假添铭文欺人的手法；周龙昌裱画时图像竟可东搬西迁神出鬼没，曾从绢本五百罗汉手卷中偷拆出十八罗汉另成一卷而无剪补之形；郑竹友有凡依据真本皆可临摹得一丝不走样的功夫，后来被聘去北京故宫博物院专司古画修补（《琐忆》初版，第189—193页；以下使用此书均据初版）。巨翁记三人造假手段，皆绘声绘色，令人瞠目而浮想联翩。

陈巨来提及郑竹友"本为上海市文史馆馆员"，让我想起去翻阅下手头的《上海市文史馆馆员名录》（书脊及版权页署此名，封面署"上海市文史馆建馆三十五周年纪念　1953—1988馆员名录"，

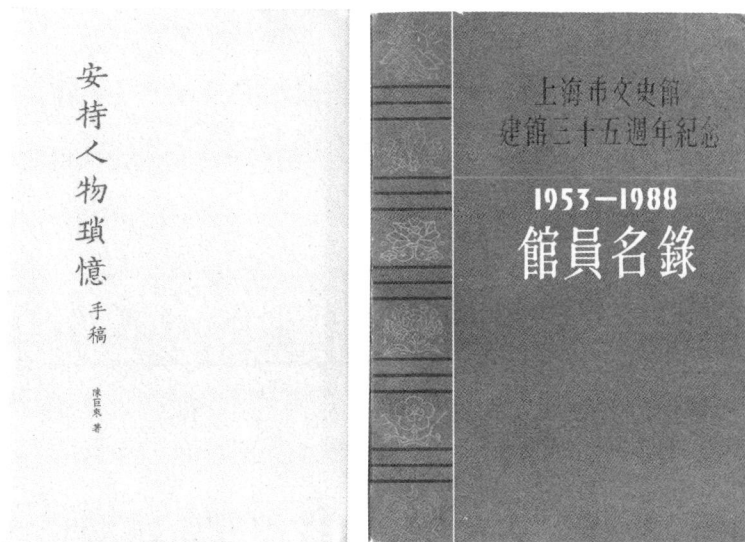

《安持人物琐忆手稿》，中国嘉德2021
年影印本

《上海市文史馆馆员名录》，上海市文史馆
办公室编，1988年8月出版

上海市文史馆办公室编，1988年8月出版）。一翻不要紧，不止郑
竹友，汤临泽也在册中。书中二人的简历是：

汤临泽（1888—1967）

一名汤安，嘉兴人，1953年6月入馆。曾任上海《商务日
报》副主笔、有正书局编辑等。擅长声韵文字学。出版有《六
朝墓志菁华》等。（第18页）

郑竹友（1898—1976）

一名郑筠，江苏江都人，1957年6月入馆。擅长全补古

007－53007
汤临泽（1888～1967）
　　一名汤安，嘉兴人，1953年6月入馆。曾任上海商务日报副主笔，有正书局编辑等。擅长声韵文字学。出版有《六朝墓志菁华》等。

汤临泽简介

339－57030
郑竹友（1898～1976）
　　一名郑筠，江苏江都人，1957年6月入馆。擅长全补古画，以为业。

郑竹友简介

画，以为业。（第73页）

还收有相片。看到奇人们的真容，稍稍满足了我的好奇心。

　　关于汤临泽的生平，郑逸梅的文章《奇人奇事汤临泽》言之綦详，文中有一处为王以坤编著《书画鉴定简述》（江苏人民出版社1981年5月版）"上海书画做假小集团"一节加的按语颇有价值：

　　　该集团是指以汤临泽为首，许徵白（山水）、金仲鱼、刘伯年（花鸟）、陈［郑］竹友（写字）、汤临泽、胡经（刻印）、周桂生（装裱）。总设计、构图、做旧、选材，都由汤临泽负责。（收入《清末民初文坛轶事》，见《郑逸梅选集》第二卷，黑龙江人民出版社1991年6月版，第103页）

该集团的后台老板实为谭敬。郑逸梅较早揭出此节内幕，今已成熟典。

可惜逸翁把郑竹友的姓氏给写错了。巨翁则把郑竹友从扬州人错记成广东人，还云"仅知其为一能画之掮客"。后来郑被故宫聘去修补古画，巨翁也只是淡淡地评论说"此人与汤、周相较，技似稍次而收获胜于前二人也"，实则郑竹友拟补笔画的修复技术一时驰名。米芾《苕溪诗卷》1963年为故宫收得时已破损，重装时由郑竹友根据未损时前的照片将缺字补全，据巨翁笔下的"十大狂人"之一徐邦达言，效果"几乎可以乱真"（见徐文《苏轼和米芾的行书》，原载《书法丛刊》第一辑，文物出版社1981年2月版，第86页），足见推重。

"造假三奇人"中剩下的那位周龙昌生平未彰。大风堂高弟巢章甫所撰的《张大千五十生辰》中曾提及一位装池者周龙苍，当是同一人：

> 先生于古书画，宝之如球图，爱之如骨肉，故于装池，尤为考究。致名匠周龙苍、刘少侯两氏于家，训练指导。残缺者，务为补足，黯黑者，设法冲洗。然后相度尺幅，选择良材，必使神明复现，顿还旧观。比之起沉疴疗宿疾。故佳书画之归吾师，当自庆幸得所，而如服续命之汤也。（原载《子曰》丛刊第二辑，1948年6月10日出版，第38页）

自然不会提帮张大千造假的事。

另外我还注意到包立民《张大千艺术圈》（生活·读书·新知三联书店2019年3月新版）一书的记述，说是由张大千伪造而为吴湖帆失察买去的所谓南宋梁楷的《睡猿图》，即是由周龙昌装裱作旧的，此系大风堂门人刘力上亲口披露（第150页）。陈巨来亦在《记大风堂事》一篇中提及《睡猿图》，他问大千："何以用日本乌子纸，而湖帆亦专用乌子纸作画之人，会看不出的?"大千云："画好后，放于露天之下，任日晒雨淋，纸质变成黑暗破损了，然后再加工修整补治之，题了一首廖莹中字，没有古本可对的呀。"（《琐忆》初版，第32页）伪画虽是张大千所作，但能帮忙将纸质弄到黑暗破损而又整治到瞒过鉴藏大家吴湖帆的地步，也证明了周龙昌的造假功力。

（原载《澎湃新闻·上海书评》2022年3月26日）

聚星斋马老五

陈巨来记"造假三奇人"后，意犹未尽，又补述扬州派裱工马老五、胡某二位（《琐忆》初版，第193—195页）。

据巨翁云，马老五丙寅（1926）、丁卯（1927）年间开聚星斋装池店于铜仁路慈厚南里路沿，此地恰为高野侯家弄堂口，高所藏五百本画梅及数百楹联均马一人所裱。后来高野侯将马老五介绍给吴湖帆。约在戊辰（1928）年，吴湖帆以廉价购得明人詹景凤草书横卷一大幅，找到马老五，问他能否割制成几张四尺条幅。马说可以，但价需一百五十元，吴湖帆允之。过了几个月，竟然真的把一张横卷改成了数张条幅，取每条对着日光细看，亦无法

《宋梁楷睡猿图神品》，见杭州《东南日报》特种副刊《金石书画》第二十四期，1935年5月15日出版发现痕迹。吴湖帆细读，却发现纰漏，笑道："马老板，你出了烂污哉。"遂指着某行末字"宀"与下一行首字"元"说明："这是一个'完'字呀，被你腰斩了。"马云："这'宀'与上一字一笔连下来的，与'元'字离开三分之多，吾不识草书，故有此错误，一准重做可也。"说毕即取去了。后来巨翁询问这"完"字是否完成，吴湖帆说"宀"已转入第二行，连着的一笔也没有被剪断的破绽。马老五的技法高超如此。

陈巨来转述装池名家刘定之的意见，说明苏扬两派装潢的不同："苏州派擅精装，纸、绢画虽数百年不损也，但漂洗灰暗纸绢，及修补割裂等技均远逊于扬帮。扬帮能一经潢治，洁白如新，但不及百年，画面或如粉屑，或均烂损不堪矣。"又说刘定之属苏州派，吴湖帆自藏的书画均由其装裱，但如购得元、明、清名家破损灰黑之画，将拿去转手，则必交属于扬州派的马老五装裱。我翻检吴湖帆《丑簃日记》（存1931—1939年，收入梁颖编校、吴元京审订《吴湖帆文稿》，中国美术学院出版社2004年9月版），提及刘定之的次数确实极密，另有汲古阁曹友卿等人也曾帮忙装池，但聚星斋只被提及一次，为1931年6月21日："聚星斋携冬心大屏（漆书《鹤赋》）来，裱工一百六十元，可谓贵矣。"（第11页）

关于马老五的结局，巨翁说："后高丈被匪所绑，即回杭州后，马亦关店了，大约回乡矣。"高野侯被绑架是1930年事，初读至此，参以《丑簃日记》所记颇少，还以为马老五早就洗手不干。近检读沦陷时期的上海报刊，忽又发现其后来情况。1942年3月9日上海《申报》第3版刊出报道《本埠书画市场　年来畸形发展　常年展览出售行销甚盛　苏扬两帮装池各有专长》，分"专裱古画洗刷如新""巧夺天工　神乎其技""装池业务　畸形发展""人人风

《本埠书画市场　年来畸形发达　常年展览出售行销甚盛　苏扬两帮装池各有专长》，见上海《申报》1942年3月9日

雅　洛阳纸贵”“名家作品　竟有假造”“金石名家　寥寥可数”“印石缺货　价值飞涨”七节介绍情况，其第二节有云：

> 扬帮中聚星斋装池店，有一裱工马某者，技术极佳。最近将名画家吴某所画山水长手卷剪成数百块，拼凑裱成山水堂幅四条，曾经人再三察看，绝对看不出系剪裱者，诚巧夺天工，神乎其技矣。惜此人已于日前去世。(原以“、”号断句)

可见马老五一直以装池为业，至1940年代初去世为止。“名画

家吴某"当仍指吴湖帆。割裱长卷为四堂幅之神技,与十年前相比应更纯熟了,只可惜巨翁和《申报》报道都没能记下他的真名。

（原载《澎湃新闻·上海书评》2022年3月26日）

清秘阁胡永清

　　陈巨来所记的另一位扬州派裱工是清秘阁胡某,但未记其人具体的事迹,只是着墨于他的两个儿子。清秘阁装池是抗战时期开设于威海卫路上的,巨翁的父亲陈鸿周常在此以书画嘱裱,因而与店主胡某成为朋友,装裱费用至为优惠。胡某有两个儿子,长子传其技,在老人死后继为店主;次子名叫胡若思,本为张善孖、张大千之弟子,"画甚佳,但品行至不堪,张门逆徒也"。这么说是因为据说此人抗战时曾伪造数十件画作,在上海大开所谓张大千遗作展览会,皇皇登广告,不巧被张大千见到,遂亦在报上刊登启事排击之,将此逆徒永远拒之门外（《琐忆》初版,第194页;巨翁另在《记大风堂事》中不指名地提及此事,见第45页）。

　　巨翁晚年虽已记不清胡若思兄长的名字,但当年却至为熟悉,记下了从他那里听来的不少装裱秘诀。其一是其人店门上有个牌子,写有收购宋、元、明、清死者喜神的字样,连破得只剩下半身的也收。喜神是各家的祖宗神像,没人要,几毛钱也可买进,因而一下子收集了一两千张。待收到破损的旧画需要修补时,即可取出喜神,从各代纸张中选出同型旧纸。其二是遇到灰黑古画时，必须向澡堂买来洗剩的肥皂水，将画浸入若干日取出，再漂洗一过，则灰暗全去除了，据说这也巧妙地利用了人身油污。其三是修补古画时，需将同型旧纸纹路对准，以利刃不规则地划几道，这样一来，破者去，整者丝毫不爽地填补进去了，因为不规则，观者目光易为之错乱，难以发现。

胡若思虽被逐出大风堂弟子之列，但张大千在批评此人"品德不端"之馀，也承认他"有点本领"（见谢家孝著《张大千的世界》，时报文化出版事业有限公司1982年1月版，第108-109页）。他的生平资料今不难寻，容易检知其父名叫胡永清。我在各数据库中检索胡永清之名，所得不多，却在上海《申报》1931年7月1日第20版、7月2日第16版发现一则连登两天的启事：

驱逐劣子

鄞人开设清秘阁装池于劳合路有年，所入甚微，聊资糊口。惟长子广仁，字伯山，向不务正业，终日专肆嫖赌，屡诫不悛，视家如秘，行动及钱财往来，未及与我知。肆聊涉后，伊个人在外一切秘密，皆非我所知，特登报声明，一已切断……

乙B4179

胡永清《驱逐劣子》启事，见上海《申报》1931年7月1日

驱逐劣子

　　鄞人开设清秘阁装池于劳合路有年，所入甚微，聊资糊口。惟长子广仁，字伯山，向不务正业，终日专肆嫖赌，屡诫不悛，

今已驱逐外出。诚恐亲友未及周知，嗣后伊个人在外一切行
动及钱财往来等情与我无涉，特登报声明。　清秘阁胡永清
启（原无标点）

这里提到的长子胡广仁，应该就是那位告诉巨翁许多装裱秘诀的
胡若思之兄了。照巨翁所说，此公在父亲身后传下了技艺，继承
了家业，大概终于求得了父亲的原谅？

（原载《澎湃新闻·上海书评》2022年3月26日）

"已属风烛残年，更应及早安排"

徐祖正的考试能力

关于《兰生弟的日记》（北新书局1926年7月版）的作者、周作人的好友徐祖正（字耀辰）的学历，有一种说法，称他毕业于日本京都帝国大学（今京都大学）。

方纪生《〈骆驼草〉合订本序》有云："徐先生号耀辰，日本京都大学卒业，是创造社早期的社员。郭沫若先生在写创造社史中，曾多次提到他。他在京大读书时，十分敬仰河上肇和厨川白村两教授，深受两人的影响。"（此文写于1981年3月19日，原收入《骆驼草（附骆驼）》，伊藤虎丸编，アジア出版1982年1月版；1982年5月1日又作较大修改，收入《从徐福到黄遵宪》，中国中日关系史研究会编，杨正光主编，时事出版社1985年12月版。今按修改本引录，见《从徐福到黄遵宪》第123—124页）方纪生和徐祖正是很熟识的朋友，又都是张中行所谓周氏遗命要通知死讯的挚友。

徐祖正的外甥李忠霖所写的《徐祖正教授逸闻数则》说："在

徐祖正像，见《燕大年刊（1929–1930）》，北平私立燕京大学学生会出版委员会年刊部编印，1930年版

日本，进入大学之前必须读高等学堂，当时有名的，有第一高等学堂及第三高等学堂。耀辰舅考入了三高。在三高时期，由于努力学习，成绩斐然，毕业后，乃考入京都帝国大学外文系。系内有厨川白村等名教授。"（《昆山文史》第9辑，昆山市政协文史征集委员会编，1990年12月版，第11页）此文是徐的主要传记材料。

周作人在《知堂回想录》里只淡淡地提到："张徐二君乃是学英文学的，是厨川白村的学生……"（一五〇《东方文学系》，见《知堂回想录：药堂谈往〔手稿本〕》，Oxford University Press [China] Limited 2021年版，第350页）

对徐氏留日事迹做详尽考察的，要数经志江的日文论文《中日国交断絶期における唯一の日本語・日本文学教授——徐祖正》（《日本経大論集》第42卷第1号，2012年12月出版，第22–44页）。据此文，徐祖正1912年到日本后，先入东京同文书院学习日语，1916年4月进入东京高等师范学校文科第三部学习英国文学，同专业高一级的张凤举对他的帮助很大。但1920年3月毕业后，徐祖正并没能追随张凤举进入京都帝国大学就读——经志江查询了相关年份的《京都帝國大學一覽》，新生和毕业生名单里均没有徐祖正的名字——他只是在京都逗留了两年，于1922年回国，又由张凤举介绍到北京高等师范学校教书。

经志江的文献考察详实，但他说徐祖正没能读成京都帝大是因为1920年刚升任教授不久的厨川白村不巧被细菌感染了左脚被迫截肢，这听上去就有些牵强。我翻检厨川白村的生平材料，又发现他的不幸截肢明明发生在1915年，时间也没对上。而且1919年张风举怎么就顺利入学了呢？说穿了，可能只是徐祖正自己没能考上京都帝大。

近来我又发现一篇关于民国初年中国留学生投考日本学校的材料。1948年10月18日上海《申报》的第6版《自由谈》上，载有祝枕江《忆达夫》一文，文中说："我和达夫的认识，是在民二投考东京第一高校预科的那天。他的坐位正在我的前面，而在我后面的是徐祖正。结局在八九百名的考生中，取了三十二名。我和达夫都考取文科。"复按郁达夫《海上（自传之八）》（《人间世》第三十一期，1935年7月5日出版，第6-8页），这次考试的时间

祝枕江《忆达夫》，见上海《申报》1948年10月18日第6版

在他到日本后的第二年，那就不是民二，而是民三（1914年）。可见徐祖正在考上东京高等师范学校两年前，也曾报考东京第一高等学校，未能录取。他的考试能力大概一直不太行的，不可偏信外甥所夸的"成绩斐然"。

（原载《澎湃新闻·上海书评》2022年5月5日）

溥仪欺骗张凤举

2012年11月30日，张衍华先生将其父张凤举的一部分日记捐赠给台北的"国家图书馆"。张凤举曾于抗战时期参与"文献保存同志会"，又于抗战胜利后积极协助中国政府对日、美交涉，终于帮助流落日本的34970册古籍回归。据说因为这个缘故，张衍华专程自美赴台，挑选所保存的相关日记原件捐赠，在缅怀其父知识分子报国情操之馀，也为抢救流落异域文化资产的往事留一见证。

这一捐赠可谓明珠投暗，除了疑似张氏后人在网络上的摘抄《"国家图书馆"善本古籍书日本回归记要：张凤举日记选》(https://www.angelfire.com/art2/galleries/1940Diaries/NationalCentralLibrary.html) 之外，再未见日记原件的刊布。但由此摘抄，也可大致看出这册日记的形态：很独特地从左往右竖写，始于1946年4月1日，至少写到了1947年6月21日，内容丰富。

近来我在网上浏览，忽又发现一个名叫KYQ56的Flickr相册(https://www.flickr.com/photos/ 183547963@N06/)。此相册所载张凤

举生平图像史料甚多，怀疑也是张氏后人所设。其中有一张照片，显然是未见摘抄的一则张凤举日记，很有意思，录文如下：

八月二十九日

下午在苏联大使馆附近，在苏联监视之下晤溥仪。溥仪着藏青西服，与访客一一握手，见我辈尤表亲热，据云来东京后曾乘车游历市内外。貌极平凡，惟身体似健胜。谈话不多，谓日人到我南京，想不到我辈今日也到东京。握别时语我“后会有期”，却无儿女态。目击其抄写各字，可断定问题中之扇面与致南大将手谕均系赝品。溥仪在国际军事法庭之态度与今日所表示均甚好，彼实未背叛中华民国也。（https://www.flickr.com/photos/183547963@N06/48550466447/）

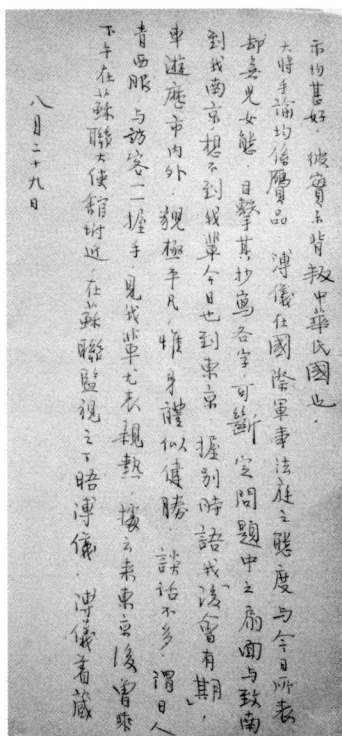

张凤举日记1946年8月29日，见KYQ56的Flickr相册

　　这是1946年的事。张凤举之所以要去看溥仪，是因为当时他被委任为笔迹专家，去鉴定溥仪1931年写给南次郎的一封信。此信被列为东京审判法庭证据第278号，但因溥仪在几天前的1946年8月21日于庭上断然否定是自己亲笔，故有鉴定的必要。

　　1947年1月17日，检方宣读了检方文件第2955号、张凤举所作的《溥仪笔迹鉴定报告》，作为法庭证据第2176号。该报告指出，"1946年8月29日下午，在远东国际军事法庭代表们、国际检察处和被告方，以及控告方和被告方各自选择的笔迹专家们面前，溥仪分别在三页纸上写下了字迹范本"，范本上需要写的字选自致南次郎的信和写给庄士敦的扇面，以供比对。经过研究，张凤举从神韵不同、字体不一、笔画轻浅、出现错字（"障礙"都写成了"石"字旁，张凤举据此认为此信不是中国人所写）和郑孝胥落款不得体（缺"臣""敬题"等字样）等五个方面得出结论：溥仪写给南次郎的信"无疑是伪造的，明显不是出自溥仪之手"。他还进一步论证溥仪写给庄士敦扇面上的笔迹也不是真迹（具见《宣读笔迹专家对溥仪致南次郎信件的鉴定〔1947年1月17日〕》，收入《向哲濬东京审判函电及法庭陈述》，向隆万编，上海交通大学出版社2014年11月版，第94—97页）。张凤举很自信，宣誓时说，自己幼年即开始习字，常临帖并观摩法书，在巴黎大学任教时曾三次被当地法庭请去检验中文笔迹，"作为证人完全合格"，这份报告"所描述的事实为真，按我的知识、信息和信念，我的意见是正确的"（《宣读笔迹专家的宣誓书〔1947年1月20日〕》，同上，第99页）。现在我们又看到溥仪写字那天他的日记，可知报告的结论其实在他看到溥仪写字的当天就已轻率做出。

　　关于此信笔迹的真伪，辩护方后来曾请警视厅技师高村岩再

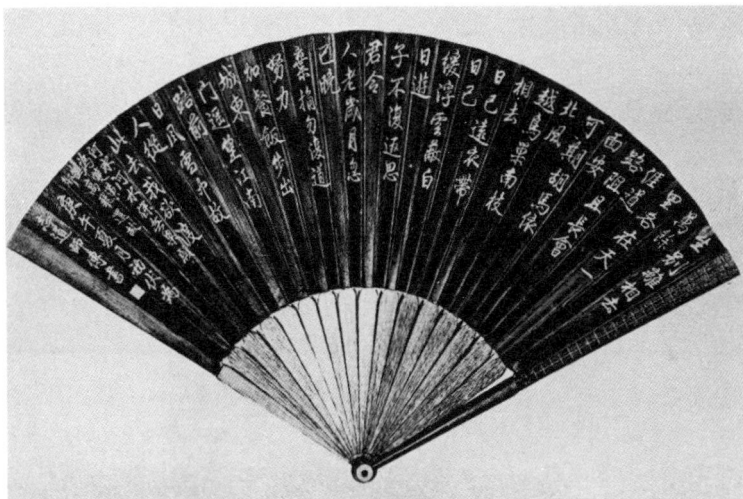

FAN PRESENTED TO THE AUTHOR BY THE EMPEROR WITH AUTOGRAPH COPY OF A CHINESE
POEM OF FAREWELL

被张凤举误判为伪作的溥仪写给庄士敦的扇面，见 *Twilight in the Forbidden City*, by
Reginald F. Johnston, Victor Gollancz Ltd, 1934

做鉴定，结论则是溥仪亲笔。因为鉴定意见有很大的分歧，此事
在法庭上遂不了了之。

　　事实上，张凤举被溥仪欺骗了。溥仪晚年在自传中承认，给
南次郎的信是他"根据郑孝胥起的草"，用黄绢亲笔所写："后来一
九四六年在东京国际法庭上，南次郎曾拿出了那封信，给律师作
为替他辩护的证据。我因为害怕将来回到祖国受到审判，在法庭
上只叙述日本人的罪状，而把自己的责任一推干净，当场否认了
这封信，引起了一场轩然大波。"（《我的前半生〔全本〕》，群众出
版社2007年1月版，第203页）他记述梅津美治郎的律师布累克尼
（Ben Bruce Blakeney，溥仪误写作"布累尼克"）在法庭上就这封

张凤举、张蕙君夫妇1960年代在日本东京麻布，见KYQ56的
Flickr相册

信与他辩来驳去的景象，也甚为生动，最后说："关于南次郎那封
信的问题，在一九五三年以前，我只对五妹夫悄悄地说出过事情
的真相，其馀的人（无论是中国人和外国人）我对谁也没有坦白
过。一九五三年我向抚顺战犯管理所自动作了交代，以后，曾在
东京法庭上被我严密地封锁起来的内心世界，逐渐地全展露出来
了。"（同上，第309—310页）

　　张凤举被溥仪"日人到我南京，想不到我辈今日也到东京"
的漂亮话和在法庭上推卸责任的态度迷惑，竟得出"彼实未背叛
中华民国也"的观点。他振振有词五个方面得出的研究结论，实
为一起笔迹鉴定失误，令人扼腕。

（原载《澎湃新闻·上海书评》2022年5月5日）

反面材料里的周作人

　　《外国文学出版工作十七年来两条路线斗争大事记（草稿）（1949-1965）》是"文革"小报《风雷文学批判专刊》的增刊，由首都出版界革命造反总部、工代会人民文学出版社革命造反团编印，1967年8月出版。据我了解，后面这个人文社的造反派组织是编刊的要角,《大事记》披露了该社的许多内部情况。

《外国文学出版工作十七年来
两条路线斗争大事记（草稿）
（1949-1965）》

周作人在新中国成立之初的外国文学出版工作中起到独特的作用，《大事记》里几次从反面提到。虽捕风捉影，仍有参考价值，今抄录辨析于下：

1951年：

> 二月　周扬与胡乔木合谋，起用大汉奸周作人。
>
> 全国刚解放，周扬即率郑振铎、胡愈之等到周作人家登门拜访。一九五一年，胡乔木下黑指示："可以出周作人的书，但不要用他的真名。"于是，大汉奸周作人化名"遐寿"，在二月份出版的《翻译通报》上开始发表文章。（第3页）

本条事实与因果皆有不确处。周作人在《翻译通报》上发表的首篇文章是《名从主人的音译》，确实载于1951年2月15日出版的该刊第二卷第二期上，署名遐寿。但周扬、郑振铎、胡愈之等似未往访周作人。止庵《周作人传》（山东画报出版社2009年1月版）对是年传主与周扬的交往写得比较清楚，指出1951年1月周作人曾草一函给毛泽东，2月18日写信给周扬时附上此函，2月24日胡乔木写信告知毛泽东，提出处理意见，毛批示照办。后来4月4日周作人得到周扬来信，次日往访周扬（第267—268页）。这时才见到面，已在给《翻译通报》撰文之后。

1953年：

> 本年　胡乔木指示人民文学出版社要重用大汉奸周作人，说："周作人是中国难得的人材，你们出版社可以叫他翻译东西"，"他的杂文将来也可以给他出集子"。周扬也说："周作人

从来不曾反对共产主义。"在胡、周的"指示"下，人民文学出版社就约周作人译古希腊、日本古典的作品，每月给他预支稿费200元。一九五九年周扬又批准增加到400元。从一九五五年至一九六五年，周的译作共出版十一种。其中包括日本封建文学的糟粕《日本狂言选》《浮世澡堂》《古事记》，古希腊的欧里庇得斯悲剧、《伊索寓言》等。（第7页）

楼适夷多次谈到胡乔木关于周作人的指示，如其《我所知道的周作人》云："我是1952年到出版社的……有一次，胡乔木同志特地召我谈话，要我们重视周作人的工作，给他一定的重视与关心；还要我作为出版社的负责人之一，亲自和他接触，还说过现在虽不方便，将来他的作品，也是可以适当出版的。"（收入陈子善编《闲话周作人》，浙江文艺出版社1996年7月版，第165页）又其1986年9月24日致锺叔河信云："1952年我调入我社任职以后，记得胡乔木同志在中南海曾召我谈话约两小时，是专谈周的。他认为周有功于新文化运动，在文学上饱学博识，为国内难得之人材，出版社应予以重视，好好照顾他的生活待遇与工作条件；还说过一段时期，还可以出版他的旧作（此点后因搞各种运动未实现）。出版社后来最高每月送他生活费400元（作为预支稿费），他工作很勤，译稿甚多，除当时出版者外，至今仍有不少积稿在库，计算起来，实未超支。"（转引自锺叔河《三封信》，收入《闲话周作人》，第302页）对照起来，均与本条一致。本条所记周扬言论显然本自周作人自己的话。

1956年：

　　十月　旧作协借鲁迅逝世二十周年纪念为名，邀请大批外国作家访华，到各地参观访问，旧作协还指明要一些政治上不可靠的"翻译家"和外国文学"研究者"（其中有汉奸、叛徒以及后来的右派分子）陪同前往。（第14页）

　　是年中国文联曾安排周作人和钱稻孙、王古鲁去西安旅行。返京后，周作人又受邀于10月19日出席鲁迅逝世二十周年纪念大会。楼适夷《我所知道的周作人》云："1956年鲁迅逝世20周年纪念，邀外宾参加，请了日本的三位老作家长与善郎、宇野浩二、里见弴（这些人政治上都是比较右的）。他们到京后就提出要会见周作人，并要求不要陪人，不用翻译。我们都同意了。"（《闲话周作人》，第165—166页）

　　1959年：

　　本年　人民文学出版社给旧中宣部的黑报告《本社八年来的工作情况（1951—1959）》中竟然颠倒黑白，谎报成绩，吹捧说"八年来的基本情况，成绩是主要的"……
　　……
　　黑报告还提出网罗牛鬼蛇神的具体办法，说什么"为了完成某些质量上有可靠保证的著译物，我们还网罗一批确有特长的'专家'，与出版社建立一种特约关系，指定他们任务，给他们生活的保障，安排他们长期以至毕生为出版社编译书稿。例如周作人，已为我们翻译希腊悲剧及日本文学多年，作了些工作。此后，我们计划扩大一些人，例如傅雷，可担任巴尔扎克、罗曼罗兰的全译工作；钱稻荪［孙］（注：大汉黑报告还提出网罗牛鬼蛇神的具体办法，说什么"为了完成某些质量上有可靠保证的著译物，我们还网罗一批确有特长的'专家'，与出版社建立一种特约关系，指定他们任务，给他们生活的保障，安排他们长期以至毕生为出版社编译书稿。例如周作人，已为我们翻译希腊悲剧及日本文学多年，作了些工作。此后，我们计划扩大一些人，例如傅雷，可担任巴尔扎克、罗曼罗兰的全译工作；錢稻蓀（注：大汉奸）可担任日本古典文学的迻译……这些人，大都历史上或现在有政治问题，但並不妨碍利用他们的特长，因为他们那些特长，一时还无人可代替，不及时地安排他们这种专业工作，是一种损失，是不对的，何况其中有的人已属风烛残年，更应及早安排。"

"已属风烛残年，更应及早安排"

奸）可担任日本古典文学的移译……这些人，大都历史上或现在有政治问题，但并不妨碍利用他们的特长，因为他们那些特长，一时还无人可代替，不及时地安排他们这种专业工作，是一种损失，是不对的，何况其中有的人已属风烛残年，更应及早安排"。（第26页）

该报告迄未正式披露。文洁若《我所知道的周作人》说："'文革'前，领导上常常说：'要趁着周作人、钱稻孙还健在，请他们把最艰深的古典作品译出来，并花高价买下。现在不能出版，将来总可以出版。'"（收入《闲话周作人》，第229页）意思一样，可为佐证。"已属风烛残年，更应及早安排"的卓见，真让人感慨万千。

（原载"谓无名"微信公众号2022年5月13日）

"像亢德这样全能的人材则没有第二个"

《陶庵回想录》的章节名和注释

尘封四十载，陶亢德先生的遗稿《陶庵回想录》终于由中华书局出版了（2022年6月版）！

陶亢德，这位编辑了《论语》《人间世》《宇宙风》等民国重要杂志，与鲁迅、周作人、郭沫若、林语堂、丰子恺、老舍、徐讦等作家有密切来往，催生了《骆驼祥子》等重要作品，保存了诸多新文学文物的编辑家，却因为卷入时代的大浪潮中，前半生的功绩被湮没，后半辈子历经坎坷，赍志以殁。

我敬仰他的编辑才能，惋惜他的人生遭际，曾为推动遗稿出版而奔走，做了些微小的工作。回想起我联系陶洁老师建议将回想录整理出版、与中华书局接洽出版可能、在北京上海西安访问家属并扫描照片、据手稿复印件细核文字、翻查故纸以作注释、收集史料编成附录、协助责编校订书稿的种种经历，为时五年，感慨深矣。感念陶亢德先生家属自始至终的信任和支持，感恩中华书局和李世文先生的信任和大力帮助。

此书内容之丰富已引起读者的注意。止庵先生认为："同名'回想录'，这一部的史料价值要远远超过《知堂回想录》。"（2022年7月9日发表于新浪微博）可称的论。本书的一些工作是我做的，这里向读者诸君稍做交代。

我与作者家属和责编商酌对全书各章节的标题进行了调整。原稿有些章节过长，有些标题与内文不符，有些标题位置不对。考虑到读者的阅读节奏和方便查找，我根据文意酌加了个别标题，将过长章节变短；又根据文意改动、移置了个别标题，使得文题相符。这类调整已在相关位置做了说明。

我为全书做了注释。注释内容包括但不限于对相关人物、地点、事情、名词的介绍。有些与陶亢德有过交往却名气不大的边角文人，如吴铁声、吴江枫、杨光政、何永康、周班侯、吴玥等，我觉得很值得学界和读者了解，

《陶庵回想录》，陶亢德著，中华书局2022年6月版

陶亢德（约1930年代）

就结合自己掌握的材料和所作考证，尽力为之注明。

注释纠正了一些回想录中的纰漏。陶亢德先生晚年撰写此稿时，手头的参考资料极为有限，多凭自己的记忆力下笔，错讹在所难免。如他已记不得鲁迅"参商到底"的话到底是写给黎烈文的还是林语堂的，对于自己主动约来陈独秀《实庵自传》的记忆也模糊了。近年一些新材料的出现也可廓清若干情节，如陶亢德回忆自己和林语堂共出资五百元合资出版《宇宙风》杂志，但根据去年拍卖会上再次出现的林语堂旧藏合资出版《宇宙风》合同（西泠印社2021年秋拍第3424号拍品中的一件，又为西泠印社2015年春拍第2145号拍品中的一件），实为双方各出三百五十元，资本共七百元。以上这些当然都应以史实为准，我用注释做了订正。陶亢德先生对于历史有严谨的主观态度（这见于书中《关于鲁迅书信的注释》一节），可他晚年写作时的客观条件太糟糕了，对这些瑕疵，读者应能理解和同情。我做这类注释，也是想尽帮忙查核稽考的义务，以使全书尽善尽美。

所加注释如有错误，均由我负责。

（原载《澎湃新闻·上海书评》2022年7月25日）

徐訏所忆老舍的"无可设法"

《陶庵回想录》的《再记离港返沪事》一节，记太平洋战争爆发、沪港交通断绝后，自己滞留上海却想去内地的心理颇详。

宇宙风社西风社谈风社全人欢送林语堂去国留影。前排左起：黄嘉音、廖翠凤、何曼青、徐訏；后排左起：海戈、林语堂、黄嘉德、张沛霖、陶亢德。见《谈风》第一期，1936 年 10 月 25 日出版

据陶亢德说，当时“留不甘心去无钱”，写了封信给在重庆的老舍，请他设法在内地找一工作。一则老舍过去曾几次写信劝陶亢德离开上海前往汉口，二则陶亢德自认为对老舍帮过忙，处于困境时他回帮一个忙也是人情之常。结果老舍“回信是给的，寥寥几字，口气冷淡，‘无可设法’之类”，另一位愿意借钱帮忙想办法的好友徐訏也忽然离开上海去往内地，使他独自站在了人生的十字路口（第 204–206 页）。

其实徐訏在去了内地之后，还曾为陶亢德的事情找过老舍帮

忙。这件事陶亢德不知道详情，也很值得说给《陶庵回想录》的读者们听。

据徐訏回忆，当初他刚回到孤岛上海时，没有办法，不得不"甘心从事写作"。而"那时陶亢德在上海编《天下事》。老舍已经转到后方，亢德同他有信札往还，老舍曾叫亢德进去主持出版事宜"。太平洋战争爆发之后，徐訏准备去内地，曾同陶亢德谈起——"亢德叫我到重庆后，与老舍联系，希望可以对他作一个安排。"

徐訏此去内地，先在桂林逗留，半年后才到重庆，终于约好了去看老舍，他记述了见面后对老舍的观感："他同我们在上海往还的时候完全不同，非常虚骄做作。……他既没有问我沦陷的上海情况，也没问我一路来的际遇。一味是淡漠的敷衍，有时还逗着旁边的一只小猫。我很疑心他是防备我会求他帮助……"果不其然：

> 最后我谈到了陶亢德托我转达的事。他忽然变淡漠的态度兴奋起来，大声地说：
>
> "陶亢德……我有什么办法！现在有什么办法，写作出版都不自由。当初，他的《宇宙风》……那时候，有我与郭鼎堂，自然可以成功，全靠我与鼎堂……"
>
> 他当时的态度实在很出我意外，因为我并不是来替亢德要债，也不是向他交涉什么。我记得只是说"亢德也很想进内地来，上次你曾经写信给他提起过什么事，现在你是不是可以替他想想办法"之类的意思。
>
> 老舍说"没有什么办法"也没有什么，扯到写作出版不

自由，实是文不对题。再后面，说陶亢德的《宇宙风》全靠他与郭鼎堂，那真是很奇怪的笑话。陶亢德是一个上好的编辑，他办刊物，从拉稿选稿编辑校对到发行以及与书贩打交道，一个人都可以做，可说是一个全能的人材。我一生遇见过好的编辑很多，但像亢德这样全能的人材则没有第二个。我不敢说，郭鼎堂与老舍的稿子于《宇宙风》没有影响（事实上，哪一个作家都可以自己这么说！），但如果没有他们两人的稿子，亢德一定可以拉到同分量的作家与文稿。而他以后所办的《天下事》之成功就是一个证明。其次，如果老舍为亢德写稿完全是义务的，没有受过稿费，老舍还有资格说

老舍说「沒有什麼辦法」也沒有什麼，扯到寫作出版不自由，實是文不對題。再後面，說陶亢德的「宇宙風」全靠他與郭鼎堂，那真是很奇怪的笑話。陶亢德是一個上好的編輯，他辦刊物，從拉稿選稿編輯校對到發行以及與書販打交道，一個人都可以做，可說是一個全能的人材。我一生遇見過好的編輯很多，但像亢德這樣全能的人材則沒有第二個。我不敢說，郭鼎堂與老舍的稿子于「宇宙風」沒有影響，（事實上，哪一個作家都可以自己這麼說！）但如果沒有他們兩人的稿子，亢德一定可以拉到同分量的作家與文稿。而他以後所辦的「天下事」之成功就是一個證明。其次，如果老舍為亢德寫稿完全是義務的，沒有受過稿費，老舍還有資格說這句話，而亢德所以能請老舍寫稿，是有使老舍滿意的稿酬的，這種買賣性質的交易，是彼此合式的事。老舍這種話引起我很大的反感。我當時笑笑說：

「那我就回他一封信好了。」

徐讦说："我一生遇见过好的编辑很多，但像亢德这样全能的人材则没有第二个。"

这句话，而亢德所以能请老舍写稿，是有使老舍满意的稿酬的，这种买卖性质的交易，是彼此合式的事。老舍这种话引起我很大的反感。我当时笑笑说：

"那我就回他一封信好了。"

关键时刻老友不愿伸出援手，独自站在远方的人自然会受到沉重打击。今天看来，唯有感慨。

我这里转述引用的徐讦回忆，来自其专栏《念人忆事》的《舒舍予先生》一节（收入《念人忆事（二）》，原载台湾《传记文学》第十五卷第三期，1969年9月1日出版，总第88期，第21–23页）。此节未收入《徐讦文集》（上海三联书店2008年10月版，又2012年8月版），只见于《念人忆事：徐讦佚文选》（廖文杰、王璞编，香港岭南大学人文学科研究中心2003年7月版）和《念人忆事》（台湾酿出版2017年8月版）等书，在中国大陆流传不广，因撮叙如上。

（原载《澎湃新闻·上海书评》2022年7月25日）

重复之中见秘辛

《陶庵回想录》里偶尔出现叙述上的重复，甚至有章节重复写过。一忆再忆原是老年人回忆往事的共性，我始终主张保留原状，不要删并，最后也是这么处理的。

　　重复之处其实能看得出陶亢德先生心中在意的人与事。个别情节每次回忆还稍有出入，更值得进一步考掘。这里举个例子，是大家最容易注意到的情节——书中曾三次记述金性尧问起周作人为何同鲁迅失和：

　　　　有一次金性尧即文载道也在，问周当年你们兄弟为啥相骂，周听了面色似乎一变，回答了一句，声音低沉，我虽然听清楚，但怕记忆不实，只好从略了。（第287页）

　　　　有一次一位辛君忽然问起鲁迅同他失和到底是什么原因时，他的面色突然显得异乎寻常的严峻，低声而坚定地说这是拿鲁迅××了。××这两个字我没听清楚，不能胡说，总之他们的失和，谁也不知其详……（第321—322页）

　　　　在上海时，有一位常去访他的金君，冒冒失失地问起鲁迅究竟为什么和他失和，他突然异乎寻常地面孔一板，低声严肃地说了几个字，可惜在旁的我没有听清楚。（第325—326页）

金性尧笔名文载道，他有从书斋名"星屋"化来的笔名辛沃、辛屋，故又被称为辛君。这三次记述所写不一：第一次说虽然听清楚，但怕记忆不实，只好从略；第二次记下了周作人"这是拿鲁迅××了"的话，但有两个字没听清楚；第三次干脆就说没有听清楚。兹事体大，他显然有顾虑，终于没有直接写出。

　　陶亢德的三次记述，引我去重读金性尧回忆周作人的文章《叶落归根》（收入《闲话周作人》，陈子善编，浙江文艺出版社1996年7月版）。此文谈与周作人的交往，中间忽阑入一个段落：

　　和知堂的交接，可以说的大概这么多。由于时隔三十余年，自己也已入颓龄，记忆力越来越差，回忆逝者的话，如果只是两人之间的对话，特别要谨慎些，因为对方已经长眠于底下了，那就全凭我个人说了算，万一其中有出入或非事实，尽管无关大计，总是对不起逝者，不像还健在的人，说错了，人家可以纠正辨辟。故而事先有一个宁阙毋滥的主意，也不独对知堂是这样。(《闲话周作人》，第117—118页)

过去不知道《陶庵回想录》所写的情节，只觉金性尧的这个段落似有深意。现在知道了这个情节，便明白金性尧应该也记得周作人的回答，看来也有顾虑，终于"宁阙毋滥"，没有写出来。

　　我曾向陶亢德、金性尧二人的家属探询，他们更对周氏兄弟失和的事情毫无所知。陶亢德和金性尧选择了守秘，我觉得这值得尊重。

　　　　　　　(原载《澎湃新闻·上海书评》2022年7月25日)

后　记

　　我爱读的掌故文字，往往呈现掌故家的经历与识见，落笔谨严，考订亦细密，能拂去历史真相上的浮尘；如言语间展现独特而丰富的心事，显露鉴往知来的深刻，予读者待人接物、处事应世的启迪，则更令我心折。喜欢细绎古人修改文章过程的陈援庵先生常向学生设问："你说他为什么改那个字？"每读出色的掌故文章，击节赞赏之后，我也常常学着自我设问："你说他为什么这么写文章？"

　　十多年前的我自认为有"考据癖"，沉迷于研究小问题，偶有小发现辄沾沾自喜，走笔成文。渐渐地，我从倾慕掌故家的见闻丰富和知识渊博，变为更佩服其文章得体、逻辑严密和"断案"潇洒。虽不能至，心向往之，我也就更加注意留心掌故旧事中的种种未详、待考、不确、不真，企图用科学手段、通俗形式作文求真。我非掌故家，只说求真亦太宏大，自娱才是实在动力。不过回头看看，过往关于近世人与事的小考证还比较靠得住，也提供了一些材料，自觉有点意思也有点意义，因结此一集。

　　本集按长篇、短篇分为两分。长篇略按所述人与事的时间排列，短篇则每以三篇稍有联系的小文章组合为一大题。结集时，我润色了文字，修正了史实，勘订了笔误，收入了几条补记。因水准有限，失之琐屑，必有疏失，恳望博雅君子不吝教之。

我非文史哲专业出身，没受过什么学术训练，日常除了凭爱好自己琢磨，实离不开师友切磋之益。在买书读书、收集资料、梳理思路、进行考据、写作文章上，屡荷陈子善先生、谢其章先生、止庵先生、王丁先生、陆灏先生、艾俊川先生、黄恽先生、胡文辉先生、高峰枫先生、高山杉先生、周运先生、严晓星先生、刘铮先生、张治先生、王蔚女史、陆蓓容女史、郑诗亮先生、苏枕书女史、顾真先生的启发与帮助。稀见文献的获取，尤得祝淳翔先生助力。不少文章的谋篇与遣词，梅森兄曾给予重要建议。承李世文先生的器重，此集才得以付梓。另外，陆灏先生特为本书题签，胡文辉、严晓星两位先生特为本书作序，更不胜忻幸！在人生道路上曾给予帮助的师友更多，不及列举，请一并接受我衷心的谢意！

宋希於于幽香石室

甲辰小暑后三日